Wittich · Zeugen liegen bei

# Zeugen liegen bei

## Stilblüten aus Polizeiberichten und Gerichtsverhandlungen

Herausgegeben von
Boris Wittich

Weltbild

Die Deutsche Bibliothek – CIP-Einheitsaufnahme
Zeugen liegen bei : Stilblüten aus Polizeiberichten
und Gerichtsverhandlungen / hrsg. von Boris
Wittich. – Augsburg : Weltbild, 2000
ISBN 3-89631-392-4

Sonderausgabe für Weltbild Verlag, Augsburg


Umschlaggestaltung: Zembsch' Werkstatt, München
Satz: SatzTeam Berger, Ellenberg
Druck und Bindung: Graphischer Großbetrieb Pößneck
Printed in Germany

ISBN 3-89631-392-4

Hohes Gericht, mit meinem Mann kann ich nicht länger leben. Er wird von Tag zu Tag anspruchsvoller. Der Verkehr mit fremden Frauen, außer mir, reichte ihm in der letzten Zeit auch nicht mehr, und so fing er an, ungeheuer viel Geld für Briefmarken der alten österreichischen Monarchie zu verschwenden.

Weiterhin, Hohes Gericht, möchte ich ausdrücklich betonen, daß zu dem Herrn Notar weder geschäftliche noch geschlechtliche Beziehungen bestehen.

Bei meiner Entlassung aus dem Gefängnis versprach ich, daß ich mich gut führen und nicht mehr zurückkommen werde. Jetzt stehe ich vor Ihnen, Herr Richter, eigentlich nur deswegen, weil ich mein Versprechen nicht eingehalten habe.

Der Vorgeführte gibt zu Protokoll: »Meine Frau schläft furchtbar gern. Trotzdem will sie aber immer wissen, wann ich aus dem Gasthaus nach Hause komme. Deshalb streut sie Reißbrettstifte vor das Bett. Gestern nun war das Maß voll.«

Seit zehn Jahren wohne ich in M., wo ich in der Metzgerei als Gehilfe zum Ausweiden, Zerteilen und Bedienen der Kunden tätig bin.

»Angeklagter, Sie haben das letzte Wort.«
Ich wende mich an Sie, Herr Staatsanwalt, als den größten Kopf in unserem Landkreis, und bitte um eine milde Beurteilung meines Falles.

Herr Wachtmeister, ich habe wirklich nur vier Sack Zement genommen. In das Magazin konnte ich nur einmal gehen und mehr konnte ich nicht tragen; es war vor dem Abendessen.

Der Festgenommene gibt zu, daß er sie betastete und küßte, ihr dafür Schokolade kaufte, wenn er auch wußte, daß sie noch keine 15 war.

Als moderne, berufstätige Frau trage ich Mini, Midi, Maxi und daraus ist ersichtlich, daß ich nicht so altmodisch bin, daß mein Mann von mir absolute Gehorsamkeit und Abhängigkeit verlangen kann und auch nicht, daß ich ihm an jedem Samstag, Sonntag und an Feiertagen das Frühstück ans Bett trage.

Auf die Frage nach Anhang muß ich wahrheitsgemäß antworten, daß ich höchstwahrscheinlich kinderlos bin.

Es konnten keine Zeugen vernommen werden, da es keine gab.

Der Soldat Dieter K. entwendete bei seiner Einheit eine Monteurgarnitur, die er später in die Gemeinde L. brachte, wo er ein Häuschen von seiner verstorbenen Großmutter hat, die 94 Jahre alt war. Diese wurde bei ihm gefunden und bei der Frage, woher er sie habe, berief er sich darauf, daß sie ihm irgendein anderer Soldat ausgeliehen habe, und er die Absicht hatte, sie zurückzugeben.

… Franz N. trinkt nicht mehr. Mit seiner Frau, die ihm weggelaufen ist, hat er fünf Kinder, von denen er sich schon drei zurückgeholt hat, damit ihm jemand sein Bier holen geht.

Ich weiß, Herr Richter, daß ich schon dreimal bestraft worden bin. Aber das war schon viel früher, und heute weiß ich auch, daß ich noch jung war.

Auf Anfrage teilen wir dem Amtsgericht mit, daß Ruprecht N. ein bekannter Herumtreiber ist. Es ist auch keine Entschuldigung für ihn, daß er auf der Arbeit seine Norm zu 110 % erfüllt.

Beim Meinungsaustausch haben sie sich ein paar gelatscht. Der Beschuldigte hat dann durch Gestikulieren einige Gläser umgeworfen, den Ober begossen und die Glastüre zerschlagen. Ansonsten verlief der Tanzabend ruhig.

Zu dem Vorfall kann ich nicht viel sagen, Herr Richter. Nach dem ersten Schlag flog ich gleich unter den Tisch und erkannte, was für ein Raufbold das war, da noch drei meiner Freunde angeflogen kamen.

Ortspolizeibehörde an das Gesundheitsamt: »In unserer Gemeinde ist bekannt, daß Elvira K. nationalbewußt ist. Intimen Verkehr mit südländischen Touristen lehnt sie ab und sucht nur die Gesellschaft von Holländern.«.

Zu dem Vorfall kann ich nicht viel sagen, Herr Wachtmeister. Lothar A. sagte zu mir »Zimperfritzchen«. Ich habe ihn nicht verstanden. So sagte ich ihm, er solle das wiederholen. Er wiederholte es und ich gab ihm eine Ohrfeige. Verstanden habe ich ihn trotzdem nicht.

Hohes Gericht, so kann es mit uns nicht weitergehen. Sie selbst schläft auf einem alten Sofa. Im Bett, auf den Schränken und auf dem Tisch hat sie ausgestopfte und lebende Katzen. Kann ich mich da als ihr Gefährte benehmen?

Und dann, Hohes Gericht, mußte ich zu meinem Erstaunen feststellen, daß nach dem Liquidieren all meiner Gefühle und Ideale, sie auch unsere gemeinsamen Sparbücher liquidierte, das eine davon mit einem Kennwort, das ich ihr noch im Augenblick der Liebe gesagt hatte.

Hohes Gericht, in meiner Angelegenheit teile ich Ihnen mit, daß wenn jemand psychisch gesund ist, dann mit ganzer Entschiedenheit ich und nicht die Sachverständigen, die über mich die Beurteilung geschrieben haben.

Ich bin auch mit diesem Zug gefahren und wurde Zeuge, wie er die Reisenden dadurch belästigte, daß er sich ihnen gegenüber unverständlich ausdrückte. Als er sagte: »Ich gehe jetzt schlafen«, fiel er aus dem Zug auf den Bahnsteig 4.

In obiger Angelegenheit möchte ich zu meiner Rechtfertigung anführen, daß der Heinrich E. sich mir gegenüber als Lediger ausgegeben hat. Er hat mir die ganze Zeit über, d. h. bis Mitte Dezember, die Anzeichen zur Schließung einer Ehe gezeigt.

Herr Richter, ich gebe zu, daß ich den Kläger geschlagen habe. Aber, als ich ihn anschaute, zeigte er nur Anzeichen von Schlaf.

Während der Arbeitszeit läuft Gerd B. in einem solch betrunkenen Zustand in der Stadt umher, daß er dem guten Ruf der Firma und ihrer Erzeugnisse schadet.

Über meine Familienverhältnisse möchte ich folgendes zu Protokoll geben: Ich bin mit meiner Familie verheiratet, habe außer meiner Frau noch 2 Töchter, keinen Sohn und lebe ohne Schulden. Was ich mir kaufe, bezahlt mein Schwiegervater.

Am 27. Mai, meine Herren Geschworenen, bin ich aus rein persönlichen Gründen nicht zur Arbeit gegangen. Ich hatte nämlich keine Lust mehr am Leben, da ich mich von meiner Verlobten getrennt hatte. Außerdem tat mir der Zahn und auch die Hand weh.

Herr Wachtmeister, mein Mann ging vor 2 Wochen, um seinen Lohn abzuholen. Wenn es bis nach dort und zurück auch nur 6 km sind, so ist er bis heute noch nicht zurück. Ich vermute, daß er den Weg nicht findet und umherirrt. Er ist doch schon kurz nach unserer Hochzeit gegangen.

Über den Beklagten wäre zu sagen, daß er den Eindruck eines Menschen macht, der nicht leben und nicht sterben will.

Alfréd O. lebt ein gänzlich unbescholtenes Leben. Nur seine zweite Frau starb unter sehr mysteriösen Umständen, weswegen er auch von der hiesigen Polizei vernommen wurde. Aber man konnte ihm nichts nachweisen. Seinen drei Ehefrauen gab er ein prunkvolles Begräbnis. Gerüchte, daß er ein Blaubart sei, können nicht bewiesen werden.

Sehr geehrte Herren, bei der Straffestsetzung wegen verkehrswidrigen Verhaltens bitte ich als strafmildernd anzusehen, daß ich einen so niedrigen Blutdruck habe, daß ich beim Fahren auf meinem Motorrad in den Kurven Schwindelanfälle bekomme.

Richter: »Angeklagter, Sie wollten also Herrn J. K. im Kino nicht auf seinen Platz lassen, insultierten ihn so, daß er 6 Wochen in ärztlicher Behandlung war. Geben Sie das zu?«
Angeklagter: »Nun, Herr Richter, das war ganz anders. Ich gehe doch nicht ins Kino, um mir in der ersten Reihe den Hals zu verrenken. Das habe ich mir gesagt, als ich an der Kasse so eine Karte bekommen habe. So habe ich mich denn auf einen leeren Platz in der letzten Reihe gesetzt. Plötzlich kommt da so ein Knirps und will meinen Platz haben. Zuerst habe ich ihm ganz anständig gesagt, daß er in die erste Reihe verschwinden soll, da er von einer anderen Stelle aus ohnehin nicht sehen könne. Geschlagen habe ich ihn erst, als er das nicht einsehen wollte und die Platzanweiserin rief.«

W. N. hat keine gleichbleibenden Interessen und so widmet er seine Freizeit dem Fußball.

Am Tatort konnten wir Spuren der Gewalt an den Türen, der Schwiegermutter, den Schränken und deren Umgebung feststellen.

Hohes Gericht, ich gebe den Diebstahl zu. Es ist wahr, daß ich täglich an die 50,– DM in Wirtschaften ausgegeben habe. Verdient habe ich jedoch nur DM 30,–, so daß ich gezwungen war, noch etwas beizuschaffen.

Richter: »Was können Sie über das bisherige Leben mit Ihrem hier anwesenden Ehemann sagen?»
Ehefrau: »Das Leben mit dem hier anwesenden Ehemann war mit einem Wort für die ›Katz‹!«

Wenn sie sich beschimpften, so handelte es sich nur um solide, gewöhnliche Schimpfworte, die keinen politischen Hintergrund hatten.

Zu dem unberechtigten Vorwurf der Bereicherung wäre folgendes zu sagen: Manche von uns haben seit 1945 aus der öffentlichen Tätigkeit nichts als Schaden. Trotzdem machen wir mit Lust und Begeisterung weiter.

Der Angeklagte wurde von dem Staatsanwalt, als er nüchtern wurde, direkt aus der Ausnüchterungszelle in Haft genommen.

Das psychiatrische Gutachten zeigt, daß der Angeklagte kein Sprichwort deuten kann. Auf die Frage, was es bedeutet, wenn man sagt: »Wer andern eine Grube gräbt, fällt selbst hinein«, antwortete er: »Ausgrabung.«

An der Türklinke war zu sehen, daß ein unbekannter Täter in das Geschäft eingebrochen war.

Der Beschuldigte hat einen guten Leumund, abgesehen von dem Familienhaus im Werte von DM 268 000.

Da ich den Oskar Z. als einen notorischen Schläger kenne, wodurch er mir sehr widerlich ist, habe ich ihn getreten und auch mit der Faust geschlagen.

Ich schoß, da ich überzeugt war, daß ich nicht zielen kann und die Waffe nicht geladen war.

Am Tatort sichteten wir den Förster, zwei Arbeiterinnen, zwei Wacholdersträucher und anderes Blattwerk, wie in der Skizze festgehalten.

Das Ölgemälde, das die Entführung einer Frau zeigt, ist kein Ölgemälde, da die entführte Frau durch Druck übertragen wurde und somit wertlos ist.

Der Betrunkene lag an der Kreuzung. Hin und wieder winkte er Autos mit dem Taschentuch, damit sie ihn nicht überfuhren, wodurch er den zügigen Verkehr störte.

In der Schule machte er keine guten Fortschritte. Daraus ist zu ersehen, daß er schon damals nicht versuchte, sich anderen gegenüber großzutun.

Bei ihrer Rückkehr aus der Kantine an ihre Arbeitsstelle hat Regina F. zufällig gefrorenes Wasser angetroffen, auf dem sie ausrutschte und sich das Knie verletzte.

Der Beschuldigte verwendete die alkoholischen Getränke nicht systematisch, sondern nur bei notwendiger Gelegenheit, wie bei Feiern u. ä.

Der Genannte hat einen ziemlich verbrauchten Charakter.

Sehr geehrter Herr Staatsanwalt, im vornhinein grüße ich Sie alle herzlich! Ich lege Berufung ein aufgrund meiner Krankheit. Ich glaube fest, daß Sie zugeben, daß es ein großer Verlust wäre, einen so guten Soldaten zu verlieren, der treu unser Vaterland beschützt.

Rechtsanwalt des Klägers bei dem Scheidungsprozeß: »Diese Frau hat sich während ihrer ganzen Ehe als böswillig, starrköpfig, leichtsinnig, unordentlich und streitsüchtig gezeigt.«
Rechtsanwalt der Ehefrau: »Und der Herr Gemahl? Er ist brutal, faul, egoistisch und knauserig.«
Richter: »Dann begreife ich aber nicht, warum sie nicht zusammenpassen sollten.«

Ein großes Problem bei dem Genannten und dann auch bei einer ganzen Reihe unserer Gemeindemitglieder, ist die Tatsache, daß man sich nicht erklären kann, wovon er lebt, da er sehr oft, manchmal wochenlang, in der Gaststätte sitzt und Bier trinkt.

Anfangs wurde er nur von seinen Bekannten beschimpft, als er aber bekannt wurde, auch von völlig Unbekannten.

Zum Schluß möchte ich noch darauf hinweisen, daß sich außer der Polizei von Kindheit an niemand um den minderjährigen Robert L. gekümmert hat.

Bernhard A. hilft sich durch verschiedene kleine irreführende Informationen.

Angeblich wollten sie meine Intelligenz testen. Sie fragten mich, ob ich Beethoven kenne. Natürlich habe ich nein gesagt. Und wenn auch – einen Kumpel würde ich nie verraten.

Der Verteidiger schloß sein Plädoyer mit den Worten: »Und nun, meine Herren Schöffen, liegt es an Ihnen, ob dieses entzückende junge Mädchen wieder in eine freudlose, vergitterte Zelle kommen wird, oder in seine Wohnung in der Bahnhofstraße 43, zweiter Stock, Zimmer 11, Tel. 47283, zurückkehren kann.«

Richter: »Kläger, erzählen Sie, wie es angefangen hat!«
Kläger: »Er hat mir ein paar geklebt.«
Richter: »Und wie ist es ausgegangen?«
Kläger: »Auf die gleiche Art.«

Beiliegend sende ich Ihnen das Gesuch um Einstellung des Gerichtsverfahrens unterschrieben zurück, da unser Vater genügend Geld verdient.

Mein Studium konnte ich der Ehegemeinschaft wegen nicht beenden, da ich ständig mit dem Kind schlafen mußte.

Meine Herren Geschworenen, es stimmt, daß ich die Schlägerei mit dem Hellseher absichtlich herbeigerufen habe. Er sollte aber auch nicht zu mir sagen: »Lieber Herr, Sie sind mir im Leben aber eine schöne Niete«, und wenn das auch stimmt.

Im Falle Hubertus K. wäre noch folgendes zu berichten: Er lehnte es ab, zu arbeiten und behauptete, daß er keine physische Arbeit verrichten könne und daß er nicht zur Arbeit gehen brauchte, wenn ordentliche Ärzte da wären.

Der Fahrer Dominius P. stieß plötzlich an der Kreuzung »Zum Engel« mit einem alten Bekannten zusammen, was die freundschaftliche Begegnung von 0,5 Uhr bis zur Einlieferung in die Ausnüchterungszelle zur Folge hatte.

Das war so, Herr Richter, mit dem Herrn hatte ich schon meine Erfahrungen gemacht. Wenn er anfing, mich mit »Herr Hotelier« zu titulieren, dann hatte er kein Geld. Auch diesmal habe ich ihn nach dieser Anrede rausgeworfen, worauf er mir die Stichwunde beibrachte, da er ausnahmsweise Geld hatte.

Der Trunkenbold Archibald R. lag vollkommen verschmutzt auf einem äußerst gepflegten Rasen, wodurch er die Gegend verschändete.

Während des ganzen Spieles richteten sich die Zuschauer gegen den Schiedsrichter. Zum Schluß trugen sie ihn auf den Schultern, da sie keine Tragbahre finden konnten.

Zum Vorwurf der betrügerischen Manipulation führe ich zu meiner Verteidigung an, daß ich das Haus als Eigentum erwerben wollte, da ich kein Geld für die hohe Miete hatte.

Nach unseren Beobachtungen besucht der Beschuldigte zwar die Wirtschaften, beachtet aber niemals die von Ihnen genannten horizontalen Damen. Die meiste Zeit verschläft er in den Gaststätten, auch das ist der Polizei bekannt.

Richter: »Klägerin, wann kam es zwischen Ihnen zum ersten Streit?«
Klägerin: »Eine Stunde vor der Hochzeit. Ich wollte zum Standesamt gehen und er wollte im Bett bleiben.«

Plötzlich wurde ich hellwach. Instinktiv zog ich mich schnell an und da ich eine verdächtige Stille hörte, trat ich etwas lauter ein.

Das Bürgermeisteramt bestätigt hiermit, daß der Soldat Erwin A. beim Heraustragen von Blumentöpfen von Frau H. angegriffen wurde, so daß er erst nach der Kirmes wieder seinen Dienst antreten kann.

Von Diebstahl kann eigentlich nicht die Rede sein, da man bei uns in der Gemeinde munkelt, daß der Bestohlene offenkundig der Vater des Willi H. ist. Wenn er auch die Vaterschaft nicht anerkannt hat. So hat sich Willi eigentlich nur schadlos gehalten, da der Vater seiner Fürsorgepflicht nicht nachgekommen ist.

In betrunkenem Zustand griff der Wirt die Gäste mit den Worten an: »Ich werde dir einschenken, dir ganz bestimmt!« o. ä., was von den anwesenden Gästen und auch den Angetrunkenen laut kritisiert wurde.

Das Fegen des Bürgersteiges zwecks Beseitigung des Hundedrecks ignoriert er grundsätzlich. Er redet sich mit dem heraus, daß er in der Straße der einzige sei, der keinen Hund hat. Das entspricht zwar der Wirklichkeit, aber wo ist da die bürgerliche Solidarität?

Zum Tathergang: Nach längerer Verfolgung sprang Dominikus S. von der Brücke ins Wasser, obwohl das Baden dort verboten ist, und tauchte trotz mehrmaligem Auffordern nicht auf.

Hermann R. wollte mich ständig zu einem ordentlichen und reichen Leben führen. Ich habe aber abgelehnt, da für mich Freiheit, Freiheit ist.

Es stimmt, daß Walter R. gerne Frauengesellschaft hat. Aber in der Öffentlichkeit läßt er sich keine Ausschreitungen zuschuldenkommen.

Er versprach mir, auf das Kind aufzupassen. Nach meiner Rückkehr fand ich einen ausgeraubten Kleiderschrank vor, das Radio fehlte und auch das Kind war nirgends zu finden.

»Angeklagter, warum haben Sie der Frau außer den anderen Sachen noch ihre Röcke gestohlen?«
»Damit sie's nirgends melden kann, Herr Richter.«

Hohes Gericht, zu meiner Verteidigung möchte ich sagen, daß ich sie zuerst nur deswegen schlug, weil sie nicht zugab, daß sie mir untreu gewesen war. Dann schlug ich sie, weil sie mir ihre Untreue zugab.

Außer zerschlagenem Nasenbein und Bluterguß unter den Augen wurden an dem Wenzel N. keine daktyloskopischen Spuren festgestellt.

Der Beschuldigte gibt zu, daß er seine Frau würgte, jedoch nicht am Hals, sondern am Morgenrock.

Zu der Schlägerei kam es aus dem Grunde, daß Arthur H. den Emil M. mit den Worten: »Und Hörner hast du auch!« angegriffen hat, worauf dieser ihm lustig erwiderte: »Du, mein armer Sechzehnender! Und heute hast du zu allem Elend noch Nachtschicht!«

Hohes Gericht, zu meiner Entschuldigung möchte ich anführen: in einem solchen Zustand der Trunkenheit, daß ich nicht weiß, was ich tue, bin ich nur einmal in einem halben Jahr, und zwar nur zufällig. In diesem Moment bin ich zu meiner Person leichtsinnig, schlafe beim Gehen und habe keine gewalttätige Natur.

Auf die Bemerkung des Richters, daß das Fahren per Anhalter außerdem gefährlich sei, Frl. Elvira S.: »Ja, das stimmt schon, Herr Richter. Aber wenn ich einen Wagen anhalte, so sichere ich mich gleich dadurch, daß ich dem Fahrer erzähle, daß ich den Vater für mein noch ungeborenes Kind suche und daß ich ein ausgezeichnetes Gedächtnis für Autonummern habe. Sicherlich könnte der Wagen auch gestohlen sein, aber der Motorismus heutzutage ist ja immer ein Risiko.«

Auf Ihre Anfrage teilen wir Ihnen mit, daß Herbert Ü. noch vor Eintritt in die Bundeswehr Vater geworden ist und mit der ledigen Frau ein uneheliches Kind hat.

Ich kann bezeugen, Herr Richter, daß der Genannte ein Gauner und ein Tagedieb ist, der sich die Gesellschaft von Gleichgesinnten und Ähnlichen sucht. Ich weiß es besonders gut, weil ich acht Jahre lang sehr engen Kontakt zu ihm hatte.

Der Fall hat sich so abgespielt, Herr Richter: Als der Ober mir den genauen Rest des Geldes zurückgab, war ich angenehm überrascht, bis zu der Zeit, als ich die Rechnung prüfte. Und dann kam es zu Tätlichkeiten.

An seinem Wohnort hält er sich nicht auf. Er ist überwiegend hinter Gefängnismauern. Trotzdem hat er in der Öffentlichkeit keinen guten Ruf.

Richter: »Sie sind Matrose?«
Kläger: »Ja, Herr Richter.«
Richter: »Und Sie behaupten, schon zweimal, als Sie von einer Schiffsreise heimkehrten, einen fremden Mann in Ihrem Kleiderschrank gefunden zu haben.«
Kläger: »Das stimmt, Herr Richter. Und sagen Sie, kann man da nicht aus der Haut fahren, wenn man nirgends die eigenen Kleider aufhängen kann?«

Ich bitte den Herrn Bürgermeister, die Beschwerde gegen den Leiter der Fremdarbeiterunterkunft bekannt zu machen, der seinen Haß gegen Italiener, Franzosen, Spanier, Türken und Jugoslawen dadurch zeigte, daß er aus deren Unterkunft einen neuen Boiler stahl und an eine Privatperson verkaufte.

Weiterhin möchten wir dem Gericht mitteilen, daß man den Zeugen nicht als Augenzeugen betrachten kann, da es dunkel war, und er nichts sehen konnte, sondern alles nur hörte.

Auf die Anfrage des Vormundschaftsgerichtes teilen wir mit, daß die genannte Annemarie R. aufopfernd ist, bereitwillig und von allen geliebt wird.

Glauben Sie mir, Herr Richter, es wurde von Tag zu Tag schlimmer. Allem die Krone aufgesetzt hat sie bei der letzten Weihnachtsfeier, als sie voller blauer Flecke kam, mit Bißwunden und ohne die Perücke, die ich ihr zum Nikolaustag neu gekauft hatte.

Weiterhin ist bekannt, daß Theo F., als er als Stallbursche arbeitete, so schmutzige Schweine hatte, daß keiner ein Schwein vom anderen unterscheiden konnte.

Der Fahrer Jochen B. stand derart unter Alkoholeinfluß, daß er nach Anhalten seines Wagens und Aussteigen seinen Weg fortsetzte, so daß man ihm nachlaufen mußte, damit er in die Tüte blies.

Nach Feststellung des Arbeitgebers fehlt der Genannte nach dem Zahltag immer 2 – 3 Tage, die er für seine eigenen Interessen braucht, wie Absorbieren des Alkohols u. ä.

Die weiteren Ermittlungen erbrachten, daß die Genannte außerdem mittels einer Eidechse das Bein des Mitarbeiters Jürgen N. beschädigte.

Richter: »Können Sie uns etwas Näheres über das Verhältnis zu dem der Vaterschaft Angeklagten sagen?«
Klägerin: »Jawohl, Herr Richter, ich ging mit ihm nur deswegen schlafen, weil er mir die Ehe versprochen hatte. Aber ich habe ihm niemals richtig geglaubt, besonders, als ich morgens feststellte, daß er verschwunden war.«

Über sein Verhalten in der Gemeinde ist zu sagen, daß sein Verhältnis zur Nachbarschaft nicht gut war. Sein Geld vertrank er immer alleine in den Gasthäusern.

Richter: »Schildern Sie uns, wie es zu dem Unfall kam.«
Der Angeklagte: »Ja, Herr Richter. Also, es war ein sonniger Sonntag, und so haben wir uns entschlossen, im Weiher zu baden. Wir sind wie immer gleich ins Wasser gesprungen. Da hat meine Frau geschrien. Aber ich konnte nicht voraussetzen, daß sie am Ertrinken war, da sie ganz normal geschrien hat.«

Der Angeklagte führt zu seiner Verteidigung an, daß er das Auto nur deshalb entwendet hat, weil er sehr leicht Schwindelanfälle bekommt und daher mit dem gestohlenen Fahrrad nicht weiterfahren konnte.

Daß Sophie N. mich durch die Gerichte jagt, überrascht mich, Herr Richter. Wie schon gesagt, hatte ich kein Verhältnis mit ihr, sondern habe nur manchmal mit ihr geschlafen.

»Angeklagter, schildern sie uns den Vorfall.«
»Also ich ging vom Gasthaus nach Hause. An der Kreuzung stand Erich D. und lachte. Da ich nicht wußte, ob er mich an- oder auslacht, habe ich ihm eine runtergehauen, um jedes Mißverständnis auszuschließen.«

Nach unseren Feststellungen handelt es sich bei R. K. um einen wundersamen Menschen. Sein Religionsfanatismus geht so weit, daß er sogar versucht, mit eigenen Mitteln eine astronomische Turmuhr anzufertigen, und zwar mit den früheren Aposteln.

Wären bei der Gasexplosion nicht seine Unterhosen an der Wasserleitung von Mira M. zerfetzt worden, so hätte ich niemals erfahren, daß er bei ihr die Zeit verbringt, die er nicht zu Hause ist.

Die umliegenden Gräber zeigten Spuren geheimnisvoller Schritte, deren Identität auch auf den Gesichtern der Engelein festgestellt wurde und am Hals des Heiligen. Es muß sich hier also um einen jungen, fingerfertigen Menschen handeln.

Trotz des sofortigen Einsatzes unserer hiesigen Feuerwehr ist das Anwesen vollkommen abgebrannt. Obwohl es bei uns seit mindestens 21 Jahren nicht mehr gebrannt hat (siehe Chronik Seite 31 bis einschl. 112) wurde gleich Alarm gegeben.

Ich beantrage die Scheidung wegen unüberwindlicher Abneigung gegen die Speisen, die sie mir zubereitet.

Auf meine Aufforderung hin, mir seinen Ausweis zu zeigen, sagte der Beschuldigte: »Dir zeige ich gar nichts, höchstens meinen Arsch.«

Karl Sch. übte dadurch auf mich einen Druck aus, daß er mehrmals mit dem Kopf in Richtung Ausgang zeigte, womit er mir zu verstehen gab, daß ich den Tanzsaal verlassen solle, wogegen ich mich – als schwaches Geschlecht – ja nicht wehren konnte.

Jetzt will ich mich endgültig scheiden lassen. Mein Mann beging eine Straftat mit einer Minderjährigen und wurde dafür mit einer Geldbuße belegt – und das war der erste Schlag für unsere Ehegemeinschaft.

Wie uns mitgeteilt wurde, hat Josef N. sein zwanzigjähriges Arbeitsverhältnis in der Schnapsbrennerei aus freien Stücken gekündigt, um eine andere Stelle anzunehmen. Er ist seit einiger Zeit leberkrank.

Der Geschädigte hatte sein Fahrrad auf der rechten Seite des Korridors gelagert, gemeinsam mit seiner Frau.

Trotzdem es sich um eine veralterte Person handelt, kann man ihre Aussage als glaubwürdig betrachten.

Nach unseren Beobachtungen hat der Genannte große Neigungen zum Alkohol und gleichgültigen Leben.

Und dieses Weibsbild, Herr Richter, erzählt, daß ich in Bigamie lebe, wo sie doch auch meine Gefährtin sein möchte.

Daß sie mir die Kinder ins Gasthaus schickt, damit sie dort weinen, Herr Richter, dagegen hätte ich nichts einzuwenden. Sie sollte aber nicht selbst kommen, da ich ein ziemlich weiches Herz habe und in Raserei gerate, wenn ich eine Frau weinen sehe.

Die Polizei konnte feststellen, daß die Wohnungseinrichtung aus einem Koffer und dem gestohlenen Schwein bestand.

Wegen Schädigung meines Rufes möchte ich mich von meiner Frau trennen. Sie hat meinen Lohnstreifen zu Bekannten getragen und gesagt, sie sollen sich doch einmal den armseligen Strolch ansehen.

Ich fühle mich im Sinne der Anklage nicht schuldig. Es stimmt zwar, daß ich am 16. 8. d. J. von der Gemeinde zwei Zuchtbullen übernommen habe, und zwar zum Verrichten landwirtschaftlicher Arbeiten auf meinem Anwesen. Als ich aber feststellte, daß sie für diese Arbeit nicht zu gebrauchen waren, habe ich sie in meiner Metzgerei verwertet. Daher bitte ich um Freispruch.

Im Betrieb sind die beiden nicht sehr beliebt. Schon nach einigen Glas Bier fangen sie an, miteinander zu streiten und von Technologie zu sprechen und das auch dann, wenn Frauen in der Nähe sind.

Hubert K. lockte die Frauen in den Wagen, wo er sie dann größtenteils erfolgreich belästigte. Daher verlangen deren Ehemänner, daß sein Führerschein von der Behörde einbehalten wird.

Zu der Minderjährigen drängten mich vorab nur Taschendiebstahlsabsichten, nicht aber unzüchtige.

Den Zeugen kann man als wahrheitsliebend bezeichnen. Nur in intimen Angelegenheiten ist er weitsichtig, und es ist ihm nicht zu glauben.

Als Wirt ist Ludwig K. gewissenhaft und kennt sein Maß. Aber wenn er sich kaum auf den Beinen halten kann, so läßt er lieber die Gäste für sich ausschenken. Und so verwandelt sich das Gasthaus langsam in Selbstbedienung.

Ich möchte meine gestrige Anzeige wegen Vergewaltigung zurückziehen, da ich nachträglich erfahren habe, daß es sich um einen soliden Menschen mit einem sehr guten Monatseinkommen handelt.

Das Striptease, das ohne Wissen des Gemeinderates im Feuerwehrhaus veranstaltet wurde, war wahrhaftig einmalig, da die Marie-Louise J., die damals die Hauptnummer bestritt, aus der Gemeinde ausgezogen und bis jetzt kein Ersatz für sie gefunden wurde.

Wie uns das hiesige Heiliggeist-Krankenhaus mitteilte, hatte der Anstreicher an seinem Arbeitsplatz ca. ½ l Terpentin und dann in der Bahnhofsgaststätte 3 Bier getrunken. Als ihm schlecht wurde, lieferte man ihn aus Gründen der unglücklichen Liebe in das hiesige Krankenhaus ein.

Ich bin eine verheiratete Frau und z. Zt. im Haushalt tätig. Die Beschuldigung der gewerbsmäßigen Unzucht weise ich zurück, da ich von diesem Geld für mich selbst einkaufte und kochte.

Ja, hätte ich damals gewußt, was ich jetzt weiß. – Ich ging in seine Wohnung, da er sich als Staatsbeamter vorstellte. Das war auch der Grund, weswegen ich seine späteren Absichten nicht vorausgesetzt habe.

Mit der angeschrammten Ehre, Herr Richter, habe ich mich längst abgefunden. Aber ich bestehe auf Ersatz für meine zerrissenen Kleider.

Wann mir Herr Norbert K. die Rippe gebrochen hat, das kann ich nicht sagen. Vielleicht war es damals, als er mich umarmte. Denn sonst hat er sich mir gegenüber als Mann von Welt benommen.

Daß Roland E. plötzlich um Mitternacht bei mir im Schlafzimmer auftauchte, das hat mich nicht so sehr überrascht, als der Umstand, daß er mit dem Traktor kam.

Es schickt sich nicht, Herr Richter, daß mir meine geschiedene Frau durch unser minderjähriges Kind ausrichten läßt, daß ich ein Idiot bin, da sie genügend Gelegenheit hat, mir es aus erzieherischen Gründen selbst zu sagen.

Wer mir die Geldbörse gestohlen hat, kann ich nicht sagen, da aus meiner Verwandtschaft niemand in der Nähe war.

In unserem Kreis finden fast keine Vergewaltigungen mehr statt, da die Wälder zu weit sind, das Kulturhaus abgeschlossen wird, und die Wiesen durch Beseitigung der Sträucher zu übersichtlich wurden.

Wenn Matthias H. seinen Schafbock schert, dann schert er auch unauffällig, wie irrtümlich, unseren. Und wir wunderten uns immer, daß ihm nichts wächst.

Wissen Sie, Herr Rechtsanwalt, ich habe da einen Fehler gemacht, als ich den Mietvertrag aufsetzte. Und so hat mich denn mein Schwiegersohn auf der Toilette eingesperrt. Als ich darin war, konnte ich nicht mehr heraus. In meinem Mietvertrag hatte ich geschrieben, daß ich jederzeit auf die Toilette gehen kann, vom Herausgehen hatte ich nichts geschrieben. So wartete denn mein Schwiegersohn genießerisch auf die Gelegenheit, mich auf der Toilette einsperren zu können.

*Eintragung:* Die Feier auf dem Friedhof war würdevoll.
*Beschluß:* Für das kommende Mal ist es notwendig, den Schlüssel rechtzeitig zu sichern, damit nicht die Notwendigkeit besteht, mit den Kränzen über die Mauer zu klettern.

Wenn Karl S. auch in Berlin lebt, so pflegt er kein Kulturleben und lebt ordentlich.

Sollte ich als normaler Sterblicher sprechen und nicht als Beamter des Sozialamtes, so müßte ich sagen, daß es in der Familie des Beschuldigten wie in einem Lustschuppen zugeht, was das Bordell dort am besten charakterisieren würde.

Der Ruf des Siegfried N. ist in der Gemeinde nicht besonders, was viele Frauen bezeugen können, von den Ehefrauen nicht zu sprechen.

Der Genannte hat Neigungen zum Verkauf von Heiligenbildern auf Kirmessen und zur landwirtschaftlichen Arbeit.

Die Arbeitsmoral des Beschuldigten ist schlecht, bedingt dadurch, daß er Hoffmannstropfen einnimmt, wodurch er sich im Zustand der Betäubung und Stumpfsinnigkeit befindet. Er genießt einen guten Ruf, da das Trinken von Hoffmannstropfen in der Gemeinde sehr verbreitet ist.

Den Charakter von Brunhilde K. haben wir nicht ganz gekannt. Aber sie hat alle Eigenschaften der Gastfreundschaft: anfangs sehr zuvorkommend, später phlegmatisch, frech und ordinär.

Über die Familie S. können wir nach unseren Recherchen nur folgendes berichten: den größten Teil des Tages sind nur die Oma und der Papagei zu Hause, keiner von ihnen spricht.

Maximilian O. behauptet ständig, daß er sich etwas antun wird. Hinsichtlich seines schlechten Verhältnisses zur Arbeit kommt das jedoch nicht infrage.

Als Mitarbeiterin hatten wir die Maria Sch. gern, bis sie leider in andere Umstände kam.

Wir wissen nicht, ob der Genannte arbeitet. Wenn er es tut, so ist das auch schlecht zu merken.

Hohes Gericht, ich studierte meine Straftat und kam zu der Ansicht, daß die Haft bei mir undurchsichtig ist.

Unauffällig beobachtete ich sein Tun, wenn er mich auch gesehen haben mußte, da er mehrmals in diese Richtung »du Ochs« gerufen hat.

Am 17. Juli hat mein Mädchen eine Tochter zur Welt gebracht, dessen Mutter ich zur Frau nehmen will.

Den Betrunkenen finden wir regelmäßig im Trog schlafend. Die Kühe machen uns immer dadurch auf ihn aufmerksam, daß sie nicht fressen, instinktiv seine Unverdaulichkeit erkennend.

Nach der Elefantenportion Alkohol kann es ihn nicht überraschen, wenn er an einem Morgen einmal auf der Kegelbahn tot aufwacht.

Gegen die Vaterschaft hätte ich mich nicht gewehrt, ginge es um ein Kind. Aber wenn es um Zwillinge geht, und das auch nicht zum ersten Male, so ist das zuviel auf einmal von mir verlangt.

Mit der Cordula C. habe ich nichts gehabt wegen des unbeständigen Wetters in diesem Frühjahr.

Die Einstellung des Norbert F. zu der Erziehung seines Sohnes ist so schlecht, daß er ihm Entschuldigungen im voraus schreibt, und das noch auf Bierdeckel.

Außer den drei Kindern, für die ich ordentlich zahle, habe ich mit Laura K. nichts Gemeinsames.

Wir waren alleine. Als ich merkte, daß Hedwig K. auf meine ungewollte Berührung weiblich reagierte, schloß ich die Garderobe ein.

Zuerst, Herr Richter, ging es eigentlich nur um einen schwarzen Hut, den ich mir gekauft hatte. Meine Frau machte mir deswegen Vorwürfe. Und ich hatte mir nichts dabei gedacht, als daß wir beide nicht mehr jung sind. Und wenn einer von uns stirbt, so hätte ich schon einen schwarzen Hut.

Albert N. war so bärtig, daß er auch nach dem Rasieren von der Zeugin Rosalie M. nicht erkannt wurde.

Der Direktor wird weiterhin beschuldigt, die Sekretärin Ulrike W. so unvorsichtig behandelt zu haben, daß sie in andere Umstände kam.

Die unsittliche Handlung konnte ich an der spiegelnden Oberfläche des Teiches verfolgen. Ich mußte mich zwar mit den Füßen bereitwillig nach oben postieren, damit mir wichtige Einzelheiten nicht entgingen.

Kilian Ö. sucht Kontakt zu alleinstehenden Frauen, bei denen er zwecks Dachreparatur übernachtet, was er unfachmäßig ausführt.

Trotzdem der Genannte eine kirchliche Erziehung hat, und das noch vor dem Kriege, zeigt er keine Disziplin und zeichnet sich auch nicht durch Frömmigkeit aus, sondern betrinkt sich fortwährend, was er »Heiliges Abendmahl unter Dreien« nennt, da er es mit Würstchen tut.

Ich hatte ihn gern, wirklich gern, Herr Richter. Es war eine reine, echte, unendliche Liebe. Die Risse in dem Zusammenleben fingen erst an, als er aufhörte 3 000,– netto zu verdienen, so daß man nicht mehr anständig leben konnte. Mit meinem Gehalt bekamen wir nicht einmal 4 000,– zusammen.

Ich sagte ihm: »Julius, komm nach Hause, du hast jetzt genug.« Erst als ich ihn nach Hause brachte, verursachte er die Bißwunde, und zwar ziemlich leise, nur mit der Frage: »Hast du auch genug?«

Sie soll keinen Lumpen aus mir machen, Herr Richter. Ihre Hühner fing ich nicht mit einem Haken. Es genügt, wenn ich na, pipipipi mache, und schon kommen sie durch ein Loch im Zaun zu mir.

Durch die Ohrfeige habe ich das bürgerliche Leben keinesfalls gestört, da Ulrike S. selbst sagte, daß sie sie mir bei Gelegenheit zurückgeben wird.

Der Angeklagte hat einen guten Ruf und ist Mitglied der hiesigen landwirtschaftlichen Genossenschaft, wo er Gurken bewacht. Dabei nimmt er nur, was er findet. Aber erwischt wurde er noch nie. Man weiß es nur.

Ich habe die Versicherung gekündigt, weil mein Mann weggegangen ist und ich kein anderes Schwein züchten will.

Richter: »Nun erzählen Sie mir doch keine Märchen. Der Kläger hat drei ausgeschlagene Zähne, und Sie sagen, daß Sie ihm nur den Handschuh ins Gesicht geworfen haben.«
»Ja, Herr Richter, es ist schon möglich, daß ich vergessen habe, ihn von der Hand zu streifen.«

Ich kann schon viel vertragen, Herr Richter, und in einem verschlossenen Umschlag hätte ich den »Ochs« angenommen, auf einer offenen Karte vertrage ich es aber nicht.

Ich weiß, daß es dem Amtsgericht hauptsächlich darum geht, mit anderen Frauen intime Bekanntschaften anzuknüpfen.

Ich gab Benedikt S. zwei Schläge, aber die Freunde haben auch ein paar dazugegeben. Der Kläger aber legte sich auf den Boden. Meiner Meinung nach täuschte er vor, daß er verprügelt wurde.

Wenn die Hedwig U. meint, daß ich eine noch größere Schlampe bin wie sie, so ist das nicht wahr, weil ich darin ein Luder bin.

Die Anstellung wurde bewilligt, mit Rücksicht auf die ausgezeichnete Arbeitsmoral des Vaters und den schlechten Ruf seiner Tochter.

Weil ich vergessen hatte, das Vieh zu füttern, bekam ich Streit mit meinem Vater. So packte ich denn meine Koffer und fuhr in die Stadt. In Nürnberg bewegte ich mich um den Bahnhof und nutzte hier die Vorteile meiner Sexy-Figur.

Der Beschuldigte übernachtete in Strohschobern, wodurch er das schrankenlose Leben eines Bürgers führt.

Es ging nicht um Untreue, Hohes Gericht, aber deren Hänschen war unserem Karlchen so ähnlich, daß ich nähere Beziehungen zu dem Vater anknüpfte, um in die Familie zu kommen und somit feststellen zu können, ob Hänschens Mutter nicht zu allem fähig war.

Richter: »Klägerin, und wann wurden Sie im Park vergewaltigt?«
Klägerin: »Gewöhnlich immer abends nach dem Dunkelwerden.«

Was soll ich Ihnen sagen, Herr Richter. Diese Mißgeburt lief ständig hinter jedem Rock her. Und ich Arme war ihm so oft treu.

Aufgrund der Meldung wurde an Ort und Stelle festgestellt, daß es sich nicht um Gefährdung der Sittlichkeit handelt, sondern um ein öffentliches Ärgernis, da die unangezogene, sich sonnende Frau schon vor einigen Jahren weggezogen ist.

Es war ein Versehen, Hohes Gericht, daß ich meine Frau vom dritten Stock auf die Straße geworfen habe, denn bis vergangene Woche wohnten wir in einer Parterre-Wohnung.

Ich gebe zu, daß ich die Nora G. im ganzen ziemlich ansehnlich finde. Ich bitte, das als mildernden Umstand zu werten, dafür, daß ich sie zwecks Prostitution ins Ausland zu locken versuchte, die dort z. Zt. getrieben wird, im Gegensatz zu uns und im Widerspruch zu internationalem Recht.

Ja, Herr Richter, ich bin eben ein Pechvogel. Monatelang habe ich gewissenhaft die Unterschrift meines Chefs nachgeahmt und jetzt, da ich es endlich perfekt kann, ist die Firma pleite.

Die paar Töchter, die ich habe, berechtigen die Johanna Z. nicht, zu verbreiten, daß ich keinen Bub zeugen könne.

Elisabeth G. kann man nicht als eine leichte Frau bezeichnen, eher als eine wünschende, bereitwillige, wenn sich auch jemand denkt, daß das dasselbe ist.

Bertram G. hatte sich während des Maskenballes mit 47 eingeritzten Strichen das Benutzen des WC notiert, wodurch er einen Schaden von ca. 168,– DM verursachte, wo er es sich auch hätte merken können, da er doch bei uns als Buchhalter tätig ist.

Ulrich H. schlug den Nachbarn. Dieser ging aber so schnell zu Boden, daß der Genannte in der Bewegung der aufgebrachten Energie fortfuhr, was seinen Fall verursachte sowie den Bruch seiner eigenen linken Hand.

Infolge beträchtlicher Trunkenheit hat er nicht erkannt, daß der Zug noch stand. Das Einsteigen führte er daher als ein Aufspringen auf einen fahrenden Zug aus, wodurch er sich einen Bruch des Nasenbeins zuzog und die persönlichen Angriffe von drei umgefallenen Reisenden.

Auf die erstattete Anzeige hin wurde der Hauptwachtmeister mit der Untersuchung der Unfallstelle beauftragt. Er stellte fest, daß die Baugrube zwar nicht beleuchtet, jedoch mit einer Warntafel »Vorsicht, Gefahr!« beschildert war. Die gut sichtbar angebrachte Tafel konnte man auch bei Dämmerung aus einer Entfernung von ca. 60 cm sehen. Natürlich mußte der Lesende aufpassen, daß er nicht hinfiel.

Wenig Zähne habe ich schon seit Säuglingsalter. Wie ich mich erinnere, haben sie mir schon damals sehr gefehlt.

Er hat so schnell das Messer gezogen, daß mir erst nach dem Stich in meine linke Seite klar wurde, daß er nicht die 50,– Mark herauszog, die ich anständig von ihm gefordert hatte, ohne zu stechen.

Ich gebe zu, Hohes Gericht, daß ich den hier Anwesenden mehrmals geschlagen habe, in der Vermutung, daß er der Liebhaber meiner Frau sei. In der Aufregung habe ich ganz überhört, daß er erstmals bei ihr war, was mir sehr peinlich ist.

Der Feuerwehrball fing wie alljährlich um 20.00 Uhr an, endete aber diesmal schon um 20.32 Uhr. Das Verbot von Ausschank von Spirituosen an Jugendliche wurde beachtet. Harte Schnäpse werden ja immer in Flaschen mitgebracht, auch von den Saalordnern, die sich jedoch normalerweise erst zum Schluß schlagen.

Als Dominikus F. von dem Küster erwischt wurde, fing er an, sich mit Weihwasser zu bespritzen, eine Bewußtlosigkeit vortäuschend.

Mein Zustand, in dem ich durch das Schaufenster fiel, wurde nicht durch Alkohol verursacht, sondern durch eine Ohrfeige, die ich von einem vorbeigehenden Fräulein erhielt, dem ich verlockende Angebote machte.

Hätte Maria K. gleich gesagt, daß sie nicht einverstanden ist, so wäre es gut gewesen. Aber wenn sie zuerst hinschaut, wo sie hinfällt, und dann sagt: »Aber, aber, Junge«, wie hätten Sie sich dann verhalten, Herr Richter?«

Als ich ihn bei meiner Frau ertappte, löste ich alles zum Guten, indem ich ihm zweimal in den Hintern trat. Das Aquarium habe ich ihm erst nachgeworfen, als er mir auf den Leib rückte.

Ich sah, wie Johann P. einen Schlag auf den Rücken bekam. Mit was, das konnte ich der Dunkelheit wegen nicht sehen. Aber danach, wie er aufstöhnte, war es der Stiel einer Spitzhacke.

Als Paul P. den Wagen im Wald zum Stehen brachte und keinen Fehler finden konnte, wußte ich, daß es jetzt nur von mir abhängen würde, ob ich noch bei Tageslicht nach München komme oder nicht.

Der Angeklagte befruchtete mir tatsächlich meine reinrassige Hündin mit Hilfe seines Hundes. Aber der kann ja nur froh sein, da er nicht reinrassig ist.

Sonst habe ich ihr kein Geld zum Leben gegeben. Ich habe nicht versprochen, sie zu heiraten. Aus diesen Gründen habe ich sie in den gravitätischen Zustand gebracht.

In der Zeit, in der Ruprecht A. mit der Klägerin ein Verhältnis anknüpfte, März 1969, war der Genannte schon in anderen Umständen, was sie ihm mitteilte.

Hohes Gericht, ich weiß nicht, ob man mit meinem Beischlaf nicht auf die Fakultät gehen sollte, damit man endlich einmal irgendwie Licht hineinbringt.

Ich machte mich mit Eleonore auf dem Stachus bekannt. Zu einem intimen Verkehr, wie hier angeführt, ist es jedoch nicht gekommen, da es hellichter Tag war und außerdem ein Maiumzug stattfand.

Es ist wahr, daß ich in kurzer Zeit nun schon dreimal in ähnlicher Angelegenheit hier bin. Aber bin ich denn solch eine Schönheit oder das einzige Mannsbild, das für eine Vaterschaft in diesem Bezirk infrage kommt?

In der Nacht vom 24. auf 25. 6. 73 entwendete ein unbekannter Täter von meinem Hof zwei Hühner, von denen eins ein Hahn war.

Aus dem Hühnerstall des Bauern K. flogen zuerst Federn heraus, dann Hühner und zum Schluß der Briefträger, der die Eier unter seinem Umhang versteckt hielt.

Josef L. besuchte nur minderwertige Gasthäuser, wo er die Trunkenheit der Wirte ausnutzte und ohne zu bezahlen verschwand.

Durch Zufall befand ich mich zu dieser Zeit in der Nähe. Ich habe ihn genau gesehen. Er kam mir sonderbar vor. Von vorne sah er aus wie ein Dieb, von hinten, als würde er etwas Eingepacktes tragen.

Ich weiß wirklich keinen Ausweg mehr, Herr Richter. Für die Scheidung habe ich wirklich ernsthafte Gründe. Sie geht hinter mir ins Wirtshaus, und so habe ich kein Privatleben.

Wie Wachtmeister K. zu Protokoll gab, wurde der Fall zwischenzeitlich im Familienkreis gelöst. Frau W. gab ihrem Mann ein paar deftige Ohrfeigen, die er schweigend über sich ergehen ließ. Dann legte sie ihn daheim hin.

Fräulein Adelheid T. ließ Friedrich P. wissen, daß sie nach dem Tanzabend mit ihm in anderen Umständen sei, und das durch Vermittlung des Rechtsanwaltes Johannes W.

Eine eheliche Untreue kommt bei Peter S. nicht infrage., da er mit einer Gefährtin lebt.

Der Angeklagte brachte von seinem Aufenthalt in Spanien wundersame Gelüste mit, wie Stierkämpfe.

Die Beschuldigte hat ein gesellschaftsfähiges Auftreten, sie lügt gerne.

Über den Ludwig R. wäre nur zu berichten: eine Frau in Düsseldorf, 150 Bücher und täglich 30 Bier, das ist seine Welt.

Die Neigungen des Servatius A. zum Alkohol entsprechen denen eines Durchschnittsbayern.

Was den Sprachfehler des Nikodemus S. betrifft, so stottert er infolge seines ständigen Aufenthaltes in der Schweiz.

Nach unseren Beobachtungen zeigt Silvester H. keine Neigung zum Alkoholkonsum, auch nicht während seiner Arbeitszeit.

Wie die Polizeidienststelle in K. feststellte, sind die einzigen Entscheidungen für die entstandene Vaterschaft bei dem Betreffenden sein Temperament und sein protziger Wagen.

Ich gebe zu, daß ich auf dem Hof das Zurückstoßen des Traktorfahrers sicherte. Ich gab ihm Zeichen, noch ein Stück weiter, noch ein Stück ... Aber, daß dort eine alte Mistgrube war, das habe ich erst nachher am Gestank des Traktorfahrers bemerkt.

Herr Richter, auch damals hat meine Frau gestritten, als ich zum Begräbnis meines Freundes Maxl ging und erst spät in der Nacht nach Hause kam, auch wenn sie hätte begreifen müssen, daß sich der Mensch ordentlich ausweinen muß.

Albin K. tobte derart, daß er in dem Lokal die Sessel in Stücke schlug, wodurch sich ihr Wert verminderte.

Nein, ich wollte den Fred N. nicht schlagen. Die Ohrfeige galt nicht ihm. Aber zu der Zeit, als ich Lust hatte jemanden eine zu verpassen, war sonst niemand da.

Ich kann bestätigen, Herr Richter, daß er so erregt und betrunken war, daß ich ihn stützen mußte, damit er den Wolfram E. ohrfeigen konnte.

Es hat damit angefangen, daß er sich nicht mehr vom Fleck rühren konnte. Gelähmt, haben wir gedacht. Wir liefen, um ihm zu helfen. Und dann hat sich keiner mehr von uns gerührt, da wir im Teer standen. Nun, und dafür hat ihm jeder von uns eine geklebt, so daß er jetzt dort liegt.

Herbert B. beleidigte mich dadurch, daß er vor den Gästen »du Kamel« zu mir sagte, wenn ich auch Bier trank.

Das Telefon machte nur ti-ti, deswegen nahm ich an, daß ich nicht verbunden sei, und sagte, zu meiner Erleichterung, daß unser Chef ein Superidiot ist.

Zu der Anzeige möchte ich sagen, daß es nicht stimmt, daß ich unser demokratisches Beisammensein gestört habe, aber es ist wahr, daß ich den Gregor J. verhauen habe.

Der Beschuldigte hat mir einen schweren Schlag auf den Hinterkopf gegeben, und das gerade in dem Augenblick, als seine Frau mir hinter dem Bienenhaus sagte, daß ich es auch nicht leicht habe.

Der Metzgermeister wurde für einen ehrlichen Menschen gehalten, und zwar bis vorigen Freitag, als er aus dem Schlachthof zwei Kühe entwendete. Seinen Ruf hat er dann dadurch verbessert, daß er die eine zurückgab.

Außer Flöhen an eigener Person wertete der Veterinär die Wohnung des Geschädigten als hygienisch.

Bei dem verkauften Eber stellte der Tierarzt Rotlauf fest, worauf er torkelte, das Fressen ablehnte, so daß man ihn töten mußte.

Das war so, Herr Richter, ich habe meine Frau mit einem unbekannten Mann erwischt, der nach ihrer Behauptung den Fernsehapparat reparieren wollte. Warum er sich dafür bis auf die Badehose ausgezogen hat, konnte sie mir nicht sagen.

Ich weiß nicht, Herr Richter, warum Sie sich wundern, daß ich den Vater meines Kindes nicht kenne. Sollte ich ihn bei einem intimen Verkehr auffordern, seinen Personalausweis vorzulegen?

Wie uns gemeldet wurde, lief die Ehefrau mit der Wäsche ihres Mannes, den Federbetten und dem Geliebten weg. Der Wert dieser Dinge beträgt ca. DM 843,– .

Nun, Ludwig O. fing mit Bonbons an, kam auf die Literatur …, aber da schwebte ich schon so schnell zu Boden, daß ich nicht merkte, daß ich unterlag.

Er war schön, ich kannte ihn gar nicht. Trotzdem verlangte er einen Kuß von mir, was ich ablehnte. Dann fing er an, von Schwierigkeiten auf seiner Arbeitsstelle zu sprechen, und ich schlief ein. Als ich in Sinsheim aufwachte, stellte ich fest, daß ich beschädigt war. Er war weg und mein Koffer auch.

Herr Richter, das ist ein himmelschreiendes Unrecht. Ich bewegte mich auf der Hauptstraße und, ohne daß ich Gelegenheit gehabt hätte, gegen ein Entgelt zu lieben, wurde ich festgenommen.

Beim Straßenbau in S. kam eine Ziege unter die Dampfwalze. Der Besitzer wurde bestraft, da er es ablehnte, die Ziege von der Straße zu entfernen. Er begründete die Weigerung damit, daß er darin nicht sein Eigentum erkennen könne.

Die Anschuldigung der Vergewaltigung weise ich entschieden zurück, da Margarete S. es selbst verlangte, mehr noch, sie wollte auch, daß ich ihr ins Ohr biß.

Statt sich politisch zu bestätigen, hat sich der Beschuldigte nur geschlechtlich betätigt.

Die Beherrschung habe ich dadurch verloren, daß der Betreffende ununterbrochen geschrien hat, daß wir zwar »Sch« sind, jedoch keine Schäfchen. Ich habe mir dieses auf verschiedene Art zu erklären versucht und deswegen gab ich ihm eine Ohrfeige.

Der Angeklagte hat sich systematisch in Gasthäusern verköstigt, was der Grund dafür sein kann, daß er an Appetitlosigkeit leidet und Neigung zum übermäßigen Alkoholkonsum hat.

An dem Tatort wurde durch Diensthund, Techniker und Polizei festgestellt, daß das Gras vom Wald her niedergewalzt wurde, was die Behauptung der Vergewaltigung widerlegt, daß sie mit dem Kopf nach unten lag.

Geschäftstüchtigkeit und grobe Hochnäsigkeit sind Julian A. geblieben, was ihm trotz der Warnungen der Gemeinderatsmitglieder – die Funktion eines Zoodirektors einbrachte. Damit trat er in sein Element.

Im linken Graben lagen Steuerrad und linkes Vorderrad sowie viele Kleinteile, im rechten Graben ein Teil des Motors, Aschenbecher, Bremspedal usw., so daß die Behauptung des Geschädigten, daß er die Fahrt nicht fortsetzen konnte, nicht übertrieben erscheint.

Ich bitte die Herren Geschworenen, Nachsicht mit mir zu haben, da mir mein Onkel die schlechten Eigenschaften vererbt hat, der kein guter Bürger war.

Unsere Nachforschungen haben ergeben, daß es zur Vergewaltigung der Frieda J. seitens des Ausländers in deutscher Sprache kam.

Das Gericht sprach den Beschuldigten im Falle der Vergewaltigung frei, da es aus eigener Erfahrung weiß, daß der angegebene Tatort für eine solche Sache zu klein ist.

Seine Leidenschaft zum Wildern war so ausgeprägt, daß er eine Brieftaube mit wichtiger Nachricht erschoß und verspeiste.

Es war an einem Abend nach der Treibjagd. Mit einer Alkoholvergiftung hatte keiner von uns gerechnet. Es ging um eine Wette: ein Hase, ein Wacholder. Es ist seit Bestehen unserer Gemeinde nicht vorgekommen, daß jemand so viele Hasen geschossen hat.

Hohes Gericht, hinsichtlich der verminderten Zurechnungsfähigkeit lege ich keine Berufung ein.

Den Hund haben sie entwendet, zubereitet und gegessen. Als ich aber DM 400,– verlangte, haben sie geschrien, daß es einen solchen Wucher nicht einmal im Continental gäbe und haben mich mit dem Stammbaum rausgeschmissen.

Ich habe in dem Hauptmann Ronald K. nicht einen Führer, sondern einen ehrlichen Menschen gesehen.

Als ich den Ochsen nach dort führte und wir dem Beschuldigten begegneten, hat er uns provokativ gefragt: »Wohin, ihr beide?« wodurch ich klar ein Ochse bin.

Ich gebe zu, daß ich den Alkohol entwendet habe, als der Apotheker nicht hinschaute. Aber ich habe das nicht meines Alkoholismus wegen getan, sondern um meine Mund- und Rachenhöhle zu desinfizieren, hatte aber dann nicht genügend Kraft, ihn nicht zu schlucken.

Ich habe Werner E. verletzt, das ist wahr. Aber er schaut immer bei mir durchs Fenster, wenn ich Damenbesuch habe. Und so verdirbt er mir jede ehrliche Verlobung.

Die Genannte arbeitet in einem Kaufhaus, wo sie mit dem Gelddiebstahl beschäftigt ist.

Beweis, daß ich die Veronika M. nicht vergewaltigt habe, ist, daß ich auf dem Rücken ganz trocken war, obwohl es regnete.

Sooft ich Marianne einen Besuch abstattete, es wurden immer Alimente daraus. Jetzt widme ich meine Freizeit dem Fernsehen, das nicht solche Folgen hat.

Die im Park aufgestellten Bänke dienten nur der Unsittlichkeit, da in der Gemeinde keine Rentner sind. Wir haben sie daher beseitigt.

Kilian W. wechselt oft die Beschäftigung. Seine einzige wirkliche Leidenschaft ist das Geigenspielen und das sich dabei Betrinken.

Von Kindheit an, Herr Richter, hatte ich schon ein hartes Leben. Mit 6 Jahren half ich meinem Vater auf der Straße Steine klopfen und spielte dabei auf der Geige.

Arbeitsunfähigkeit trat bei mir nicht ein, da ich gegenwärtig im 8. Monat schwanger bin, durch Unvorsichtigkeit auf der Arbeitsstelle.

Benedikt P. drückte sich in seinem Telegramm an mich so unwählerisch aus, daß mir die Post aus Gründen der Sittlichkeit nur die Anschrift sandte.

Über Anton S. ist zu sagen: als er jünger war, da hatte er lauter Weibergeschichten, jetzt hat er Asthma.

Alex O. benimmt sich unsittlich, da er nackt durch die Wohnung geht und auf einer Flöte spielt. Es ist wahr, daß er bei dieser Tätigkeit die Vorhänge geschlossen hält. Aber was soll das? Es wissen doch alle, daß er nackt durch die Wohnung geht, wenn er auf seiner Flöte spielt.

Der Täter entwendete im Schlachthof größere Mengen Stierhoden, mit der Absicht, diese für sich zu nutzen.

Die Befragte ist trotz ihrer 87 Jahre sehr rege, wenn sie gleichzeitig auf dem Balkon sitzen, ein Buch lesen, eine Mütze für das Enkelkind stricken, die Vögel füttern und außerdem noch die Gespräche vom Nachbarbalkon verfolgen kann, wo man sich über sie abfällig äußert.

Weiterhin entwendete er zehn Rollen Toilettenpapier, bis jetzt nicht benutzt.

Betrunken spricht Amadeus G. gerne französisch, wenn er es auch nicht kann.

Außerdem ließ Valentin P. in der Wohnung die Winde ab. Aus diesem Grunde kam es zu Zerwürfnissen, da ihm dies zum Vorwurf gemacht wurde.

Mit den Worten: »Du Hirsch, warum regelst du nicht den Verkehr?« hat die Serviererin den Polizisten beleidigt, als dieser, sein Amt ausübend, den Verkehr regelte.

Es muß ferner festgestellt werden, wann der letzte eheliche Verkehr der Eheleute stattfand. Die Sache ist ohne Verhör zu klären.

Es ist wahr, daß ich die Leiter wegnahm. Ich wollte sie aber nur wegräumen und merkte dabei nicht, daß jemand darauf war.

Als ich Fräulein Klara L. küßte und längere Zeit streichelte und sie nichts sagte, konnte ich mit Recht annehmen, daß ich auch das Weitere tun kann.

An der Ecke verrichten Hunde ihre kleinen Bedürfnisse und die Gäste aus der gegenüberliegenden Wirtschaft, so daß die Unleserlichkeit des Aushangs bezügl. der Steuer wahrscheinlich ist.

Die Technik der Vergewaltigung zeigt am besten beiliegendes Wäschestück, wenn auch bekannt ist, daß die Geschädigte, hinsichtlich ungeflickter Löcher sehr unordentlich ist.

Mein Mann hat mich geschlagen. Ich habe ihm gesagt, daß ich vors Gericht gehen werde. Er sagte, ich solle seinetwegen zur Hölle gehen. Und so bin ich da, Herr Vorsitzender.

Als unser Sohn nach Hause kam, bemerkten wir an ihm Läuse und Trübsinnigkeit.

Ich will nicht mehr mit meinem Mann gehen, Herr Richter, da er sich lieber den Briefmarken als den Ehepflichten widmet, bei denen er auch nur an Briefmarken denkt.

Mit der Prostitution beschäftigen wir uns in der Gemeinde nicht, da ich den ganzen Tag auf der Arbeit bin. Einen Sekretär haben wir nicht.

Die Behauptung des Beschuldigten, daß sie unschuldig und ruhig zusammen Schach spielten, ist eine offensichtliche Ausrede, da durch Probe festgestellt wurde, daß der Beschuldigte eine Dame nicht von einem Pferd unterscheiden kann, ja, nicht einmal von einem Läufer, selbst wenn er nüchtern ist.

Ich gebe zu, daß ich meine Gefährtin in zwei Fällen als vorübergehende Geliebte zu Geld machte. Niemals jedoch zu einem nicht angemessenen Preis. An das, was ich damals eingenommen habe, kann ich mich nicht mehr erinnern.

Wenn Simon A. darauf besteht, daß er nicht der Vater meines Kindes ist, so will ich mich ungern irren.

Die Miniröcke von Ursula K. reichten nicht einmal bis zu dem zuständigen Orientierungspunkt. Das hat mich, einen Normalen, aus dem Gleichgewicht gebracht.

Dazu braucht man kein Fachmann zu sein, das erkennt jeder Dummkopf, also ich auch, der ein Laie bin.

Zu einem Liebesakt gab Jovita N. selbst durch verschiedenen Unsinn Anlaß.

Der Verein für Bürgerpflichten ist in unserer Gemeinde sehr aktiv. Im Zusammenhang mit der Geburt einer Reihe neuer kleiner Bürger hat der Vorsitzende viele Dankbriefe erhalten.

Vom Hofe her kam ein Knurren, was in unserer Gegend kein anderer tut als der Hund.

Nach der Belehrung über den Sinn des Urteils und die Berufung sagte der Angeklagte zum Richter: »Sie können höchstens Schafe verurteilen.«

Der Polizeiwachtmeister konnte den Tod selbst feststellen, so daß der überflüssige Arzt nicht eingetroffen ist.

Der wegen Widerstand gegen die Staatsgewalt Angeklagte: »Meine Tat, Herr Staatsanwalt, bereue ich aufrichtig. Aber als die Streife dort eintraf, hatte ich gerade zwei Asse in der Hand – und das bedeutet was bei dem Spiel.«

Als das Fahrzeug nach dem Sturz von der Brücke untergegangen war, zeugten aufsteigende Blasen davon, daß die Reifen schadhaft waren.

Bei einer PKW-Kontrolle am Grenzübergang entdeckten wir, daß die Dame im Kofferraum des Wagens und nicht auf den Sitzen transportiert wurde, so daß daraus ersichtlich war, daß sie auf diese Art nicht legal reisen tut.

Über meine Recht wurde ich seitens des vernehmenden Beamten unterrichtet. Ich erkläre hiermit, daß ich keine Berufung einlege, da mir der Beamte erklärte, was so eine Berufung schon für einen Wert hat.

Die mir zugewiesene Wohnung konnte ich nicht nehmen, da es eine Souterrainwohnung ist, und die Burschen somit zu meiner Tochter klettern könnten.

Bei dem Genannten wurden Bücher gefunden, die er stahl, als er vergaß, sie zurückzugeben.

Nachdem es in dem Gasthaus »Zu den drei Musketieren« zu einer Schlägerei gekommen war, ging ich in ein anderes Gasthaus, wo ich mich recht anständig benahm.

Robert J. hatte mehrere Frauenbekanntschaften. Die Gemeindemitglieder redeten ihm zu, dies doch in seinem Alter zu lassen und ein wenig auf sich zu halten.

Jakob C. sprang über den Zaun und wollte mich verhauen. Ich glaube aber, daß das heutzutage gar nicht zulässig ist.

Ich verließ meinen Arbeitsplatz auf der Grube, da ich noch etwas auf der Welt erleben wollte. Im Herbst muß ich ja bei der Bundeswehr meinen Dienst antreten.

Herr Richter, ich kann mich nicht schuldig fühlen. Der Mann lallte ständig: »Blatt wenden, Blatt wenden!« Als das geschehen war und er immer noch nicht aufhörte, habe ich ihn in Richtung zu mir gewendet. Dabei ist der Mann leicht zu Boden gefallen. Was dann weiter war, daran kann ich mich nicht genau erinnern, da ich selbst teilweise unter Alkoholeinfluß stand. Aber trotzdem hörte ich, daß er auf dem Boden weiterhin rief: »Blatt wenden!« Wenn ich auch Blatt, Aloisius, heiße, habe ich mich beherrscht. Ich kaufte bei der Kellnerin für meine Frau eine große Packung Zigaretten und verließ das Lokal. Ich glaube, daß jeder so handeln sollte, nicht wie dieser Mann.

Bei Berücksichtigung aller Umstände dieses Falles sind wir zu der Überzeugung gekommen, daß, falls die genannte Maria M. am 1. Mai, 21.00 Uhr, mit dem Angeklagten Rudolf W. in dem verlassenen Bienenhaus weilte, es sich in ihrem Alter, bei dem angegebenen Datum und der Zeit um keine andere Arbeitserfüllung als um einen außerehelichen Geschlechtsverkehr handeln konnte.

Ich war an diesem Tag beruflich verhindert und konnte somit nicht rechtzeitig erscheinen. Der Pfarrer schickte Ministranten zu mir, die Messer auf meine Türe warfen.

Ja, Herr Richter, das war so eine komplizierte Sache. Zum Ausräumen des Supermarktes habe ich mich entschlossen, als ich in den verschiedensten Zeitungen gelesen hatte, daß sie für dort einen Nachtwächter suchten.

Ich arbeitete in meinem Beruf als Friseuse. Nachdem ich in den Stand einer ledigen Mutter gekommen war, entschloß ich mich, als Vater den Paul T. zu bestimmen, da mir durch meinen Beruf bekannt war, daß er über DM 2 000,– monatlich verdient und reiche Verwandtschaft hat.

In den betrunkenen Zustand habe ich mich gebracht, weil ich eine solch trockene Kehle hatte.

Er bewirtete mich mit einem gegrillten Steak und dafür wollte er alles von mir haben, so daß ich sein Tun als Versuch der Vergewaltigung klassifizierte.

Ich habe den Mitarbeiter Alfons K. nicht näher gekannt. Wenn ich ihn kannte, dann nur, wenn er zahlte.

Als ich vor der Gaststätte haltmachte, Herr Richter, überkam mich plötzlich ein Angstgefühl. Ich mußte mir gleich 10 Bier bestellen, und dann ist das Gefühl verschwunden.

Ich kann mich nicht genau erinnern. Ich weiß nicht, wie es zu dem Mißverständnis kam. Ich weiß nur, daß ihr Auftreten phantastisch war.

Die Feindschaft zwischen den beiden Frauen ist vor längerer Zeit dadurch entstanden, daß die Sigrid K., da sie viel jünger ist, viele Männerbekanntschaften hat, die Maria wiederum lieber Bier hat, was ihr die Sigrid neidet.

Nach einem Gehirnschlag und einem Nervenzusammenbruch wegen Überarbeitung haben mein Mann und ich uns schließlich entschlossen, mit der Baugenossenschaft zu bauen.

Zu Tätlichkeiten hat der Fahrer keinen Grund gehabt, wo ich doch mit der Hand klar gezeigt hatte, daß er schlecht sieht und nicht, wie er vermutete, daß er einen Vogel hat.

Zu den Vorhaltungen gebe ich an, daß ich an meine Gefährtin die Hand legte, aber es war lediglich wegen der Unordnung und der Luftreinheit. Bei der schläft man nicht ein, man fällt direkt in Ohnmacht.

Betrunken bringt Hugo F. fremde Frauen in die Wohnung. Nüchtern ist er ein eifriger Bastler und höflicher Untermieter.

Es sind die Gefühle der Verfolgung, Herr Richter, die mich ständig ins Gasthaus treiben.

Den größten Teil seines Lebens verbrachte Simon N. in Mietzimmern, Gefängniszellen und Irrenanstalten, so daß er das Leben kennt.

Die sorgfältig geschulte, harte Faust sollte mich zum Sprechen bringen. Die Schläge haben bei mir aber nur einen Sprachfehler verursacht.

Ich habe mir die größte Mühe gegeben, Hohes Gericht. Bis jetzt konnte ich jedoch kein kleineres Zimmer finden, in dem ich immer und alleine leben könnte, hauptsächlich schon wegen der Alibis.

Die Adresse in der Anklageschrift war nur eine vorübergehende. Jetzt habe ich einen festen Wohnsitz in der Besserungsanstalt. Was den beschädigten Kurt M. betrifft, also, der hat mich ganz schön getreten, wie ich schon sagte. Sonst hat er mich nicht geschlagen, weil er es auch nicht konnte, als er sah, wie ich zuschlug.

Roman Z. mußte ein lustmolchiger Feinschmecker sein, da er immer nur meine Wäsche stahl und die Unterhosen meines Mannes niemals anrührte.

Fehlschichten hat Alexander P. nicht. Kommt er nicht zur Arbeit, dann nimmt er Urlaub. Bis zum 20. Januar hatte er schon seinen ganzen Jahresurlaub genommen. Seit dieser Zeit nimmt er unbezahlten Urlaub.

Zur Erledigung meiner Beschwerden schaffte ich mir ein Tonband an, auf dem ich aufnahm – solange es funktionierte –, wie ich behandelt wurde. Ich bin bereit, das Aufgenommene den höheren Behörden vorzuspielen.

Der Beschuldigte gab auf unsere Vorhaltungen hin zu Protokoll, daß er schon lange Zeit über Benzin stiehlt, jedoch raffinierterweise immer nur in kleinen Mengen. Auf unser »Warum« antwortete er, daß er nur kleinere Reisen unternehme.

Ich schrie: »Was erlauben Sie sich denn?« Aber Gerhard R. lief über die Straße. Also lief ich hinter ihm her und gab ihm einige Ohrfeigen, und zwar drei, wobei ich ihm sagte, er solle schön brav sein.

Den verlangten Bericht über den Ruf der Beschuldigten können wir nicht unparteiisch einsenden, weil der Vorsitzende und auch der Beisitzer mit ihr schon mehrmals in verschiedenen Situationen waren. Die verspätete Antwort entschuldigen wir mit der ergebnislosen Beratung, wie wir es friedlich beilegen könnten.

»Ludwig E. war sehr schüchtern«, erzählte die Klägerin. »Zuerst hat er mich ganz schüchtern berührt, dann hat er mir verschämt einen Kuß gestohlen …«
»Und dann, Klägerin?«
»Und dann, Herr Richter, die Ohrringe.«

Außerdem läuft Franz T. hinter meiner Frau Juliane her, sogar bis ins Haus. Ich wünsche das aber nicht, da er kein ordentliches Handwerk erlernt hat.

Die Arbeit des Genannten kann, was die Qualität betrifft, in vielen Fällen mit dem Grad D geschätzt werden. D = reparaturfähiger Ausschuß.

Am meisten regte mich Max N. damit auf, daß er vor der Verlobten sagte, ich sähe wie der heilige Felix von Valois in Öl aus.

An Ort und Stelle wurde festgestellt, daß Eduard B. nicht nur Radio und Fernsehen nicht angemeldet hat, sondern auch seinen bissigen Hund.

Als sie Andreas G. fragten, warum er das getan habe, begab er sich auf die Flucht und fing an, im Laufe seine Oberkleider abzuwerfen, so daß auch ältere Frauen angewidert ihre Gesichter abwandten.

Das Bein hat Lorenz V. sich zufällig gebrochen. Meine Worte: »Ich werde dir die Pfeifen brechen«, muß man abstrakt nehmen, ebenso wie seine: »Nächstens spielst du die I b Klasse mit den Englein im Himmel«, die er mir vorher zuflüsterte.

Magnus R. hat im Gasthaus von nichts als von der Arbeit gesprochen. Er stritt sich deshalb und hätte sich fast mit den anderen geschlagen. Aber auf der Arbeit, da müssen sie ihn fast schlagen, damit er etwas tut.

Der Genannte ertappte seine Ehefrau mit einem fremden Mann in einer so heiklen Situation, daß er sich vor Scham umdrehte. Seit der Zeit wird er bei verschiedenen Gelegenheiten »Der Heilige« genannt. Und die Ausschreitungen, die er sich vor einer Woche zuschulden kommen ließ, sind schon die sechsten in diesem Jahr.

In diesem Zusammenhang möchte ich noch darauf hinweisen, daß der Gutsbesitzer Paul R. uns seinerzeit über die Perspektive einer traditionellen Rinderzucht und eigener Fortpflanzung unterrichtete.

Der Weg der Karriere des Mathias N. wurde durch Stöhnen von Witwen und Waisen und zahlreichen Geliebten gepflastert.

Der Kläger mußte einen Arzt aufsuchen, infolgedessen er für mindestens 10 Tage arbeitsunfähig wurde.

Bei der Rekonstruktion wurde festgestellt, daß das Terrain weder für Vergewaltigung noch für Rekonstruktion geeignet ist, und zwar durch zu steilen Hang und Höckerigkeit, und das im Widerspruch zu dem Zweck.

Simon Z. bestätigt nicht, daß sie ihn mit der Tasche geschlagen hat. Er führt an, daß, kaum habe er die Hand erhoben, er solch eine Ohrfeige bekommen habe, daß sich ihm der Kopf drehte, ohne ärztliche Hilfe gesucht zu haben.

Wenn sie behaupten, Herr Richter, daß sie keinen Gruppensex trieben, weil sie Poker spielten, so ist das eine Lüge, da sie Teufelchen-Bums spielten, und die Betroffenen Kaffee kochten.

Daß meine Tochter Rosa keinen Unfug treibt, ist allgemein bekannt, und es tut mir leid. Daß sie aber auf dem Supermarkt in der obersten Etage stehlen würde, das habe ich nicht angenommen, da dort doch alles sehr gut bewacht wird, und sie sogar mich ertappt haben.

Im Schwimmbad hat Leonhard R. damit geprahlt, daß er besoffen sei. Da es der Wahrheit entsprach, wurde er seinem Vater übergeben, mit der Empfehlung, ihn an seine Frau zur weiteren Behandlung auszuliefern.

Mit dem hier anwesenden Julius K. habe ich mich unter wundersamen Umständen bekannt gemacht. Zuerst hat er mich auf der Straße umgerannt und dann hat er mich genommen.

Zum Aussterben der Fische kam es infolge des Freilaufens von Fäkalien und anderen giftigen Abwässern, höchstwahrscheinlich aus dem gegenüber dem Teich liegenden Gasthaus, wo jetzt ein neuer Wirt ist.

Da Bernhard G. eine Zeche von DM 78,50 machte, fing er an, sich an den Wirt, genannt Bulle, heranzumachen. Zufällig handelt es sich hier nach Ansicht des behandelnden Arztes nur um eine leichtere Verletzung in der Sitzgegend.

Er war nach einem Tritt in die Hüftgegend nicht mehr bewegungsfähig, so daß er aus dem Gasthaus »Zum Paradies« von seiner eigenen Frau auf dem nicht mehr benutzten Kinderwagen abgefahren werden mußte.

Schon um den Garten und das Haus des Genannten ist eine große Flohbewegung. Der Hygienestand der Wohnung kann daher nicht festgestellt werden.

Der zum Tode Verurteilte sagte kurz vor seiner Hinrichtung zum Scharfrichter: »Machen Sie es gut, ich werde Ihnen dafür bis zu meinem Tode dankbar sein.«

Durch die Belästigung unseres Chemieassistenten Julius Maria N. wurde von der Verwaltung festgestellt, daß es sich bei ihm um eine Assistentin handelt.

Die Vase warf mir mein Mann nicht aus Unzurechnungsfähigkeit nach, denn vor dem Wurf nahm er die Blumen heraus und schrie wie ein normales Mannsbild: »Das gebe ich dir auf dein Grab und der Zehner bleibt zu Hause.«

Nur einmal sind wir uns begegnet, und das noch in einem Restaurant, wo wir auf Bierdeckelchen korrespondierten, über den Tisch hinweg, der mich begreiflicherweise hinderte, so daß ich kein Vater sein kann.

»Sie behaupten, Angeklagter, daß Sie den Kläger nur mit Ihrem Taschentuch geschlagen haben. Das ist aber hinsichtlich seiner Verletzung ausgeschlossen. Was haben Sie dazu zu sagen?« »Das ist so, Hohes Gericht, wissen Sie, ich schneuze nämlich in die Hand.«

»Schildern Sie dem Gericht, Herr Zeuge, wie es sich mit der Gasthausschlägerei verhalten hat.«
»Das war so, Herr Richter, zuerst schaute ich, schaute und schaute, wie sie sich schlugen. Zum Schluß schaute ich genauer, und siehe, sie schlugen mich.«

Einmal habe ich selbst ihm schieben geholfen. Damals ist tatsächlich an dem Wagen ein Schaden entstanden, außerdem am Zaun, über den er gefahren ist.

Seit meine Tochter Cordula von dem Beschuldigten vergewaltigt wurde, ist sie oft schwermütig, weil sie von ihm 450,– DM erhalten hat.

Zwischen den Teilnehmern war es vor einiger Zeit zur Uneinigkeit gekommen, die Gegnerin wurde davon schwanger, und so haben sie die Ehe geschlossen.

Luise O. lebte mit dem gesuchten Martin T. verhältnismäßig lange zusammen. Die genaue Zeit ist aber nicht bekannt, da sie in den drei Jahren, in denen die Genannte in unserer Gemeinde wohnt, wenn auch ledig, statt eines Mannes 4 Männer hatte.

Das war so, Herr Richter. Der Ober hatte sich um 11,20 DM verrechnet. Als ich ihn darauf aufmerksam machte, sagte er: »Oh Gott, oh Gott, wie konnte das nur passieren?« Und da habe ich ihm eine geklebt, damit er sich schneller erinnert.

Die Angeklagte rief ihm ein Wort nach, das Fäkalien bedeutet, natürlich in ordinärer Form und überdies noch auf französisch.

Ich möchte darauf aufmerksam machen, daß der Clemens R. an seinem Haus eine Tafel mit der Aufschrift »Gemeindestier« hat. Und wenn ich ihm sagte, daß er ein Ochs ist, so habe ich es persönlich gemeint und wollte keineswegs seinen Beruf herabwürdigen.

Über die Familie, schon dadurch betroffen, daß die dreizehnjährige Tochter frühzeitig anfing Gedichte zu schreiben, stürzten in kurzer Zeit Überschwemmung herein und Eingehen von zwei Rindern.

Was mein Leben betrifft, Herr Richter, so will ich es nicht beschönigen. Für mich war es niemals wichtig, wieviele Liebhaber ich im Leben hatte, sondern wieviel Leben in den Liebhabern war.

Ja, und dann wurde ich des Lebens überdrüssig und habe mich entschlossen, Harakiri zu verüben. Aber der Arzt hat es mir ausgeredet. – Und so habe ich im alten Trott weitergemacht und warte jetzt auf ein Zeichen der Gnade, Hohes Gericht.

Die Liebhabereien des August P. sind ausgerichtet auf Motorismus, gute Literatur und seine Verlobte, die er sehr oft besucht.

Ich wende mich an das Gericht mit der Bitte um Strafaufschub, da ich ein sehr anständiges Einkommen habe.

Nach der Feier fuhr ich diese Bekannte mit dem Dienstwagen nach Hause, da ich an sie wie an eine Frau dachte und mir immerfort sagte: »Mit der einmal was haben zu können!«

Nachdem Julius R. mit dieser Frau durch einige Lokale gezogen war und folglich stark unter Alkoholeinfluß stand, ging er mit ihr in eine Privatwohnung. Die Tasche mit den Lohntüten der Belegschaftsmitglieder stellte er mit dem Vertrauen eines Trunkenboldes in den Hausflur.

Ich wurde auf dem Betriebsgelände vom Betriebsschutz angehalten. Er sagte schroff zu mir: »Plapper nicht, daß du hier schaffst.« Und als ich mit der rechten Hand nach meinem Fabrikausweis griff, hat er mir mit einer ungestümen Bewegung gerade diese rechte Hand aus der Schulter geworfen.

Auf Ihre Aufforderung hin teile ich Ihnen mit, daß ich für die Reparatur der Bahnschranke nicht genügend Mittel habe, jedoch genug fingerfertige Kameraden, die der geschädigten Bundesbahn die Schranken machen werden, und zwar wie neu.

Für meine Tablettensucht habe ich nur eine Erklärung. Als ich damals beim Militär war, fiel ich vom Pferd und seit dieser Zeit habe ich sehr viele Medikamente geschluckt. Und dann bin ich auch vom Heuboden gefallen und seit diesem Moment muß ich sie direkt fressen.

Wir freuen uns, Ihnen die gewünschte Auskunft geben zu können. Wir kennen beide Familien sehr gut. Die Familien verkehren oft miteinander, aber sicherlich nicht intim, da sie immer mit der Oma zusammen sind, die einen schlechten Schlaf hat und nicht trinkt.

Die Anzeige bezüglich der Vaterschaft weise ich entschieden zurück. Ich habe mich gleich nicht als Vater gefühlt, als ich von ihr wegging. Und meine Ansichten werde ich doch nicht wie Socken wechseln.

Betr.: Ihr Schreiben wegen des verbotenen Glücksspiels. Es stimmt, daß man sich in der Gemeinde kulturell hauptsächlich durch Skatspielen vergnügt. Wenn aber in der Bank mehr als DM 1 000,– sind, so unterbricht unser sonst guter Wachtmeister Leonhard S. immer das Spiel, so daß man von Hasard nicht sprechen kann.

Die Anzeige weise ich entschieden zurück. Ich bin kein Wilddieb. Aber in Anbetracht meines Schielens passiert es mir oft, daß ich einen Hasen oder etwas Ähnliches treffe, statt des ihn verfolgenden Raubwildes.

Mit der Scheidung bin ich absolut nicht einverstanden. Ich bin jedoch bereit, meinem Mann die Hälfte der eigenen Wohnungseinrichtung unter der Bedingung zu geben, daß er eine anständige Frau heiratet und somit für die Gesellschaft gerettet wird.

Als die beiden Angeklagten begannen, sich mit Halbliter-gläsern zu schlagen, entschloß ich mich, einzugreifen, um Blutvergießen zu verhindern. Jedoch war ein drittes Halbliterglas bedauerlicherweise nicht zur Hand.

Als Hauptschuldiger an dem Verkehrsunfall wurde mir ein Hund angegeben oder ein Tier Hyänenursprungs, der mir angeblich das Vorderrad umgestoßen haben soll, womit ich natürlich nicht einverstanden sein kann.

Zum Unfall des Touristen Herbert W. ist es durch einen Sturz in die »Hungerkammer« gekommen, um deren Kollaudation sich seit dem Jahre 1278 keiner gekümmert hat.

Die Zustände in unserem Kreiskulturhaus waren mehr als verwunderlich. Wenn ein Projektionsapparat da war, war kein Filmvorführer da und umgekehrt. Und so machen Sie sich ein Bild.

Die Ausrede des Herrn S., daß er farbblind ist, widerlegt am besten sein unkontrollierter Ausruf nach einem Verkehrsunfall, daß Rotes an ihm herunterläuft.

Von harmonischer Nachbarschaft hat Nepomuk J. außer von Stock und Beschimpfungen keine Ahnung.

Im Wirtshaus ist Egon R. wie zu Hause. Der beste Beweis hierfür ist, daß er seinen Wintermantel den ganzen Winter über dort läßt.

Ich hatte kein Zuhause mehr, Herr Richter. Und so irrte ich in der Gegend umher, und als ich feststellte, daß in dem Häuschen niemand war, trat ich normal durch das Fenster ein.

Die Genannte ist von einer materialistischen Natur und deswegen benutzt sie direkte, nicht gewählte Wörter.

Gegenüber den Mitarbeitern hat sich Max B. gleichgültig benommen. Nur hin und wieder raufte er sich mit ihnen.

Im Betrieb wollte Bruno N. nicht einmal die leichteste Arbeit verrichten. Er behauptete immer, daß er sitzen muß. Wir hoffen, daß das Gericht in dieser Hinsicht seinem Wunsche entspricht.

Die Beschuldigte ist ohne Ruf und verdient nur zeitweilig ihr Geld durch eine normale Beschäftigung.

Dem Beschuldigten habe ich zu heftigen Widerstand geleistet, wenn man bedenkt, daß er mir gefallen hat, und die Nacht feucht und sternvoll war.

Dem Geschädigten, den ich mit dem linken Kotflügel streifte, ist scheinbar nicht viel passiert. Als ich ihn nämlich fragte, ob ich ihn ins Krankenhaus bringen soll, gab er zur Antwort, daß ihm eine ambulante Behandlung in meiner Wohnung genügen würde. Ich lehnte das ab, da ich eine verheiratete Frau bin.

Als die Vorderräder im Schaufenster zum Stehen kamen, stieg der Prüfungskommissar mit den Worten aus, daß er lieber zu Fuß gehen möchte, ohne sich über das Ergebnis der Fahrprüfung näher zu äußern.

Die zerschlagene Nase hatte Gerda M. dadurch verschuldet, daß sie die verabredeten Zeichen durcheinander brachte. Wenn ihr Mann nicht zu Hause ist, sollte hinter dem Fenster ein Christstern sein. Der Christstern war da, der Ehemann auch.

Ich sagte zu meiner Frau, sie solle der Oma den Wagen nicht leihen, da diese Frau nur eine kleine Pension bekommt und ich selbst genug mit dem Zahlen eigener Strafmandate zu tun habe.

Durch das ruhestörende Benehmen des Wirtes waren viele Gäste so erzürnt, daß sie ohne zu bezahlen weggingen.

Um Hilfe habe ich nicht gerufen, da der Wind in eine andere Richtung ging, als die Leute standen. Ich hätte doch nur unnötig meine Kräfte verplempert, die ich anderweitig besser anwenden konnte.

Auf die genannten drei Schläge mit dem Glas auf den Kopf reagierte er nicht, und meiner Meinung nach ging er in Agonie.

Aus dem Fenster brauchte Heinz K. mich nicht zu werfen. Ich ging nur zu seiner Frau, um auszurichten, daß man die Kohlen gebracht habe. Die Reden von verschiedenen Geheimnissen und tiefen Tälern, bei denen er auftauchte, hat doch nur sie geführt.

Ulrich H. störte den Verkehr dadurch, daß er auf den Knien vom Park aus auf die Fahrbahn kroch, wo er nach dem Regen die verirrten Regenwürmer sammelte.

Der minderjährige Fritz P. hat praktisch keinen Vater, da dieser ein notorischer Alkoholiker ist.

Der Genannte begreift sichtlich seine Inhaftierung nicht, so daß man ihm erklärte, daß er dort essen und schlafen kann.

Es ist nicht wahr, daß ich mich mit dem Küster gerauft habe, nachdem er mir die Schlüssel abgenommen hat. Ich habe nur gesagt, daß das nicht human ist.

Der Hund des Beschuldigten zerriß unwiderruflich die Entlein. Sofortige Wiederbelebungsversuche mit Hilfe von Nesseln, Wasser, Schrot, Flügel- und Kopfmassage blieben erfolglos.

Wenn man dem Problem auf den Grund geht, kommt man zu folgendem Schluß: Die Bäume mußten unfachmännisch gemacht eingehen, als man ihnen durch Bürgersteige die Wurzeln einbetonierte.

Wie uns das hiesige Krankenhaus auf unsere telefonische Anfrage hin mitteilte, hat der Beschädigte seine Verletzungen überlebt, da er aktiver Soldat bei der Bundeswehr ist.

Daß der Wirt Schnäpse panscht, ist sehr unwahrscheinlich, da er selbst welche trinkt.

Leider können wir Ihrer Aufforderung keine Folge leisten, denn, da der Zeuge starb, können wir ihn nicht verhören. Außerdem ist es überflüssig, da er niemals Tatzeuge war.

Es war ein wunderschöner Tag. Ich ging im Wald spazieren, zündete mir eine Zigarette an und warf den Stummel dann weg. Es fing an zu brennen, das Feuer griff auf den Wald über und da es zur allgemeinen Gefahr wurde, lief ich vom Tatort weg.

Bevor Manfred T. die Volljährigkeit erreichte, plante er für das Leben große Taten. Aber vorläufig raubte er nur zwei Tabakläden aus.

Der Angeklagte stahl aus dem Kaninchenstall Franz Krügelmann im Werte von DM 16,50.

Ich möchte mit meiner Frau Adelheid noch eine Tochter haben. Die habe ich nicht und solange sich meine Finanzsituation nicht ändert, kann ich mir diesen Luxus nicht leisten.

Frau Reinhild U. ist von heftiger Natur, was vielleicht davon kommt, daß sie sechs Kinder erzogen hat, wovon zwei noch schulpflichtig sind.

Schlagen wollte ich ihn nicht. Aber als ich die Hand schon einmal hochgehoben hatte, so mußte ich sie ja irgendwie wieder herunterbekommen.

Der Beschädigte hat sich die Verletzung selbst zugefügt, als er nach meinem Schlag die Treppe herunterfiel.

Mit dem Angeklagten habe ich nur einen Tag als Gefährtin zusammen gelebt, da er noch am gleichen Abend in Haft genommen wurde.

Ich muß zugeben, daß die Zeugin die reine Wahrheit sagte, wenn es auch meine Schwiegermutter ist.

Die Liebesszene auf der Leinwand hat mich so gefesselt, daß mir ähnliches Benehmen zweier neben mir sitzender Zuschauer erst bewußt wurde, als das Kino leer war.

Georg P. führt ein unordentliches Leben und wechselt die Frauen sehr oft. Nicht einmal seine eigene Frau kann seine Seitensprünge registrieren und duldet diese schweigsam. Deswegen führen die beiden noch ein verhältnismäßig gutes Eheleben.

Die Genannte klaute auf dem Feld wirklich nur Petersilie. Als Grund nannte sie ein gewisses Sprichwort, das man im Protokoll nicht zitieren kann. Es ist aber zweifelhaft, da ihr Mann schon vor drei Jahren gestorben ist.

Als meine Frau beim Rausfahren aus der Garage den rechten Kotflügel dreimal ramponierte, wollte ich ihr behilflich sein. Beim vierten Versuch stellte ich mich auf den bewußten Platz, und es kam tatsächlich nicht mehr zu einer Beschädigung des Wagens, nur nach dem ärztlichen Befund werde ich ca. 1 Monat arbeitsunfähig sein.

Der Heinrich W. störte die öffentliche Ordnung damit, daß er auch die Henne entwendete und weitere ca. 580 weckte.

Ohne, daß ich an der Kellnerin gefuchtelt hätte, fiel ihr das Stirnband in die Suppe. Ich verlangte nach der Speisekarte und bekam eine Ohrfeige, daß mir die Brille in die Suppe fiel; so wußte ich denn nicht einmal, was ich aß.

Sooft sich meine Tochter Martha mit dem Angeklagten verabredete, ermahnte ich sie, anständig zu bleiben und, wenn das nicht ginge, wenigstens vorsichtig zu sein. Wie man sieht, ist ihr das erste mißlungen, das zweite ihm.

Wenn die Frau Gerichtsrätin ein Mann wäre, so hätte sie begriffen, daß es nicht möglich war, mit der Xanthippe zu leben.

Wenn Marius P. morgens betrunken nach Hause kommt, so zieht er sich im Treppenhaus aus und gibt ähnliche Laute wie eine Kuckucksuhr von sich. Damit stört er die Ruhe und die richtige Uhrzeit im Haus.

Der Täter wurde bei seinem Tun durch den Nachtwächter gestört, der im Nebenraum plötzlich zu schnarchen anfing.

Als Adelgunde W. angefangen hat, sich auszuziehen, und ich ihre schlanke Figur erblickte, da habe ich keine Gefühle bekommen, sondern es ist mir eingefallen, daß ich für meine Ziege Gras holen muß.

Den Scheidungsantrag ziehe ich nicht zurück, da mein Mann kein Gefühl hat, hauptsächlich in der rechten Hand.

Als wir in seine Wohnung kamen, setzte er mich auf das Sofa und fing an, über seine Verdienste zu reden. Ich habe es so verstanden, daß er entschlossen ist, ordentlich Wirtschaftsgeld zu zahlen.

»Herr Zeuge, als der Angeklagte Sie zu einer Flasche Wein eingeladen hat, haben Sie darin nicht einen Versuch der Bestechung gesehen?«
»Nein, er hat den Wein nicht bezahlt.«

Peter M. ist arbeitsam, fleißig und ausdauernd, was sich in seinem Leben auch an der Zahl der unehelichen Kinder zeigt.

»Sie wollen uns doch nicht einreden, daß Ihr Mann Sie schlagen wollte. Er hat doch beide Hände in Gips.«
»Nun ja, Herr Richter, aber als wir angefangen haben, uns zu streiten, da hatte er die Hände noch frei.«

Trotzdem ich zu meinem Mann das wärmste Verhältnis hatte, brachte er Damenbesuch nach Hause und erzählte von mir, daß ich nichts tauge. Das beleidigte mich sehr, weil alle Männer bei uns erzählen, wie gut ich kochen kann.

Ich kann nicht begreifen, daß er die Tochter zu den unsittlichen Bildern locken konnte, da wir doch zu Hause davon eine ganze Menge haben, dazu noch in Farbe.

Den Kläger habe ich nur ein einziges Mal geschlagen. Er fiel hin und ich konnte ihn in der Dunkelheit leider nicht mehr finden.

Die gestohlene Ware warf Dieter U. immer über den Zaun, wofür ihm mehrmals als Strafe die Prämie gestrichen wurde. Als er aber auch den Wärter über den Zaun warf, wurde er fristlos entlassen.

Der Gipfel der Ungerechtigkeit liegt darin, daß ich das Holz nicht mitnehmen durfte, dafür aber den Beschluß des Gerichts in L.

Der Nachbar Peter K. hätte fast meine Frau überfahren. Die Polizei, die den Fall untersuchte, hat es als eine schnelle und unvorsichtige Fahrt abgeschätzt.

Aus der Beurteilung geht hervor, daß bei dem Beschuldigten ein gesellschaftlicher Mißbrauch des Alkohols festgestellt wurde.

Robert H. hatte als Autoschlosser in dem Betrieb eine gute Arbeitsmoral, und zwar bis zu der Zeit, als er anfing, der Arbeit grundlos fernzubleiben, dabei 14 Schichten versäumte und anschließend gar nicht mehr zur Arbeit erschien.

Das Gericht berücksichtigte auch das Schreiben des Bürgermeisteramtes über die Familienverhältnisse des Beschuldigten, der früher mit der Gefährtin Frieda R. lebte, mit der er ein ganz kleines Kind hatte.

»Sie stehen hier vor einem Gericht, Angeklagter. Warum haben Sie bei der Vernehmung einen falschen Namen angegeben?« »Wissen Sie, Herr Richter, das habe ich nur deswegen getan, weil meine Mutter immer zu mir sagte: ›Tue was du willst, mein Junge, aber beschmutze nie unseren Namen.‹«

Ich habe aus der Schublade in der Theke nur das Kleingeld genommen, 50- und 100-Markscheine.

Als ich das Lamentieren hörte, lief ich auf die Straße und wurde Zeuge, wie Frau Amalie G. die Hände rang und fortwährend rief: »Sie haben uns den Franz getötet.« Und dabei war es ein Hund.

In der Wohnung verhalten sie sich lärmend. Sie halten sich 3 Hunde, 2 Katzen und einen Wellensittich und tränken sich mit dem elektrischen Strom vom Korridor.

Richter: »Ich verstehe nicht, daß Sie sich von Ihrem Mann wegen solcher Kleinigkeiten scheiden lassen wollen.«
Klägerin: »Ja, Herr Richter, das kommt vielleicht daher, weil ich ihn wegen noch kleinerer Dinge geheiratet habe.«

Nach Erscheinen des Polizeiwachtmeisters K. wurde Franz B. von diesem aufgefordert, sein anstößiges Benehmen zu unterlassen, was er mit den Worten ablehnte, er solle ihn am Arsch lecken. Als das dann passierte, wurde Franz B. festgenommen. Zeugen liegen bei.

Er hat mich ständig provokativ aufgefordert: »Schlag zu, schlag zu.« Aber als ich ihm nur einen Schlag gegeben hatte, mußte er ins Krankenhaus. Und jetzt soll ich auch noch die Kosten tragen.

Ja, und dann, als in der Tür ein unbekannter Mann in meine Verlobte Gudrun stieß, daß sie auf meine Seite fiel, sagte ich ihm er solle auf die Gegend aufpassen, wenn er aus dem Hotel geht. Er schlug mir mit der Faust ins Gesicht, und ich habe ihm diese böse Handlung zurückgezahlt.

Was heißt, Herr Richter, wir waren in der Gaststätte verschiedener Meinung? Er hat mich mit dem Glas geschlagen, ich habe ihm drei Zähne ausgehauen, aber wir haben uns kein böses Wort gesagt. Was sollen wir also noch lange darüber reden.

Als es zu weiteren Angriffen seinerseits und seitens des mir unbekannten Mannes kam, habe ich ihn nicht weiter angegriffen, sondern ihn nur ein wenig gewürgt, damit es nicht noch zu einem weiteren Angriff kam.

Die alarmierte Feuerwehr hat an Ort und Stelle festgestellt, daß es bei dem Feuer, das bei einer Temperatur von 18° C verlief, zur vollkommenen Verbrennung des Schobers kam.

Bestraft wurde ich bis jetzt nicht. Nur einmal bekam ich 3 Monate. Aber wie mir bekannt ist, sind die unter Amnestie gefallen.

Bei Besichtigung der Wohnung in Gegenwart des Polizeimeisters K. wurde festgestellt, daß auf dem sehr schmutzigen Fußboden verschiedene Abfälle lagen, wie Schuhe u. ä.

Auf den Hinweis des Kontrolleurs hinsichtlich der Masse der Biergläser wandte der Wirt unvorsichtig ein: »Schaut nicht auf die Menge, fürchtet nicht die Feinde.«

Auf seine krummen Touren kam ich zu spät. Reiner M. hat Verwandtschaft im Vorstand und zu allem hat ihn der Cousin meiner Frau empfohlen, bei dem nur selten gestohlen wird.

Der Täter, den die Polizei am Tatort festnehmen konnte, ist durch ein Fenster in den Verkaufsraum eingedrungen und hat sich dann durch sein Benehmen verraten. Nachdem er eine Flasche Cognac ausgetrunken hatte, lamentierte er laut, daß er nichts für unter seinen Kopf habe.

Es ist schwer, Waldemar D. etwas zu erklären. Auf alles sagt er nur gut, gut. Angeblich hat das schon irgend ein König gesagt. Aber darauf ist doch keiner neugierig, wenn er Veterinär ist , und auf das »gut, gut« zwei Kühe eingegangen sind.

Dank der langen Krankheit und der Ekzeme unseres Wirtes, der keinen Ersatz fand, war die Arbeitsmoral des Philipp E. die ganze Zeit über ungestört.

Wenn wir auch nicht die Kapelle ohne Kapellmeister sind, wenn wir auch keinen Kapellmeister haben, so hat Wenzel H. doch keiner etwas davon gesagt. Und als er sich dauernd auf das Podium drängte, bekam er ein paar Ohrfeigen, weil wir an dem Tag die Kapelle ohne Kapellmeister sein wollten.

Unsere Kapelle war beleidigt, weil Kurt M. sie Begräbnistrompeter nannte, obwohl sie außer an Begräbnissen vieles für die Kultur getan hat, und das oft und uneigennützig.

Beim Einladen der Rinder von der Rampe in die Waggons wurde eine Kuh so unruhig, daß die den Paul R. von der Rampe warf. Nach diesem Erfolg lief die Kuh weg und fing an, die Leute zu jagen und anzugreifen.

Ich habe ziemlich viel Geld verdient. Abgesehen davon, daß ich ca. 20 000,– DM Schulden hatte, war ich eigentlich ganz zufrieden.

Jedem Untermieter versuchte ich, es recht zu machen, jedoch der letzte wollte noch, daß ich ihn zur Arbeit wecke, wenn ich auch selbst so unausgeschlafen war wie er.

Die Klägerin erhebt aus reiner Rache falsche Anschuldigungen gegen mich, da ich sie nicht zur Ehefrau nehmen will. Ich habe kein Verhältnis mit ihr, außerdem bin ich krank, erwarte den Rentenbescheid und habe deshalb andere Sorgen als Gericht und die Ehe.

Ihre verschrobenen Ansichten mir gegenüber zeigten sich schon darin, daß sie zu mir sagte: »Du Tiroler Knabe.« Zu dem Streit kam es gleich danach, als sie feststellte, daß ich nur DM 14,70 bei mir hatte und nur deswegen bei dem Wagen stehen blieb, weil mich die Schuhe drückten.

Ich hatte vermutet, daß es sich um einen Doktor handelt, als Ferdinand L. sagte, daß er ein Diplom habe; dabei hat er es für Stabhochsprung bekommen.

Obwohl wir alleine waren, redete Willi O. von Sternen, von irgendeiner Rektifikation des Bogens, Deklamation und Kreuzungspunkt der Ekliptik und der Äquatorlinie, woraus ich den Schluß zog, daß er abnormal veranlagt ist.

Daß Ruprecht N. mich vors Gericht jagen will, überrascht mich. Seinem Vater hat mein Opa bei der Kirmes auch ein Bein gebrochen, und das ohne Gericht; wir sind doch Verwandtschaft.

Ich bin zwar zwecks Diebstahls in das Haus eingedrungen und möchte nicht tratschen. Aber in der Wohnung von Josef F. war eine fürchterliche Unordnung.

Zuerst dachte ich, ich habe einen Schlag durch elektrischen Strom bekommen. Erst später ist mir eingefallen, daß ich beim Einstecken des Steckers in die Steckdose seine Frau irgendwie komisch berührt habe.

Jetzt blättert Paul R. lächelnd auf dem Balkon im Strafgesetzbuch und auf mein Schimpfen, auch wenn ich es wiederhole antwortet er nicht und geht zögernd weg.

Der minderjährige Karl-Maria Sch. wurde auf dem Marktplatz von einem Angehörigen der Polizei festgenommen, der sich in Urlaub befand, da er den Wein aus der Flasche trank.

Der Genannte hatte in der ganzen Gegend den Ruf eines Wunderdoktors. Die Tätigkeit führte er lange aus, bis zu vollkommenen Lähmung.

Das Verhalten, das bei offenem Fenster ein öffentliches Ärgernis wurde, entschuldigten sie zum wiederholten Male damit, daß sie immer vergessen die Rolladen zu schließen. Bei ihm handelt es sich um eine Ausrede, da Albert S. schon zehn Jahre bei der Bundesbahn als Schrankenwärter tätig ist.

Um Hilfe habe ich nicht gerufen. Aber ich versuchte Wilhelm R. durch die Warnung, daß uns ein Zug überfahren werde, zu erschüttern. Es half mir aber nicht, denn er kannte den Fahrplan.

Die Gasthäuser, von denen wir hier zwei haben, besucht Vinzenz N. nicht, das eine seiner großen Entfernung wegen, das andere wegen zu großen Schaums.

Die Tochter Hildegard ging mit ihrem Geliebten, genannt »Säftchen«, weg und ließ mir als Entschädigung ihre Tochter Julchen.

Das Fahrzeug hat Peter A. unberechtigt benutzt, um die Übertragung des Fußballspieles noch verfolgen zu können. Infolge eines Zusammentreffens mit Waltraud G., gab er einem Gespräch mit ihr den Vorzug.

Im Laufe der Verhandlung hat sich herausgestellt, daß die Eheleute Martha und Paul T. keine Baugenehmigung haben und nur auf die Worte des Vorstehers gebaut haben: »Macht nichts, ich werde es schon schaukeln.«

Meine Rückkehr von der Joseffeier verlief uninzidentisch, da ich alkoholfrei war.

Die Feuerwehrspritze hat Bernhard V. systematisch in Unordnung, so daß wir sie regelmäßig zum Feuer schieben müssen. Daß die Zeiten, in denen man bei uns mit der Hand löschte, vorbei sind, will er nicht begreifen.

Ich sah, wie der Kellner das Schnitzel, das ihm auf den Boden gefallen war, aufhob und mir dieses dann ruhig an den Tisch brachte. Was, wenn sein Atem Bakterien enthalten hat?

Der angeklagte Konrad J. unterhielt mit mir bis zum 7. Monat einen intimen Kontakt und fuhr dann zu einer anderen Arbeitsstelle.

In unserer Gemeinde benimmt sich Walter H. seit längerer Zeit anständig, da seit einigen Jahren entweder das Gasthaus gesperrt oder sein Wirt eingesperrt ist, ein anderes Mal wieder der Angeklagte.

Der Elektriker lief von seiner damaligen Geliebten wegen unüberwindlicher Abneigung und einsamen Lebens unter ständiger Spannung weg.

Eigentlich habe ich durch einen Komplex mit dem Stehlen angefangen, aber mit der Zeit ist das Stehlen mein Handwerk geworden.

Der zur Vernehmung geladene angeklagte Friedrich S. wurde in der Umgebung des Gerichts gesucht und erst nach 2 Stunden in der unweit gelegenen Gaststätte gefunden, von wo aus er zur Verhandlung getragen werden mußte.

Wir haben über Anton P. Nachforschungen angestellt und teilen dem Amtsgericht mit, daß er keine Eigentumsverhältnisse hat, nur das, was er verdient.

Den hier Anwesenden habe ich nicht dreimal gestochen, wie es in der Anklageschrift heißt, sondern nur einmal, und zwar mit der Mistgabel.

Der Beweis dafür, daß der Wirt ein Betrüger ist, ist, daß er ein schlechtes Maß hat. In anderen Gaststätten bekomme ich schon nach dem 15. Bier gute Laune und bei ihm muß ich mindestens 20 trinken.

Bei dem Strafmaß, Hohes Gericht, bitte ich zu berücksichtigen, daß die gestohlenen Eier Eier der Kategorie C waren.

Jawohl, Herr Richter, an das Geschehene kann ich mich noch recht gut erinnern. Ich kehrte heim, als im ersten Stock sich eine Tür öffnete und die hier anwesende Zeugin Frau Alwine L. mich fragte, ob ich mich nicht bei ihr ein wenig umschauen möchte. So habe ich mich der Untreue schuldig gemacht, die rein zufällig war, sozusagen einmalig und nicht durchdacht.

»Angeklagter, die Polizei hat festgestellt, daß Sie außer Geld noch eine Menge wertvollen Schmucks entwendet haben. Was haben Sie dazu zu sagen?«
»Daß das Geld nicht alles ist, Herr Richter.«

Auf Ihre Anfrage bezüglich Franziska H. teilen wir Ihnen mit, daß die Genannte zweimal verurteilt, bis jetzt aber nicht bestraft wurde.

Ich habe, Hohes Gericht, immer nur ausländische Wagen genommen. Niemals habe ich durch Wegnahme eines Wagens gewöhnliche, arbeitende Menschen geschädigt.

Ich möchte das Gericht nur vor einem späteren bösen Erwachen warnen. Wenn Sie nicht einmal erreicht haben, ihm auf die schmutzigen Finger zu klopfen, so kann es auch Ihnen passieren, daß Sie aus Ihrem warmen Büro in die Kälte fallen.

Seinen Sohn erzieht Robert F. verhältnismäßig hart. Er muß es aber auch tun, da er von diesem auch oft geschlagen wird.

Zum Schluß meiner Scheidungsklage möchte ich noch anführen, daß mein Mann sich in den letzten Jahren nur den Tauben widmet, die ich zwar auch schätze. Er sollte aber wissen, daß diese Postvögel nicht alles im Leben sind.

Zu der Fahrgeschwindigkeit des Traktors können wir nur sagen, daß er weder zu schnell, noch zu langsam fuhr. Er fuhr, wie Traktoren fahren.

Die herbeigerufene Polizei kam gerade hinzu, als der Genannte dabei war, die Teilnehmer an der sonst ruhigen Tanzveranstaltung an den Lattenzaun der hiesigen Gaststätte zu knallen.

Ich kann bezeugen, daß der Beschuldigte auf dem Heimweg ununterbrochen sagte: »Diesen Ochsen muß ich doch entzweischlagen« und anderes Dramatisches.

Es ist nicht wahr, daß ich Frau Elvira O. zugegeben habe, ich hätte ihre Enten gestohlen. Ich habe ihr nur gesagt, daß sie bei mir in Haft sitzen.

Ich fühle mich des Diebstahls nicht schuldig, da ich die Gans nur deswegen weggetragen habe, damit man sie nicht stiehlt.

Mein Mann, Herr Richter, ist ein gefühlloser Mensch. Immer sagt er mir, daß ich bald kalt werde. Dann lacht er und meint, daß er es im Knast aushalten kann.

Zu meiner Verteidigung, Hohes Gericht, führe ich an, daß ich sehr unglücklich war. Und so trank ich, um zu vergessen, daß ich Durst hatte.

Es stimmt, Herr Wachtmeister, daß wir uns gestern wieder geschlagen haben. Aber diesmal war es nicht so schlimm. Mein Mann mußte nicht einmal zum Arzt.

… wobei ich sagen möchte, daß das Benehmen des Robert N. sich nicht mit dem eines Offiziers identifiziert und auch nicht mit dem eines normal denkenden Menschen.

Der Beschuldigte arbeitet nicht als Totengräber bei der Stadtverwaltung. Wenn er gelegentlich ein Grab schaufelt, so ist das nur auf Verlangen der Bürger. Und den Batzen, den er bekommt, behält er ohnehin für sich, für den Alkohol.

Die Entscheidung der Kommission wurde durch das Benehmen der Belinda R., Mutter der Kinder, beeinflußt. Diese hat ihre eigenen Interessen, z. B. Besuch von Friseursalons u. ä., was sich negativ in der Situation der Kinder zeigt.

Anläßlich der Nachzahlung von 3 700,– DM nutzte ich die Gelegenheit, im Büro die Sparkasse mit DM 27,20 zu entwenden.

Max U. ist schon längere Zeit auf dem genannten Hof beschäftigt und wurde schon einmal wegen Aufblähung der Rinder aus Nachlässigkeit bestraft.

Gegen den Geschlechtsverkehr habe ich nichts. Ich bin auch kein Religionsfanatiker. Aber bei dem Kreuz hätten sie sich nicht unbedingt treffen brauchen.

Falls die Schriftsachverständigen zu keinem Ergebnis kommen sollten, können wir noch eine »Spucke-Analyse« machen, um festzustellen, wer den Brief zugeklebt hat. Wenn es sich allerdings um einen hygienischen Schreiber handelt, der ein nasses Schwämmchen benutzt hat, so ist mir klar, daß wir daneben liegen.

Auf die Alimente für meinen Sohn Justus bestehe ich schon deswegen, weil er abnorm große Füße hat und somit große Schuhe tragen muß.

Die verlangten Beweisstücke können wir nicht senden, da sie in vielen Fällen dem Verderb durch Feuchtigkeit und Fäulnis unterliegen.

Die Gestalt, mit Unterhosen, Hemd und Socken bekleidet, ging unter dem Fenster hin und her, wodurch festgestellt wurde, daß es sich um einen Mann handelte, der auf weiteren Abwurf von Kleidungsstücken lauerte, und nicht um einen Irren, wie ursprünglich gemeldet.

Als ich in diesem Jahr die Kur bewilligt bekam, reichte mein Mann die Scheidung ein. Das wunderte mich eigentlich, denn ich habe ihm noch immer etwas mitgebracht.

Als Intelligenzler lebt Hermann A. in ständiger Angst, daß er in Trunkenheit jemanden pöbelhaft beschimpfen könne. Deswegen führt er ein Einsiedlerleben und verkehrt nur mit dem Wirt.

Ich gebe zu, daß ich meine Frau in einem Familienstreit geschlagen habe. Dieser war aber so einseitig, daß es für mich die einzige Möglichkeit war, mich zu wehren.

Ganz entschieden bestreite ich die Behauptung, daß ich Rezidivist bin. Nach dem Verbüßen einer Straftat wiederhole ich diese niemals.

Herr Richter, ist das vielleicht eine Beleidigung, wenn ich sage: »Ist das eine Gerechtigkeit? Sie, ein Gartenzwerg, haben einen 350er Mercedes, wogegen ich mit meinen 1,95 m nur ein Gogomobil fahre.«

Auf Ihre Anfrage teile ich Ihnen mit, daß sein Hund in der Gemeinde einen guten Ruf genießt.

Schon länger als ein Jahr verbieten die Gattin und die Schwiegermutter dem Martin K. nicht den Besuch von Gaststätten. Trotzdem hat er sich so in Zucht, daß er zu Hause sitzt und mit Tränen in den Augen den Verkehr in der gegenüberliegenden Gaststätte durchs Fenster beobachtet. Folglich hat er jetzt einen guten Ruf in der Gemeinde.

Josef A. wird verdächtigt, in der Nacht vom 4. auf 5. vergangenen Monats auf dem Heimweg von einer Tanzveranstaltung dem Robert H. die Torpfosten durch unvorsichtiges Gehen beschädigt zu haben, obwohl er fußkrank ist.

Mit Emil Z. hatte ich etwa ein Jahr lang schriftlichen Verkehr. Dann schrieb er, daß es ohne persönlichen Kontakt nicht so weitergehen könne, womit ich einverstanden war. Jetzt ist Klein-Emil schon 1 Jahr alt und ich habe nur noch Kontakt mit Ihnen, Herr Richter.

Es wurde ein Strafverfahren eingeleitet, und zwar wegen versuchter Vergewaltigung an K. B. z. Zt. Soldat bei der Bundeswehr.

Wenn Ernst J. auch anständig angezogen ist, nach 7–8 Gläsern Alkohol wälzt er sich verhältnismäßig leicht auf dem Boden.

Der Zeuge Anton K. ist nicht zuverlässig, weil er nicht weiß, wann der vom Blitz getroffene Viehstall abbrannte, auch nicht, wann er geboren ist und auch andere Naturkatastrophen nicht, was normalerweise im Gedächtnis eines jeden Kindes haften bleibt.

Die vergewaltigte Cordula M. konnte uns den Tatort auf der Landkarte nicht zeigen, mit der Begründung, daß da keine Wacholderbeersträucher wachsen, an denen sie das am besten erkennen könne.

»Angeklagter, im Bahnhofswartesaal haben Sie sich in eine Schlägerei mit einem Mann eingelassen. Kurze Zeit darauf sind Sie weggegangen, nach einigen Minuten aber wieder zurückgekehrt und fingen von neuem an, ihn zu schlagen. Warum?« »Weil ich vom Bahnhofsvorsteher erfahren habe, daß mein Zug 15 Minuten Verspätung hat.«

Daß ich aufhören soll, zu singen, hätte Theresia N. mir auch anders sagen können und nicht mit den Worten: »Ruhe dich aus, du Troubadour!« Sie selbst hat eine hundertmal schlimmere Stimme und dem genannten Tier ähnelt sie sogar.

Es ist mir nicht in den Sinn gekommen, daß Benno F. von der Ladung Bausteine die wir zusammen gestohlen haben, mir fast alle abfahren wollte. Ich habe ihn immer für einen charaktervollen Menschen gehalten.

Der angeklagte Alfred Ä. verteidigte sich damit, daß er behauptete, seine Frau nicht geschlagen zu haben. Das Gericht aber hielt seine Verteidigung durch die durchgeführte Beweisaufnahme und eigenen Erfahrungen widerlegt.

Weiterhin möchte ich anführen, daß der Hund die ganze Zeit über, die ich ihn habe, niemanden gebissen hat, obwohl ich ihn versichert habe.

Vermißt wurde ich daher, weil ich mich gegen die Böswilligkeit meiner Frau nicht schützen und somit ab 15.12. vergangenen Jahres eine Entziehungskur machen mußte.

Ich wende mich an die hiesige Polizeistation mit der Bitte um Hilfe. Mein Mann wird bei seinem Gang ins Wirtshaus beschwingt. Ich verlange, daß er dies unterläßt. Ansonsten gehorcht er.

Ein Mann, den ich nicht weiter kenne, von dem ich nur weiß, daß er Norbert O. heißt und in M. wohnt, wo er als Maler arbeitet, gibt über meine Person bunte Kommentare.

Der angeblich Betrunkene hat mir in der Zeit, in der ich im Zug Karten spielte, zwei Koffer mit Kleidern entwendet.

Sagen Sie, Herr Richter, wie soll man sich in einem solchen Falle verhalten. Zuerst ruft mir mein Nachbar über den Zaun zu: »Herr, Sie sind ein Pavian!« und dann fährt er ruhig fort, pfeifend seine Gartenzwerge zu streichen.

Im groben Gegensatz zu den Grundsätzen der richtigen Ernährung verpflege ich den nicht arbeitenden 18jährigen Sohn Nikolaus.

Gebhard L. hat mich so gierig angesehen, daß ich ihn statt mit der Hand mit einem Halbliter schlug.

Daß der Genannte im Schlafzimmer meiner Frau sein würde, konnte ich nicht voraussetzen, da meine Frau wußte, wann ich zurückkomme.

Die Angeklagte führte zu ihrer Verteidigung an, daß sie das Glas mit den eingelegten Eiern nicht gestohlen, sondern im Schwimmbad gefunden habe, wo es sicherlich jemand vergessen oder verloren hatte.

Den Unfall haben wir aufgenommen. Es kam wie folgt dazu: Winfried P. freute sich so über seine Entlassung aus dem Gefängnis, daß er über den Durst hinaus trank. Im betrunkenen Zustand entwendete er dann ein Auto und baute den genannten Unfall.

Wir feierten den Josefstag in der Gaststätte »Zum Wilden Kaiser«. Als wir aus der Gaststätte kamen, sahen wir einen betrunkenen Menschen auf dem Marktplatz liegen. Wir gingen näher und stellten fest, daß es sich nicht um einen betrunkenen Menschen handelte, sondern um eine betrunkene Frau.

Als wir zusammen in der Gaststätte saßen, habe ich ihn lange nicht verstanden und begriffen. Aber nach der zweiten Ohrfeige und 10 Pilsner fing ich an, ihn nüchterner zu betrachten.

Als mildernde Umstände kann man anführen, daß der verdächtigte Felix K. sich zu seinem Handeln bekannte und daß er dem Kläger drohte und ihn wörtlich beleidigte, ohne daß er zu seiner Absicht herangetreten wäre, diese zu vollenden.

Die Arbeitsmoral des Genannten kann man kurz so charakterisieren, daß wir in kürzester Zeit infolge Herzinfarkts um drei seiner Vorarbeiter gekommen sind.

Zu meinem Gesuch bezüglich der Eheerlaubnis mit der minderjährigen Petra E. führe ich noch an, daß die Eltern meiner Verlobten jetzt eine Sau schlachten werden, von der genug auf dem Tisch sein wird, und diese kann man schwerlich bis Juli aufbewahren, wo sie 18 Jahre alt wird.

Wenn er von Herrn Kurt E. sagte, daß dieser eine Sau ist, so geht es hier nicht um Verbreitung übler Nachrede, sondern mehr um eine Beleidigung, weil er wirklich so ist.

Die Inserate habe ich hauptsächlich deswegen aufgegeben, weil der größte Teil der Frauen mir auf mein Verlangen hin Bilder schickte, manche auch Nacktfotos, und damit ist es geplatzt, da sie meine Frau gefunden hat.

So geht das in unserem Haus schon seit Jahren zu. Immer, wenn ihn jemand an den Hausputz erinnerte, drohte er mit dem Beil, auf das er provokativ spuckte und es dann mit der Feile schärfte.

Wir waren eine friedliche Gesellschaft und sehr lustig. Ich leugne nicht ab, daß ich ihn geschlagen habe, aber es war doch niemand neugierig auf seine Gespräche über altägyptische Schriften.

Nikolaus R. ist ein fleißiger Mensch. Die Arbeitsberichte führt er sehr sorgfältig, bis darauf, daß er danach 25 Stunden beschäftigt ist, was aber nicht möglich sein kann, da er schon seit längerer Zeit einarmig ist.

Zu meiner Verteidigung muß ich sagen, daß es sich in dem betreffenden Fall in Wirklichkeit nicht um Diebstahl handelt, sondern darum, daß die Hühner sehr weit hinter dem Hahn herlaufen. Auf dem Rückweg werden sie dann bei dem Nachbarn vom Raubwild gefressen.

Bei uns handelt es sich um die zweite Ehe. Seit längerer Zeit kommt es wegen der Kinder immer häufiger zu Zerwürfnissen. Die Kinder meines Mannes und meine Kinder aus unseren ersten Ehen sind im gleichen Alter. Die Töchter gehen in die 4. und die Jungens in die 6. Klasse. Ich begreife, daß darin ein Irrtum liegen muß, da meine Kinder von seinen die Aufgaben abschreiben, wobei meine Kinder sehr gute Noten bekommen, dagegen die Kinder meines Mannes in der Schule schlecht sind. Ich ersuche deswegen, daß uns ein Zeitraum gewährt wird zwecks Verhandelns mit dem Lehrerkollegium.

Den Spitznamen »Kamikadze« bekam Justin F. deswegen, weil er nachts immer vom Balkon fiel.

Bernhard M. war ein solcher Geizkragen, daß er nach dem Hausverkauf sogar die Fäkalien aus der Klärgrube holte. Ich stieß ihn, so daß er hinfiel. Das gebe ich zu. Aber vom Sattfressen habe ich nichts gesagt, da ich Hygieniker bin.

Die Anzeige wegen Vergewaltigung reichte ich deswegen ein, weil meine Eltern wissen wollten, wo ich so lange war.

Ich habe Margareta Z. gesagt, daß sie eine vollkommene Carmen sei. Sie hätte mich nicht vor allen Leuten ohrfeigen brauchen, denn schließlich konnte ich ja, da ich von auswärts komme, nicht wissen, daß man bei ihnen im Dorf die beste Milchkuh »Carmen« getauft hatte.

Der Genannte ist infolge seines unmäßigen Lebens so geschwächt, daß er in der letzten Zeit am Bau nichts mehr heben kann, ausgenommen die Schaufel gegen seine Kollegen.

Der Verdacht, daß ich den Selbstbedienungsladen ausrauben wolle, beleidigt mich. So etwas ist mir nicht in den Sinn gekommen. Ich hatte doch Geld, was ich dem Betrunkenen vor der Gaststätte abgenommen hatte.

Zu einer offenen Wunde von ca. 6 cm kam ich dadurch, daß mir die Kellnerin ein Halbliterglas etwas heftig auf den Kopf setzte, und das mit den Worten: »Ist jetzt das Schäumchen hoch genug, du Knallkopf?«

Meine Ehefrau war grob zu mir und versuchte, mich zu irgendeiner gewalttätigen Handlung zu provozieren, der ich nicht ausgewichen bin, da ich Interesse hatte, die Ehe zu erhalten.

Falschgeldherstellung kommt bei uns wegen hoher Unkosten nicht in Frage.

Gestern wurde der Ludwig K. zum 12. Male in die Ernüchterungszelle gesperrt. In einer einzigen Gaststätte hatte er 14 Glas Rum, 2 Liter Wein und fünf Kaffee mit Cognac getrunken und bedrohte danach seine Frau und seine 13 Kinder.

In der Ehe lebt Christian D. ziemlich ruhig. Durch gemeinsame Einwirkung war er vorläufig dreimal, seine Frau fünfmal im Krankenhaus, inclusiv zweier Geburten.

Evaristus N. wird oft geschlagen. Er diente irgendwo in Italien, und bis heute wissen wir nicht mit Bestimmtheit, wann er uns die Gedichte von einem gewissen Homer rezitiert hat und wann er uns auf italienisch beschimpfte.

Aus dem Geschäft wurden nur Zigaretten und Alkohol entwendet. Daraus läßt sich schließen, daß der Täter ein Mann war. Aber bei uns raucht und trinkt auch eine frühere Nonne.

Es stimmt, ich habe Simon Q. geschlagen. Es war dunkel, und er sagte zu mir: »Geben Sie mir Feuer?« Aber das kenne ich. Ich lese ständig die ›Schwarze Chronik‹.

Daß sie Hirschkeule in Rahmsauce als Mittagessen hatte, na, schön. Aber bei uns wurde gerade am Tag zuvor eine Flasche Rahm aus der Speisekammer entwendet und auch der Hund ging verloren.

Eugen W. soll seinen Zaun reparieren, da ich meine kleinen Zwerge nicht für die kleinen Bedürfnisse seines Hundes habe. Außerdem leidet die Farbe, und die Zeit zum Anstreichen und auch die Hygiene kann mir keiner bezahlen.

Sie umstellten mich und haben mich dann groberweise einander gereicht. Nur der Jakob T. hat sich nachher damit entschuldigt, daß ich sonst umgefallen wäre, wenn er mich ausgelassen hätte.

Von der schadhaften Aufschrift haben wir zumindest den Namen gestrichen, damit man nicht erkennt, wer der Ochs ist.

Zu dem Mißverständnis mit dem Ober kam es durch Disproportion der Striche auf dem Bierdeckel und den Strichen auf dem Glas. Und wir einigten uns auch nicht, als wir im Krankenhaus nebeneinander lagen.

Oft leidet Paul an Geisteskrankheit. Von Zeit zu Zeit hängt er sich auf. Wenn längere Zeit niemand kommt, dann schneidet er sich wieder ab.

Das Mißverständnis zwischen uns sah sehr versprechend aus, weshalb ich knapp daneben schlug, Arnold T. jedoch voll traf.

Robert G. wärmt sich nicht einmal bei mir auf und bleibt nur für einen Katzensprung bei mir, wenn wir auch schon 5 Kinder haben.

Hinsichtlich des ungünstigen Wetters suchte Isolde F. Bekanntschaft mit den Männern der Bundesbahn.

Barnabas V. hatte bei mir dadurch ein Ärgernis erregt, daß er, wenn auch von kleiner und schwächlicher Gestalt, provokativ rauchte.

Obwohl Viktor G. wußte, daß Adalbert K. ständig ohne Geld ist, hat er von ihm DM 600,– geholt.

Gottfried E. redete auf den Polizeiwachtmeister ein, ihm einen Platz in der Weinstube zu sichern, wo er wegen Trunkenheit nicht eingelassen wurde. Da er keine Ruhe gab, sicherte man ihm einen Platz in der Ernüchterungszelle.

Als Emil R. nach Hause kam, wußte er nicht, wo er sich eigentlich befand, und ging durch die verglaste Tür in Richtung Hof.

Ob die Sachen gestohlen waren oder nicht, darüber habe ich nicht nachgedacht. Ich verkaufte sie gleich weiter. Wie konnte ich mich auch aufhalten, wir hatten Vorweihnachtszeit.

Wir haben über den Genannten Erkundigungen eingezogen. Die Familienverhältnisse sind gut. Er hat auch zwei unversorgte Kinder.

Ich wurde durch das plötzliche Erscheinen meines Mannes so aufgeregt, daß ich statt des Zigarettenstummels das Bügeleisen zum Ofen warf, das ich in der anderen Hand hielt. Und das Eisen hat sein Knie nur deswegen getroffen, weil er sich absichtlich dort hingestellt hat.

Dem Feuer fielen zum Opfer, überwiegend durch Ersticken, zwei Schafe, 1 Hahn, drei Kaninchen und ein Kinderwagen.

Ich bin mit dem Karl H. gemeinsam vom Gasthaus nach Hause gegangen. Der Genannte fiel, ich wollte ihm helfen, stolperte aber an seinem Kopf.

Das Fischen wurde dort weiterhin verboten, da es keinen Sinn hat, dort zu fischen, weil es da ohnehin keine Fische gibt.

Der Angeklagte kann weder schreiben noch lesen. Daher lebt er mit zwei Frauen in einem Raum.

Auf Ihre Anfrage, Aktenzeichen Z/F 312 H. teilen wir Ihnen mit, daß der erwähnte Julius Sch. zu 70 % ehrlich ist.

Als Georg P. beim Diebstahl einer ungarischen Salami ertappt wurde, wehrte er sich damit, daß er auf die Ungarn schimpfte.

An diesem heißen Tag wollte ich ein Glas Bier trinken, wurde aber von dem Wirt angepöbelt. Als ich ihn zu einem anständigen Benehmen aufforderte, fing sein Schäferhund plötzlich an, mir Pfötchen zu geben.

Hohes Gericht, ich bitte um Abschrift der Entscheidung, hinsichtlich derer der genannte Gregor H. unlängst gelöst und erledigt von Eurem Gericht wurde.

Der Angeklagte hat dem Kläger im Restaurant »Zur Jungfrau« mit der Faust so ins Gesicht geschlagen, daß dieser eine Quetschung der Lenden erlitt.

Hohes Gericht, der Angeklagte hat mir durch einen Schlag auf die Nase meinen Riechknochen zerschlagen.

Die Anzeige habe ich deswegen erstattet, da ich glaube, daß es um eine vollkommen klare Drohung ging, als er zu mir sagte: »Alles zu seiner Zeit. Für den lieben Gott eine Ewigkeit und für dich noch 5 Minuten, wobei er die Spitzhacke auf mich richtete.«

Zu der Anzeige meiner Nachbarin muß ich sagen, daß es stimmt, daß mein Klavier in der Hauseinfahrt steht und ich darauf spiele. Es ist jedoch nicht wahr, daß ich damit die nachbarlichen Beziehungen stören möchte, ich bekomme es nur nicht in die Wohnung.

Wie jeden Freitag, so auch diesmal. Zum Abendessen gab es frischen Apfelstrudel. Ich biß, es knirschte, ich schaute, und da war wirklich ein Zahn. Und das wunderte mich, weil im Apfelstrudel hat meine Frau gewöhnlich keine Steinchen. Da habe ich mich eben vergessen.

Zu der Behauptung, daß ich ihm gefährlich gedroht habe, den Hals abzuschneiden, führe ich zu meiner Verteidigung an, daß ich mit Bestimmtheit das Wort »vielleicht« hinzugefügt habe.

Die erste Zeit mit Hans K. war sehr glücklich und ungetrübt. Als er von mir verlangte, jeden Tag zu kochen, konkret, ein warmes Abendessen und noch andere egoistische Forderungen stellte, habe ich mich gefühlsmäßig einem anderen, seelisch mir näher Stehenden zugewandt.

Sehr geehrte Herren, ich bin eine in jeder Hinsicht saubere Person. Mein Herumtapsen im Sexualleben ist von den zuständigen Organen als irrtümlich, also schmarotzerhaft begriffen worden.

Die Auseinandersetzung mit nachfolgender Körperverletzung fing schon in der Fleischabteilung auf dem Supermarkt an, als eine Kundin nach einem Schweinskopf fragte. Statt des Metzgers antwortete Karl R. in dem Sinne, daß ihn vorläufig der Hans G. auf dem Hals habe und sie ihn bis jetzt noch nicht abgeschnitten hätten.

Auf Ihre Anfrage hin haben wir über den Josef L. Nachforschungen angestellt, wobei wir feststellen konnten, daß der Angeklagte besonders mit Frauen verkehrt, die er in seine unaufgeräumte Wohnung führt und hier versucht, aus ihnen rauszuholen, was nur geht.

Robert T. ist überall in der Gegend bekannt und alle sind der Meinung, daß er zweifellos die Minderjährige und ihre Erziehung der Gefahr einer Verwahrlosung ausgesetzt hat.

Die Schlägerei entstand durch Einwirken meines Mannes, der den Schlagzeuger der Kapelle k.o. schlug, da dieser mir ständig zurief: »Mariechen, wie ist denn mein Stöckelchen?«, was mein Mann höchstwahrscheinlich nicht verstanden hat – oder er hat es eben verstanden.

Der Metzgermeister Rudolf rechnete damit, daß er mich mit seiner Beschimpfung provozieren könnte. Aber damit kam er nicht weiter. Ich habe nämlich eine angeborene Intelligenz, wenn auch eine schwächere körperliche Konstitution.

Wir trafen uns mit Freunden. Es wurde getrunken. Als die Wirtin mich aufforderte, mit ihr in den Keller zu gehen, um dort ein neues Faß anzuzapfen, sah ich darin eine Aufforderung zur unzüchtigen Handlung.

Als Rita W. anfing, mich unerwartet zu küssen, faßte ich den Entschluß, sie zu vergewaltigen. Ich ließ aber gleich davon ab, als der erwartete Widerstand ausblieb.

Der Balkon dient nur zu Karten- und Liebesspielen, also für den Ärger, da beides risikohaft ist, von der Verderbnis der Jugend gar nicht zu sprechen.

Ich habe in dem Flüchtigen nicht den Täter, sondern nur meine Hosen erkannt.

Von den gesamten Massenmedien paßte uns gerade dieses Grammophon.

Wie man hört, ist die Genannte ausgezogen. Sie war eine gewisse Zeit in Bad H., wo sie als eine Leichte galt und sich auch dadurch ernährte.

Die Schlägerei habe ich auf Zeichen meines Vaters hin angefangen, als er rief: »Jupp, erledige du ihn, du bekommst mehr Krankengeld als ich.«

Den Kaninchendiebstahl entschuldigt Herbert N. dadurch, daß er durch Reklame im Fernsehen verführt wurde, Kaninchenfelle für gutes Geld abzugeben. Und der Nachbar konnte sich nicht zur Liquidation der Kaninchen entschließen.

Mit dem Kescher brauchte Markus E. mich nicht zu schlagen. Daß die Fische nicht angebissen haben, wurde nicht durch meinen Schluckauf verursacht, sondern weil die Fische nicht wollten. Und ich konnte es ihm wegen meines Schluckaufs nicht erklären.

Wenn ich einmal etwas nahm, wurde ich immer erwischt. Heute weiß ich, daß der Diebstahl keinen bleibenden Wert hat und daher tue ich es auch nicht unnötig.

Waltraud B. erklärte, daß ich dem Meinigen sehr oft untreu gewesen sei. Sogar der Computer hätte Schwierigkeiten beim Zusammenzählen. Damit hat sie mich teilweise beleidigt.

Auf der Arbeit habe ich nicht daran gearbeitet, sondern immer daheim, also gut.

Sonntagsdienst mache ich so, daß ich nicht dort bin. Ich bin bei ungünstigem Wetter unter einer bekannten Nummer erreichbar, gegebenenfalls in der 300 Schritte von dem siebten Meilenstein entfernten Gaststätte, wenn ich nicht gerade krank bin.

Der Psychiater hat mir vorgeworfen, daß ich mit dem Haushaltsgeld knausere. Ein Psychiater soll ein normaler Mensch sein, aber solch eine Abnormität kann wirklich nur ein abnormaler Mensch sagen.

Die Ohrfeige, die Rudolf A. von mir am Ende der Rolltreppe bekam, sollte den Kuni M. treffen, der aber hinfiel, so daß sie der Vorarbeiter einkaufte, der inzwischen zu dem Schlag anrollte.

Ich verlange von Herrn Karl L., daß er sich klar ausdrückt, welches Holz ich ihm entwendet haben soll, ob es das war, das er aus dem Magazin nahm, oder das, das er am Bau vom Haus der Kunst gestohlen hat.

Als ich das zweite Kind zur Welt brachte, sagte Alfred nur zu mir: »Das ist eine Bescherung, das ist eine Bescherung.« Aber um meine Hand hat er wieder nicht angehalten.

Er stiehlt nur noch gelegentlich; er ist in Pension.

Werner G. ist ein unangenehmer Gesellschafter. In betrunkenem Zustand benimmt er sich unsittlich gegenüber Frauen, er gibt ihnen sogar öffentlich Blumen.

Zu dem Zerwürfnis mußte es kommen. Immer öfter führte sie Reden, wie: »Du mein Böcklein, Hähnchen, Stierchen, Hengstchen«, und wir leben schon 15 Jahre zusammen.

Von menschlicher Seite her gesehen, ist Hugo M. ein Pechvogel. Die erste Frau ging von ihm, als er die zweite kennenlernte. Die zweite Frau ging, weil die erste zurückkehrte und die dritte, weil zeitweilig die beiden ersten wiederkommen.

Die Strafe scheint mir verhältnismäßig hoch, da ich Franz N. die Ohrfeige in einem Gewimmel von Menschen gab, wo es nicht möglich war, zum Schlag auszuholen.

Wenn er ihn einen Idioten nannte, so kann man seine Erklärung nicht ernst nehmen. Richard W. ist nicht volljährig, also ohne Erfahrung, so daß er sich irren kann.

Es geht offensichtlich um einen gerissenen Täter. Er drang ins Lagerhaus durch die Tür mit der Aufschrift: »Fremden ist der Zutritt verboten!«

Die Alarmanlage war schon in Ordnung. Man hatte nur aus Ersparnisgründen über Nacht den Strom abgeschaltet.

Die beschuldigte Mathilde P. ist von einer heftigen, aggressiven Natur und bei der Arbeit singt sie gerne. Durch ihr Auftreten gibt sie also kund, daß sie alle fürchten müssen.

Auf Ihre Anfrage hin teilten wir Ihnen mit, daß die genannte Walburga Sch. zwar viele Verhältnisse, jedoch kein Arbeitsverhältnis hat.

Wenzel P. schlug seiner mit ihm lebenden Gefährtin Anna K. mit der Hand ins Gesicht, wodurch er das Zerschlagen der Tür und das Verbiegen der Türklinke verursachte.

Bei unserem üblichen Rundgang fanden wir heute nacht einen unbekannten Mann, auf dem Marktplatz liegend, der über starke Schmerzen im Kreuz klagte. Als man ihn umdrehte, stellte man fest, daß er auf einer nicht ganz leeren Rumflasche lag.

Solange er nichts von meinem Sparbuch wußte, war mir Willi S. ein guter Gefährte. Dann habe ich ihn aber nicht mehr erblickt und das Sparbuch auch nicht.

Hohes Gericht, den Abschied von der Freiheit werde ich nicht vergessen. Habe ein Halbliterglas auf den Kopf bekommen und der ist so angeschwollen, daß ich bei der Trauung nicht einmal den Altar sehen konnte.

Ich, Vater von fünf Kindern, trage das sechste unter dem Mutterherz und bitte deshalb das Hohe Gericht, das Damoklesschwert, das sich in Verkleidung des Herrn Staatsanwaltes über mir erhebt, zu beseitigen.

Die Organe erfuhren von den Zeugen sehr schwer etwas Konkretes, da sie taub und kindisch sind.

Als wir ins das Gasthaus kamen, saß der Beschuldigte am Tisch und sagte zu uns: »Ich wußte, daß ihr Engelchen mich abholen kommt.« Daraus ist ersichtlich, daß er nicht so betrunken war, wie er später vorgab, sondern uns erkannt hatte.

Das Schwein habe ich deswegen im Stall schwarzgeschlachtet, weil es dort alleine war und so trauerte.

Zwischen den Beteiligten kam es zu einem Sühnetermin, bei dem der Kläger die Gegnerin so verprügelte, daß sie überall blaue Flecken hatte.

Ich gebe zu, daß ich so eine Wut hatte, daß ich Anton E. gerne mit dem Messer gestochen hätte, wenn ich nicht niedergeschlagen worden wäre. Aber aufgeregt war ich nicht und mit den Augen habe ich auch nicht gerollt, weil das nicht meine Gewohnheit ist und ich weiß, wie ich mich zu benehmen habe.

Der Beschuldigte arbeitet auf seinem Gut, wo er anständige Ergebnisse erzielt; besonders im Zuchtplan hält er Schritt mit seinen Stieren.

Eugenie G. hat sich amtlich als Witwe ausgegeben, wenn sie auch immer beträchtlich lustig ist.

Ja, Herr Richter, das ist so. Ich habe den Hund vom Kirchturm geworfen, weil ich ein weiches Herz habe und ihn nicht töten konnte.

Durch den Verlust des rechten Auges wird es notwendig, festzustellen, inwieweit dieses Auge eine beschränkte Sehkraft hatte.

Den Hund band Ludwig M. an einem Rohr am Eingang des Restaurants fest. Als er nach vier Stunden zurückkam, war er nicht in der Lage, das Rohr und den Hund für 470,– DM zu finden.

Die Drohung des Anton E., daß er den Hund erschießen wird, kann nicht ernst genommen werden, denn nach Behauptungen der Jäger trifft er immer etwas anderes als er treffen will.

In H. wurde ein unbekannter Toter gefunden. An der Leiche fehlten Kopf, Füße und Hände. Sonst wurden keine Spuren von Gewalt festgestellt.

Weit und breit habe ich keine Menschenseele, die sich um mich kümmert, Hohes Gericht. Mit den Eltern verkehre ich nicht, da ich trinke.

Nach unseren Feststellungen ging das ermordete Ehepaar W. so um Mitternacht schlafen.

Ich mußte schon auf dem Motorrad fahren, denn da ich ziemlich betrunken war, konnte ich es nicht alleine schieben.

Dem Handeln des Täters, der den Polizisten wütend mit den Füßen trat, haben mehrere Menschen zugesehen und sein Tun laut verurteilt.

Der Rekrut hat das Arbeitsverhältnis mit uns nicht gelöst. Er war verschwunden und kam nicht zur Arbeit.

… werden Sie aufgefordert, Ihren Hund zur Pflichtimpfung vorzuführen. Sollten Sie nicht erscheinen, wird bei Ihnen die Impfung gegen Entgelt vorgenommen.

Den Diebstahl, bei dem ich erwischt wurde, bedauere ich aufrichtig und ich verspreche, daß ich es in Zukunft besser machen werde.

In dem auf der Kreisstraße gefundenen Sack waren teilweise lebende Hühner, teilweise tote und teilweise erstickte.

Basilius T. aß und trank den ganzen Tag über nichts, nur 4 Gläser Senf, Marke »Großer Ritter«.

Wenn ich von Frau Gertrud S. sagte, daß sie unsauber ist, so meinte ich damit nur ihre Kleidung. Ich bin verheiratet.

Im Werk wurden Bäder gebaut und aus diesem Grunde habe ich hier die Rohre weggenommen und nach Hause gebracht.

Die Richter haben dann in einem anderen Raum beraten. Gegen diese anonyme Handlung protestiere ich auf das entschiedenste.

Wir ersuchen das Gericht, Meinrad G. nicht vorzuladen, damit ihm keine Möglichkeit gegeben wird, mit Personen von zweifelhaftem Ruf Kontakt aufzunehmen.

Solange ich von Zigeunern umzingelt war, fühlte ich mich wie in einer Hypnose. Als ich aber feststellte, daß ich um mein Portemonnaie bestohlen wurde, ist diese Empfindung verschwunden.

Ich selbst bin parteilos und ledig, lebe mit der Sophie Müller, die eine Kinderlose ist. Vom kriminellen Gesichtspunkt aus bin ich im ganzen unbescholten, war dreimal im Gefängnis.

Diese Frau habe ich wissentlich gegen meinen Willen genommen, einzig auf Wunsch meiner Eltern, wegen der Kühe. Zum Schluß ist es so ausgefallen, daß sie die Kühe nicht hatte, aber ich sie. Was das Rindvieh angeht, so wurde es gerettet, weil der Metzger es kaufte. Aber was soll mich retten?

Herbert K. ist eine teilweise lebhafte Natur, teilweise abenteuerliche. Seine Mutter ist teilweise krank und teilweise geschwätzig.

Die Beschuldigte arbeitete zuerst in der Schweinemästerei. Da sie sich dort gut bewährt hatte, wurde sie im Internat als Chefköchin eingestellt.

Auf dem Rückweg zum Hof verlor Rudolf V. den Wagen und die Pferde und kam drei Tage nach ihnen in mäßig betrunkenem Zustand zur Arbeit.

Der Hubert L. hat vor dem ganzen Lokal verkündet, daß ich ein Idiot und ein Ochs sei. Seine Frau hat gerufen, ich bräuchte eine aufs Maul. Beide sprachen verständlich logisch und zeigten keine Anzeichen von Trunkenheit.

Die Genannte leidet an erhöhter Reizbarkeit und niedrigem Kritikvermögen. Es ist von ihr allgemein bekannt, daß sie historisch ist. Es geht um eine alte Krankheit aus Zeiten des Dritten Reiches.

Beim Tanzen verpaßte mir Bruno T. einen Schlag auf den Kopf, wodurch ich eine gute Weile lang hin und her torkelte, was aussah, als wäre ich ein Idiot, der Polka auf eine Tangomelodie tanzt. Dadurch machte er mich gesellschaftlich unmöglich.

Wenn Rolf K. Nachtschicht hat, höre ich immer sonderbare Seufzer in seiner Wohnung. Das habe ich ihm gesagt, sonst nichts. Ich habe bloß noch hinzugefügt: »Du alter Ochs.«

Für die Familie sorgt Albrecht L. schon ordentlich. Nur fordert er eine andere Wohnung, da die jetzige sehr dunkel ist, was zu Augenentzündungen und übermäßiger Population führt.

Wenn meine Frau die Emanzipation so versteht, daß sie ihre zehn Halbe macht und ich mit sechs zufrieden bin, so ist sie im Irrtum.

Auf die Tauben habe ich nicht geschossen. Ich wußte doch, daß es Brieftauben sind und diese beim Braten nicht weich werden.

In den Abendstunden erregte eine Gruppe jugendlicher Hippies Ärger, indem sie auf einer Bank in der Hauptstraße saßen und ihr Transistorgerät spielen ließen. Als ein älterer Bürger sie mit den Worten ermahnte: »Bankerte, macht das Radio leiser, oder ich schlage euch die Fresse ein!« sind sie einfach frech weggelaufen. Gegen das Unwesen der Hippies müßte endlich einmal etwas unternommen werden.

»Frau Zeugin, Sie geben also zu, daß es zu dem Verkehr nach Ihrer Zustimmung gekommen ist? Ich verstehe nicht, warum Sie den Angeklagten angezeigt haben.«
»Ach Herr Richter, ich dachte nur, daß er bezahlen wird.«

Zeugin: »Dort machte ich mich mit einem Jungen bekannt, respektive Herrn von 60 Jahren.«

Der Gesuchte verstarb im Jahre 1962 und ist daher im Rahmen unserer Ermittlungen gegenwärtig nicht erreichbar.

Die Eheleute A. begehen im Haus sehr oft Sittlichkeitsdelikte und das insofern, als sie sich öffentlich schlagen und mit Worten titulieren, die sehr oft die unmündigen Kinder benutzen.

Erwin R. war eine lustige Natur mit Neigung zur psychiatrischen Untersuchung.

Das Benutzen des Schlagstockes hat ein positives Ergebnis. Nach der ärztlichen Behandlung hinterläßt es keine weiteren gesundheitlichen Folgen.

Als ich durch seinen Stall ging, hat sein Pferd mich getreten. Aus was für einem Grund, das weiß ich nicht.

Der Genannte ist bei uns als Kinovorführer tätig und weil er von morgens bis spät abends, und das tagtäglich, Filme vorführt, lebt er wieder in Scheidung. Kinder hat er keine.

Ich verließ meine Arbeitsstelle, weil mir die theoretische Arbeit keinen Spaß machte.

Seine Familie sieht der Genannte im ganzen mit dem Interesse eines Vaters.

»Herr Fritz L. habe ich nicht absichtlich geschlagen, nur instinktiv, höchstwahrscheinlich beim Versagen eines Nervs, als er mir nach meiner sechsten Frage: »Fahre ich richtig nach Rinsheim?« wiederholt antwortete: »Leck mich ...«

Ulrike K. griff mich wegen der Kellerschlüssel an. Darüber kann ich ein ärztliches Attest vorlegen.

Und dann muß ich noch sagen, daß Gustav schon seit der Hochzeit taktlos ist, wo er gleich sagte: »Komm her, Alte!«

Als ich in das Lokal kam, wälzten sich Luise K. und Annemarie J. auf dem Boden, Luise K. zerrte Annemarie J. an den Haaren und schrie drohend: »Ich werde dir die Perücke schon runterholen!« – wenn auch diese keine hatte.

Bei dem Dieb muß es sich um einen Anfänger handeln, der nicht an alles denkt. Wäre er sonst nur in Turnhosen aus dem Textilkaufhaus gekommen und hätte sich auf der Straße angezogen? Wodurch er doch schließlich die Aufmerksamkeit der Passanten durch seine Nacktheit nicht nur auf das Diebesgut lenkte.

Als ich den Verkäufer um das Beschwerdebuch ersuchte, wurde mir dieses nicht ausgehändigt, sondern an den Kopf geworfen, und zwar mit der Rückenkante.

Auf Ihre Vorhaltungen hin führe ich an, daß ich sexuell nicht abartig bin, und als gläubiger Christ beschäftige ich mich niemals mit so jämmerlichen Details, wie die Frauen es sind.

Die Behauptung, Herr Richter, daß ich meine Verlobte getreten habe, beruht nicht auf Wahrheit. Und wenn ich sie auch getreten hätte, hätte ich ihr nichts tun können, da ich Pantoffel trug.

Ich bin bereit, den Vorschlag zu befolgen und mit dem Angeklagten Frieden zu schließen, jedoch unter der Bedingung, daß ich ihm die Ohrfeige zurückgeben darf.

Der einzige Fehler der Genannten ist ihre Natur. Hätte sie alleine gearbeitet, so wüßte niemand etwas davon.

Auf seinem Arbeitsplatz unterschied Severin M. sich dadurch von den anderen Angestellten, daß er seine Mittagspause um 2 Stunden verlängerte.

Mein Ehemann ist bereit, sich nur deswegen zu rächen, weil er mir meine inneren Werte neidet. Seit vergangenem Jahr bis heute habe ich ein Verlangen, mit ihm über die Grundrechte der Menschheit und Pflichten zu sprechen. Aber er stiert nur vor sich hin oder sagt, daß die Wahrheit ein Begriff ist.

Daß Bernhard C. dem Alkohol verfallen ist, konnte er nicht besser dokumentieren, als daß er die Versammlung ignorierte, bei der das Problem des katastrophalen Wassermangels in der Gemeinde gelöst werden sollte. Als Begründung gab er an, daß ihn das Bier mehr interessiere als das Wasser.

Den Zeugen Lukas kenne ich gar nicht und habe ihn nie im Leben gesehen. Der Name des Zeugen Ebholz sagt mir nichts. Aber ich schließe nicht aus, daß ich ihn erkenne, wenn er ein wenig dem Zeugen Lukas ähnelt.

Der Beschuldigte verteidigte sich damit, daß er die Nachbarn nicht beleidigt, sondern nur mit ihnen geschimpft habe. Die Ausdrücke wollte er aber nicht wiederholen, da, wie er selbst sagte, er sich vor Gericht nicht pöbelhaft benehmen wolle.

Der Franz Xaver sollte ein Schild anfertigen, und zwar mit der Aufschrift: »Vorsicht, bissiger Hund«, wie ich es bestellt hatte. Er sollte das aber nicht in weiblicher Form bringen, wenn ich auch eine Hündin besitze. Wir beide wohnen alleine in einem Haus, und die Leute hätten vielleicht nicht gewußt, wen es eigentlich betrifft.

Es stimmt, daß die Tochter schon mehrmals von zu Hause weggelaufen ist. Sie hat aber eine gute Erziehung, und so mußte sie bis heute weder heiraten, noch hat sie etwas mit nach Hause gebracht.

Das war so, Herr Richter, im Frühjahr pflanzten die Bauern Kartoffeln, zwischen denen auch ich war…

Zu Zerwürfnissen in unserer Ehe kam es nach wiederholtem mehrmaligen Verprügeln durch meinen Mann. Seine wiederholte Behauptung kann ich nicht verstehen, daß es sich nur um Ohrfeigen handelte, die als Therapie gegen hysterische Anfälle verabreicht wurden. Solche heilsamen Eingriffe, die wiederholt eine Behandlung in der Unfallklinik notwendig machten, möchte ich mir verbeten, da die Unfallklinik für Hysterie nicht kompetent ist, wie mir auch der Oberarzt bestätigte.

Betrifft Berufung.
Ich fühle mich verlassen. Nicht einmal das Essen schmeckt mir mehr. Ich bin wie der Hund unserer Nachbarn. Die hatten einen Hund, dem sie das Essen abgewöhnen wollten. Als er es endlich konnte, ist ihnen der Arme verreckt. Und ich bin auch so. Langsam gewöhne ich es mir ab, und so verlange ich, daß ich die härteste Strafe auf Bewährung bekomme, da ich die Kunstschule besuchen will und 24 Monate ohne Bewährung zu lang sind.

Ich bin nicht damit einverstanden, daß das Kind nach der Scheidung der Mutter zur Pflege gegeben werden soll. Sie kann mit ihm nicht umgehen und hat auch für die Erziehung keine entsprechende Bildung. Sie zwingt das Kind ständig zum Essen, da es angeblich wächst. So muß das Kind ständig essen, und dabei kann sie es ihm nicht erklären, warum sie selbst so viel ißt, wo sie doch nicht mehr wächst.

Nach unseren Untersuchungen ist Jakob W. im Betrieb nicht sehr beliebt, da er bei jeder Betriebsratsversammlung diskutiert, wodurch sich diese in die Länge zieht.

Dem Genannten ist ein Band auf die Füße gefallen. Da es um 12.30 Uhr geschah, konnte ihm keiner gleich helfen, da zu dieser Zeit die Leute schon unter der Dusche sind, da wir nur bis 14.00 Uhr arbeiten.

Den Diebstahl der Schreibmaschine entschuldigt Ferdinand K. damit, daß er sich nur den Mechanismus anschauen wollte. Das ist sehr wahrscheinlich, da er sie schon am nächsten Tag für 100,– DM und 3 Bier wieder weggab.

Daß Peter K. irgendwelche Aufregung gezeigt hätte, als er mich bei seiner Frau antraf, kann ich eigentlich nicht sagen. Er warf mich ganz ruhig, ohne ein einziges Wort, aus dem Fenster. Nur zweimal hat er in die Hand gespuckt.

Die Eheleute L. F. und W. F. verursachten am Sonntag vor dem Gemeindehaus ein öffentliches Ärgernis, da sie sich mit Zaunlatten vom Gemeindeamtszaun schlugen, und das, obwohl sie von auswärts sind.

Auf die Frage, wohin er die Baumstämme fährt und woher er sie hat, antwortete Hubert J., ohne auf die Frage einzugehen, ganz kurz. Aber auch so war es weithin vernehmbar.

Richter: »Und da machen Sie lieber Schulden, statt zu arbeiten und sich anständig zu ernähren?!«
Angeklagte: »Ja, wissen Sie denn, Herr Richter, was das für eine Arbeit ist, bis einem jemand etwas pumpt?«

Erich R. hat mich dadurch fürchterlich erregt, daß er mir sagte, ich solle mir in Klingemünster (Irrenanstalt) ein Zimmer auf der Südseite suchen.

Sie zeigt sich sehr scheu. Aber versuchen Sie, Herr Richter, mit ihr alleine in den Wald zu gehen, und Sie werden sich mit Händen und Füßen wundern.

Bei dem Genannten handelt es sich um einen Menschen, der irgendwelche Ausschreitungen auf dem Gewissen hat, sonst aber mit Lust trinkt und seine Rente kassiert.

Obwohl Egon Q. am gleichen Tag seinen Lohn bekam, entwendete er die als Falle hingelegten DM 8,– einen 5,– DM-Schein und ein 5,– Stück.

Zwischen 20.00 und 22.30 Uhr kam es seitens des Kellners zu einer Sperrstunde.

Die gerichtliche Vorladung hat Rudolf D. verbrannt. Er sagte auch seiner Mutter nichts davon, so daß diese erst durch den Briefträger davon erfuhr.

Der beschuldigte Herbert G. ist als Landwirt Besitzer eines Pferdes, da er mit seinem Bruder Franz-Josef einspannt.

Unsere Untersuchungen ergaben, daß der Verdächtige des PKW-Diebstahls ein unbekannter Fahrer ist.

»Herr Zeuge, Sie waren also gar nicht in dem Gasthaus, als es dort zu der Schlägerei kam?«
»Ganz sicher nicht, Herr Richter, sonst hätte ich dem Franzel bestimmt geholfen.«

Ich wußte, daß der Willi P. zu allem fähig ist, aber daß er die Sache dem Gericht übergeben würde, damit hatte ich nicht gerechnet.

Dieter R. war ein leistungsfähiger Sportler, der sich dabei den Genuß von Alkohol angewöhnte.

Als wir alleine im Stall waren, sagte Kurt S. daß er mich zur Freundschaft zwingen werde und kam auf mich zu. Und so habe ich ihn mit dem Rechen geschlagen.

Ich wußte, daß mein Sohn Albert verschiedene recht teure Sachen nach Hause bringt. Besonders gewundert hat mich das nicht. Andere haben sie auch und können sie auch nicht bezahlen.

Das Gemeinschaftsleben stört Ewald O. auch dadurch, daß er die Korridortüre öffnet, wenn mir auf dem Herd die Milch überkocht.

Nach Ansicht der Ärzte erlitt der Täter durch die Mühe beim Abtransport der entwendeten Gegenstände einen Herzinfarkt, sowie durch unüberlegtes Handeln des Nachtwächters, der ihn aus einer Ecke anbellte.

In betrunkenem Zustand nannte Walter T. mich einen Lumpen. Ich muß daraus Konsequenzen ziehen, da man sagt, daß Betrunkene die Wahrheit sagen.

Die der gewerbsmäßigen Unzucht Angeklagte Franziska R. zum Richter: »Ich muß Ihnen sagen, daß der Wachtmeister, der mich zur Gerichtsverhandlung brachte, ein galanter Mann ist. Die Leute im Zug dachten, wir seien auf der Hochzeitsreise.«

Richter vorwurfsvoll zu einem Landstreicher: »Warum waren Sie so undankbar? Die Frau gab Ihnen einen Kuchen, und sie zerschlugen ihr dann mit einem Stein die Fensterscheibe.«
»Nicht mit einem Stein, Euer Ehren, nicht mit einem Stein, mit dem Kuchen.«

»Frau Zeugin, sind Sie mit dem Angeklagten verschwägert oder sonstwie verwandt?«
»Ja, Hohes Gericht, aber nur einmal, und zwar im Fasching.«

Ich lehnte es ab, die Strafe für das Ziehen der Notbremse zu zahlen, da die Höhe der Strafe in keinem Verhältnis zu der Geschwindigkeit des Zuges stand.

»Was taten Ihre Freunde, als Sie ins Wasser fielen?«
»Sie haben mir Seife zugeworfen.«

Mich schriftlich an das Gericht wendend, möchte ich mich nicht über die entstandene Situation beschweren, sondern nur von kompetenter Seite wissen, wer nun der Vater meines Kindes ist.

Von dem Rentner Walter B. ist bekannt, daß er gerne Vögel auf Leim und jüngere Witwen auf Rente fängt. Wir wissen nicht, was er mit ihnen tut.

Fedor Ö. behauptet, daß er von adeliger Abstammung ist und daher zeigt er oft seine blaue Narbe am rechten Knie.

Alle drei Verhafteten sprachen die französische Sprache, der erste wenig, der zweite schlechter, der dritte fast gar nicht.

Maximilian N. soll nur nicht mit den Ausreden kommen, daß er meine Frau mit der seinen wegen seiner Farbblindheit verwechselt hat. Ich kann beide Augen schließen und die Beine nur durch Betasten unterscheiden.

Von falschen Versprechungen kann hier nicht die Rede sein. Ich habe der Klägerin immer gesagt, daß ich sie erst dann heiraten werde, wenn es meine finanziellen Verhältnisse und meine Frau erlauben.

Der beschuldigte Leopold G. hat durch seine Handlung in der geschlechtlichen Sphäre gegenüber der jugendlichen Barbara R. diese in andere Umstände gebracht.

»Hohes Gericht, mein Freund und ich sind unschuldig. Es war bei der Silvesterfeier. Herr Schmidtke hat um eine Flasche Sekt gewettet, daß er auf den gegenüberliegenden Balkon fliegen kann. Er ist auch gleich auf die Balkonbrüstung gestiegen und gesprungen. Und da ist es geschehen.«
»Und warum haben Sie ihn nicht daran gehindert?«
»Nun, wir haben in diesem Moment gedacht, daß er es wirklich kann.«

Sein Verhältnis zum heutigen Regime ist sehr schwer zu beschreiben, da er jeden Tag eine andere Meinung hat. Einmal lobt er die Regierung, dann sagt er wieder das Gegenteil. Unserer Meinung nach ist er ein wenig schusselig und hat nicht alle fünf Sinne beisammen. Seine Frau ist seit dem Kriege verrückt, als sie von einem Schnellzug umgeworfen wurde.

Katharina B. versuchte, meinen Mann auf die verschiedensten Arten zu verführen. Z. B. bot sie ihm ein Vesper an, das sie oben in ihrer Bluse plazierte, da sie weiß, daß der Meinige auf jeden Speck fliegt.

Wir haben auf dieser Reise viele Sehenswürdigkeiten besichtigt. Das ist auch der Grund, weswegen ich den Vater meines Kindes nicht mit Bestimmtheit nennen kann, da ich ein schlechtes Namensgedächtnis habe.

Matthias A. hat von mir behauptet, daß bei mir die ganze Vorstadt verkehrt hat. Wenn unsere Vorstadt auch nicht groß ist, so ist das meiner Meinung nach doch eine Beleidigung.

Dieser gemeine Mensch, Herr Richter, hat behauptet, daß wir die Wohnung voller pornographischer Fotos haben. Dabei handelt es sich nur um das Familienalbum mit den Bildern unserer fünf Töchter.

»Du alte Vogelscheuche!« brauchte Karl U. zu seiner Frau nicht zu sagen. Er soll sich einmal meine Alte anschauen, und ich schreie auch nicht.

Eine Laufmasche muß nicht typisch für eine Vergewaltigung sein, da die Klägerin für ihren Hang zu billigen Textilien bekannt ist.

Zu dem Vorwurf der gewerbsmäßigen Unzucht möchte ich sagen, daß ich genug in meinem Beruf verdiene. Um das Ausländerhotel spazierte ich nur, um meine Sprachkenntnisse zu vervollkommnen.

Wenn ich eine Frau auf der Bank im Park angesprochen haben soll mit: »Du, mein kleines Busserle«, so kann das nicht, wie Herr Maier behauptet, seine Frau gewesen sein, da die nämlich ziemlich groß ist.

Auf mein Anraten hin, er solle das Fußballspielen besser lassen, hat er mir mit solch einer Wucht und den Worten in den Hintern getreten: »Und, was habe ich noch für einen Schuß, Trainer?«, daß er sich dabei das Bein brach.

Nein, Herr Richter, das war so. Als ich wollte, da wollte meine Frau Klara nicht. Daher vergalt ich es ihr auf die gleiche Art.

Nach Hause komme ich zwar ziemlich spät. Es stimmt, daß es manchmal nachts 3 oder 4 Uhr ist. Aber ich gehe nur ins Schwimmbad. Es gibt dort so viel Spaß, das findet auch der Karl.

Valentin K. kommt immer zu einem Krankenschein, wenn er auch nachts in den Bars eine hohe Gesundheitsleistung zeigt.

Nach dem Aufschließen mit einem Dietrich habe ich den Ladeninhaber deswegen zusammengeschlagen, weil er mich durch ungebührliche Bemerkungen und Herbeirufen der Polizei bei meiner Arbeit störte.

Ich versuchte, dem Polizisten zu erklären, daß ich nicht betrunken sei. Sicherlich hat er mich wegen der Trunkenheit nicht verstanden.

Die Genannte habe ich geheiratet. Da sie aber nicht arbeiten sondern nur schlafen wollte, so habe ich sie nach 14 Tagen aus dem Hause gejagt.

Arthur H. hatte den rechten oberen Schneidezahn ausgeschlagen, den er mitbrachte. Und so wurde er ihm zurück ins Zahnfleisch gesetzt, wo er vorläufig hält.

Die Mutter des Genannten ist geisteskrank. Die ganze Familie hat Beziehung zur demokratischen Einrichtung.

Unkosten verursachen unsere Polizeihunde nicht, denn sie ernähren sich von Verbrechern.

Es ist nicht wahr, daß ich den Hund aus der Hütte gelockt und mitgenommen habe. Vielmehr ist es so, daß ich 1 Kilo Salami in meiner Aktentasche hatte und der Hund mir ganz von alleine nachlief.

Nikodemus W. verlor die Herrschaft über seinen Traktor und schleuderte in der Kurve auf das Feld, wo der Vorsitzende der Genossenschaft stand. Dann hörte er nur noch seine Worte: »He, Nikodemus, wo fährst du hin. Da hast du doch schon gestern gepflügt.« Dann verlor er das Bewußtsein.

Im Betrieb hatten wir mit Alwin K. lauter Unannehmlichkeiten. Uns so begrüßten wir es, als er sich entschloß, die Stelle des Verkaufsleiters anzunehmen. So wird er wenigstens bald eingesperrt.

Ja, Herr Richter, die Müllersche kenne ich verhältnismäßig gut. Sie führt ihren Haushalt ordentlich und außerdem auch den von Kohlmeyers, wenn die Kohlmeyers zu Müllers läuft. Aber das ist nur so etwa dreimal im Jahr, denn mit der Kohlmeyers ist wirklich schlecht auszukommen.

Zu meiner Person: Nach zweijährigen aktiven Dienst habe ich jetzt den Rang eines »Soldaten der Reserve« erreicht.

Herr Richter, den Hund mußte ich ja überfahren. Von der einen Seite rief sie nach ihm, von der anderen Seite er. Deshalb werde ich auch keinen Schadenersatz zahlen, wenn er auch einen Stammbaum hatte.

Oft spaziert Walter W. über die Dächer. Stundenlang kann er den Blick auf den Briefkasten heften. Manchmal frägt er auch den Hund, ob der Bus schon angekommen ist, was das Tier selbstverständlich nicht wissen kann. Und so denke ich mir, daß er sich doch etwas anders benimmt als ein normaler Mensch.

Mit meiner Freundin Elisabeth habe ich vereinbart, daß wir in die Welt gehen werden. Und so gingen wir denn nach Hamburg.

Ich bin oft sehr erregt und deswegen beschimpfe ich meine Frau. Ich bin nämlich eifersüchtig und gehe außerdem jeden Montag zu einer Fußballversammlung.

Unter den Dorfbewohnern kreist das Gerücht, daß Leonhard K. Hundeschmalz und Kirschwasser zu sich nimmt, was ihn am Leben erhält. Man zweifelte an seiner Gesundheit und glaubte, daß er bald sterben werde.

In den letzten fünf Jahren, in denen Ferdinand A. seine Rente bezieht, hat er in unserer Gemeinde keinen guten Ruf. Gemessen an seinem Alter, trinkt er zu große Mengen Bier.

Der Mieter Heribert F. hat insoweit das Mietrecht mißachtet, als er aus dem ersten Stock des Wohnhauses sprang und sich dabei verletzte. In dem Mietvertrag heißt es ausdrücklich, daß das Ein- und Ausgehen nur durch die Haupttüre gestattet ist.

Ich gab Selma M. DM 50,–. Als sie dann aber noch ein Stück Salami haben wollte, erkannte ich, daß sie mir alles nur vorgetäuscht hatte.

Als mir der Kläger sagte, daß ich ein Ochs sei, konnte ich mit ihm nicht einer Meinung sein. Jetzt behauptet er aber, daß ich ihm zwei Zähne ausgeschlagen habe, wozu ich nichts zu bemerken habe.

»Und Sie wollen sich nach vierzigjähriger Ehe scheiden lassen?« »Ja und, Herr Richter, ist das immer noch nicht lange genug?«

»Angeklagter, wurden Sie schon einmal bestraft?«
»Ja, Herr Richter, vor fünf Jahren habe ich an einer verbotenen Stelle gebadet.«
»Und seit dieser Zeit?«
»Seit dieser Zeit habe ich nicht mehr gebadet.«

Der Genannte versuchte, mich schon am ersten Tanzabend mit den Worten zu vergewaltigen: »Nun, kann ich dich nach Hause begleiten?«

... bis man eines Tages feststellte, Herr Richter, daß der Staat dieselben Banknoten drucken läßt wie ich.

Der Unfall hatte einen klassischen Verlauf: zuerst fiel der Blitzableiter runter und dann der Handwerker.

Ob Luise P. ihrem Mann treu ist oder nicht, das ist mir nicht bekannt. Ich weiß nur, daß sie eine treue Patriotin ist.

Ferdinand T. ist von einer schwermütigen Natur und die Freude am Leben zeigt sich bei ihm erst nach dem 10. Bier.

An der Arbeitsstelle hatte ich mit ihm kein Verhältnis, nur im Büro.

Die unmündigen Kinder wurden Rosalie N. aus dem Grunde abgenommen, weil sie sich nicht um sie kümmerte und die Alimente, die sie bezog, mit der Nationalität »Makkaroni« verjubelte.

Sehen Sie, Herr Richter, ich bin für sie nichts, nur ein Liebling. Und auch das nur an Zahltagen.

Das ganze Gebäude ist Staatseigentum, auch die Einrichtung, ausgenommen die Mieter.

»Mein Mann, Herr Richter, läuft hinter irgendeiner korpulenten Frauensperson her.«
»Können Sie das beweisen, Klägerin.«
»Aber natürlich, Herr Richter. Meine Nachbarin hat ihn doch im Kaufhaus an dem Verkaufsstand für übergroße BHs gesehen.«

Zu dem Zusammenstoß mußte es kommen, da ich nicht vertrage, daß er Blutwurst zu mir sagt, wo ich doch eine schlanke Figur habe.

Ich wollte eigentlich nur die Pumpe nehmen. Sie war aber verschlossen, und so blieb mir nichts anderes übrig, als das ganze Motorrad mitzunehmen.

Gerne würde ich den Herrn Staatsanwalt fragen, ob er auf Zwetschkenknödel auch schon mal drei Halbe getrunken hat.

Es ist mir nicht bewußt, Hohes Gericht, daß ich eine so große Übertretung begangen habe, daß bei mir gleich mehrere Paragraphen gebraucht werden.

Der Geschädigte bewegte sich in der Ferne zwischen Scheibenwischern und Lenkrad, aus der Nähe zwischen den Vorderrädern und dann überhaupt nicht mehr.

Ein Zuchttier in der Gemeinde, in diesem Falle ein Zuchteber, wurde in der Gemeinde noch nicht bestimmt.

Der Genannte war so betrunken, daß er weiteren Alkohol verlangte. Als seinem Wunsche nicht entsprochen wurde, fing er an, der Kellnerin die verschiedensten Textilien abzureißen.

Viktor S. mußte voll wie eine Kanone sein, wenn er die Leinwand durchtrat, was man beim Vorführen von Filmen normalerweise nicht tut.

Dafür, daß sie alles ablegte, war Bernadette D. schon an ihrer Arbeitsstelle bekannt. Daß sie aber fähig wäre, ihr Kind abzulegen, so hat sie sich uns niemals offenbart.

Hugo G. ist ein früherer Boxer, und so zeigt sich seine Frau sehr oft mit einem Monokel auf dem Auge.

Damit ich als Vater nicht mit ansehen mußte, wie meine Kinder wegen meiner Trunkenheit Hunger leiden, ging ich lieber in den Wald und dort spazierte ich umher.

Heidi G. wurde von dem jungen Hubert L. geohrfeigt. Er erweckte sie auf diese Art aus ihrer Trunkenheit. Also handelte es sich nicht um ganz gemeine Ohrfeigen.

Sie schliefen auf dem Wagen ein, und die Pferde irrten sich in der Richtung, so daß sie in der Stadt fragen mußten, wo sie eigentlich waren.

Klemens A. war schon immer eine wundersame Natur. Hebt er das Glas, so weiß man nie, ob er trinken oder es jemanden auf den Kopf schlagen will.

Ich habe bemerkt, daß der Mann, der durch das Fenster zu Frau Barbara T. kletterte, diesmal ein Dieb war. Frau B. war nämlich nicht zu Hause.

Durch die Schuld des Traktorfahrers ist die Jauche auf die Erde geflossen. Der Verwalter hat ihm entsprechende Vorwürfe gemacht, und dann hat alles gemeinsam gestunken.

Zu dem Zerwürfnis mußte es kommen. Was nutzt es mir, wenn mein Mann weiß, wo Makao, Akropolis und Champs-Elysées liegen, wenn er schon zum vierten Male in diesem Monat nicht weiß, wo er die volle Einkaufstasche liegen ließ.

Zu dem Familienstreit, nach dem ärztliche Behandlung für drei Personen erforderlich wurde, kam es, als der Sohn der Familie seine Braut vorstellte, und die Oma zu seiner Mutter sagte: »Die wird noch schlimmer als du, Klothilde.«

Der geschädigte Nikolaus U. lebt mit dem Hund in einer Einsamkeit. Beide sind steinalt. Nikolaus U. kann noch ohne Brille lesen.

Florian T. beleidigte den Senatsvorsitzenden dadurch, daß er sagte, daß auch Menschen mit niedriger Intelligenz erkennen müßten, daß sich die Anklage auf Behauptungen eines unterdurchschnittlichen Schurken stützt.

Wie kann die Nachbarin behaupten, daß das nicht mein Schlafanzug ist, wo sie mich in Zeiten unserer gemeinsamen Eskapaden immer nur in Nachthemden gesehen hat?

Die unbekannte Frau zeigte mir plötzlich ihre braungebrannten Brüste und ich ihr wiederum meine Brieftasche mit der Nachzahlung. Folglich habe ich jetzt weder die Nachzahlung noch Lust nach Hause zu gehen.

Beide Frauen hassen sich durch Ludwig H. und gleichzeitig haben sie durch diesen Mann zwei Kinder.

Der Gesuchte hat eine nackte Frau bis zur Hüfte auf dem linken Unterarm und so bewegt er sich in der Landschaft.

Es hat mich aufgeregt, als ich feststellte, daß Viktor A. nicht einmal eine Flosse gefangen hatte und die Masse im Bus nur deswegen zeigte, damit er meine Frau berühren konnte, und das von sechs Hechten und acht Aalen.

Max A. ohrfeigte mich und schleppte mich zur Kirche, um ihm hier zu schwören, daß ich ihn so liebe, wie er mich liebt.

Guntram P. hat keinen guten Ruf, da er oft morgens mit einem Lied auf den Lippen und einem Polizisten auf den Fersen nach Hause kommt.

Es ist ein Jammer, daß mir die Vorderzähne zerbrochen wurden. Aber bei so einem Schlag mit der Zaunlatte, den ich von dem Nachbarn bekam, hätten es bestimmt keine Zähne ausgehalten. Das könnten Sie, Herr Richter, selbst feststellen, wenn Ihnen einmal so etwas passieren würde.

Die Zuckungen in der Kinnlade halten bei mir in letzter Zeit so an, daß ich dadurch auch schon mit dem Kopf wackele, so daß mir die Leute sogar ihre Sitzplätze überlassen.

Ich habe, Hohes Gericht, zu dem Arzt gesagt, er soll sich meine Zähne gründlichst ansehen, da ich keine Nacht vor Schmerzen die Augen zumachen kann. Und daß ich vor Wut jede Nacht jemanden verhaue, dazu bin ich nicht mehr jung genug, auch habe ich nicht das Geld dazu.

Als der Genannte nur dürftig bekleidet hereinkam, habe ich sein »Ich wünsche ein gesegnetes Neujahr« nicht ernst genommen und rief meine Tante Julia, die sich in solchen Dingen auskennt, da sie volljährig ist.

Ich ersuche den Herrn Staatsanwalt um Haftentlassung, damit man keine Befürchtungen zu haben braucht, daß der Angeklagte auf die Zeugen einwirkt.

Was wir bei der Silvesterfeier getrunken haben, Hohes Gericht, das kann ich nicht sagen. Ich weiß nur, daß wir vier Korkenzieher zerbrochen haben.

Durch die Mechanisierung und künstliche Besamung in der Landwirtschaft werden praktisch keine Ochsen geboren und ein Stier als solcher ist überflüssig geworden.

Aus der Speisekammer habe ich nur Konservendosen entwendet. Die Beschuldigung des Diebstahls von DM 23,50 weise ich zurück. Ich konnte doch nicht wissen, daß sie in so vielen Dosen Geld aufbewahrt.

Seine frühere Frau Sophie sucht er ständig im Werk mit einer selbstgebastelten Waffe.

Von der sadistischen Natur der Rita M. zeugt auch, daß sie ihrem eigenen Ehemann, der nach einem Autounfall im Krankenhaus lag, folgende Bücher brachte: ›Sekunden hinter dem Lenkrad‹ und ›Schnelle Räder‹.

Soweit sich die Angeklagte erinnern kann, stammt sie aus einer Bergmannsfamilie, leidet nicht an Kopfschmerzen und ist nicht schwanger.

Unsere nachbarlichen Beziehungen spitzten sich nach der letzten Schlägerei zu, nachdem Bernhard N. ein Messer gezogen hatte, wenn ich mir auch dachte, daß wir raufen würden wie normalerweise.

Erst nach einem Faustkampf meinerseits wurde ich belehrt, daß der Ausdruck des Angegriffenen nicht beleidigend war, was ich aufrichtig bedauere.

Ich hatte nicht die Absicht, diesen Herrn zu schlagen. Ich wollte ihn durch die Ohrfeige nur verängstigen.

Werner E. kitzelte mich an den Rippen. Noch ehe ich lachen konnte, hat er mir ein paar Fußtritte versetzt.

Es war ein gewisser Mensch dort, bayerischer Nationalität, der in der Zeit, als ich mit der Schaufel auf den Kopf geschlagen wurde, durch diese Handlung unliebsam überrascht war und bemerkte: »Väterchen, so löst man das nicht, dazu sind die Behörden da.«

Auf der Scheidung beharre ich nicht, da derjenige, mit dem es die Meinige hielt, gestern neun Jahre bekam.

Zu der Zeit, als mein Mann weggegangen ist, hatte ich kein Tier zu Hause, so daß ich den Antrag auf Schmerzensgeld wegen der Bißwunde zurückweise.

Sie lachen mich aus, weil ich laut denke. Aber ich kontrolliere mich nur zuvor, damit ich nicht schwatze.

Den Buben habe ich aus dem Wasser gezogen. Aber als er schrie, daß er noch seine Mütze im Teich habe, da war ich etwas betroffen.

Die Tat muß ich in einem betrunkenen Zustand verübt haben, da ich mir nicht vorstellen kann, daß ich sonst in eine Molkerei einbrechen würde.

Den Schwiegersohn hatte ich gern. Ich sah in ihm meinen Nachfolger als Züchter kleinen Getiers.

Um 4.35 Uhr sah ich einen teilweise umgestürzten Baum, daneben einen liegenden Mann, den ein schwarzer Hund leckte, von niedriger Gestalt, wahrscheinlich ein Dackel.

Juliane Sch., gestern abend als Aushilfe eingestellt, konnte der Direktion nicht vorgestellt werden, weil sie heute morgen gegen 3.40 mit dem Gesamterlös in Richtung Deggendorf verschwand, obwohl sie nur sehr stockend die französische Sprache spricht.

Der geschleuderte Briefbeschwerer traf mich am Kopf. Die Wunde hat mir die Werfende, meine Frau Klärchen, gleich behandelt. Sonst ist kein Schaden entstanden.

Das Austrinken der acht Bier erkläre ich damit, daß ich schon zwei getrunken hatte. So war es egal, was ich vor der Fahrt im ganzen hatte, da ich auch mit einem Affen nicht hinfalle.

Ich erkläre eidesstattlich, daß ich mich irren kann und daß alles nicht wahr sein muß, da auch ein Zimmermann manchmal daneben hauen kann.

Den Hund des Herrn Friedrich Ö. habe ich irrtümlich geschlagen. Wenn dieser schließlich behauptet, daß es sich um einen sehr gelehrigen Hund handelt, so konnte der auch wissen, was folgt, als er sah, daß ich einen Stock in die Hand nahm.

Die Verteidigung des Angeklagten kann nicht bestehen, da es nicht zulässig ist, daß die Mäuse solch beträchtliche Mengen Reis fressen.

Als Adalbert Sch. mit vier Schüssen den Hasen verfehlte, habe ich ihm mein Gewehr gereicht. Ich kann nicht begreifen, warum er nicht schoß, sondern es mir auf den Kopf schlug, wo doch der Hase in Schußweite Männchen machte.

Das Beil erhob ich gegen meinen Bruder Florian, jedoch ohne Absicht. Ich hatte nämlich festgestellt, daß ich mein Rasiermesser und auch mein Taschenmesser in meinem Sonntagsanzug hatte.

Der beschuldigte Markus N. ist deutscher Nationalität, nach früherer Feststellung neigt er aber zur holländischen, dänischen oder schwedischen.

Ich lege hiermit Berufung gegen das Urteil ein, das durch Gerichtsverhandlung beschlossen wurde; Einbehaltung des Führerscheins. Ich glaube fest, daß Sie sich in gleicher Angelegenheit nicht wieder mit mir treffen werden, wenn ich mich als richtiger Fahrer benehmen werde, und zwar für mein Wohl und das Wohl unseres Vaterlandes.

Der genannte Karl-Heinz E. roch stark nach Alkohol und schien betrunken zu sein. Mein Freund forderte ihn daher auf, sich auf ein Bein zu stellen und »Linoleum« zu sagen.

Daß Thomas F. nicht schwerhörig ist, erfuhr ich im Krankenhaus, wohin man mich brachte, nachdem ich ihm geantwortet hatte.

Der beschuldigte Quirinus W. versuchte, die entwendeten Unterhosen vom Balkon zu werfen. Die Unterhosen blieben aber im Baum hängen, was sein Schicksal besiegelte.

Wenn Erich J. auf den Baum klettert und den Kuckucksruf nachahmt, so lädt er damit Frau Susanne M. zum Stelldichein ein, oder er hat 20 Bier intus und fällt nach dem dritten Ruf runter.

Ich stamme aus einer frommen Familie. Und wenn ich auch noch keinen Lachs gesehen hatte, so ließ ich ihn mir von Herrn M. doch nicht zeigen und nannte ihn einen gemeinen Kerl.

Wieviele Beiträge ich kassiert habe, kann ich nicht mehr genau sagen. Es können jedoch nicht viele gewesen sein, wenn ich sie an einem Tag in Alkohol umsetzen konnte.

Seine Freizeit widmet Josef K. ausschließlich der Musik, so daß er fast immer im Restaurant »Drei Geigen« ist.

Auf die Polizeistation in N. kam eine Zweiundsechzigjährige und verlangte die Anschrift des dreiundzwanzigjährigen Theo K. aus der gleichen Stadt, gegen den ein Strafverfahren wegen Vergewaltigung einer Siebzigjährigen schwebte.

Abschließend möchte ich noch anführen, daß ich den genannten Wolfram N. sehr wenig kenne und mit ihm erstmals in Verbindung kam, als er mich schlug.

Es ist erwiesen, daß der Angeklagte die Klägerin auf seinem Motorrad, Marke BMW, vergewaltigt hat. Nach vollendeter Tat flüchtete er.

Hätte ich geahnt, daß vor mir ein Pensionär als sozialer Fall steht, so hätte ich ihn, bevor ich ihm das Portemonnaie abnahm, sicherlich nicht geschlagen.

Daß Friedrich L. hinter meiner Frau her war, das hätte ich ihm verziehen, wenn er sie dazu gebracht hätte, sich von mir scheiden zu lassen.

Ich bleibe bei meiner Behauptung, daß mir meine Frau Walburga mit dem Arzt untreu geworden ist, da sie verdächtig oft wiederholt hat: »Wo die Sonne nicht kommen kann, muß es der Arzt.«

Daß ich meine Frau in der Nacht irrtümlich mit Johanna statt mit Maria angeredet habe, das kann kein Scheidungsgrund sein, da sie mich, Josef, auch oft anders tituliert.

Die Wilddieberei betreibt Xaver K. auch weiterhin. Zu seiner Entlastung ist anzuführen, daß er sicherlich durch seine Vorfahren vorbelastet ist, von denen bekannt ist, daß sie sich leidenschaftlich der Jagd widmeten, die ja ein Protest gegen die Feudalen war.

Wir haben eigentlich ein ganz gutes Familienleben geführt, Herr Richter. Den Vater habe ich nur deswegen mit dem Messer bedroht, da wir hinsichtlich des Ordnens verschiedener öffentlicher Angelegenheiten nicht einer Meinung waren.

Schuld daran ist meine verdammte Zerstreutheit, Herr Richter. Ich wollte meine Verlobte entführen, aber in der Eile nahm ich nur ihre Mitgift mit.

»Etwas Positives muß doch an Ihrem Mann gewesen sein, als Sie ihn damals heirateten?«
»Ja, das schon, Herr Richter, aber das haben wir bis zum letzten Kreuzer ausgegeben.«

»Angeklagter, warum haben Sie vor Gericht gesagt, daß Sie der reinste Künstler sind?«
»Ich habe doch geschworen, daß ich die reine Wahrheit sagen werde.«

Der Beschuldigte führt das Leben eines ordentlichen Menschen. Einen ständigen Wohnsitz hat er nicht bei uns, da er schon seit längerer Zeit nicht mehr arbeitet und heiraten will.

Bei dem Genannten geht es nicht um Sinnesverwirrung, da er nicht von sich behauptet, Napoleon zu sein. Er gab sich nur als Offizier aus, worauf er aber nach Festnahme ebenfalls nicht bestand.

Auf den ersten Blick hin meinte man, daß alle seine Charaktereigenschaften erhalten sind.

Richter: »Also, Sie sagen, daß der Beschuldigte behauptet hat, Sie seien ein Idiot?«
Angeklagter: »Ja, sicherlich, Herr Richter, er hat es nur nicht so direkt gesagt, sondern etwas indirekt. Er sagte mir, was meine Intelligenz betreffe, so seien wir beide gleich.«

Wachtmeister Johann Weigel drang in das brennende Geschäftshaus in Geisendorf ein, rettete aus den Flammen einen Hund, der sichtlich an Rauchvergiftung litt. An der frischen Luft fing er mit Wiederbelebungsversuchen an. Nach längerer Brustkorbmassage kam der Hund zu sich und biß den Wachtmeister in die Hand.

Fräulein Irene R. ist in der hiesigen Fabrik beschäftigt. Sie arbeitet im Akkord und ist bei ihren Arbeitskameraden sehr beliebt, so daß sie bis zu DM 2 000,– pro Monat verdient.

Die Klägerin führt an, daß der Vater ihres Kindes der Bruno K. ist, mit dem sie im Zug auf der Fahrt nach H. bekannt wurde. Das Verhältnis dauerte aber nur so lange, bis der Zug aus dem Tunnel kam.

Der Genannte konsumiert große Mengen alkoholischer Getränke. Nach dem Genuß dieser Getränke zeigt sich bei ihm dann eine große Einbildung und Intelligenz, die bei dem Genannten nicht am Platze ist.

Es ist wahr, daß ich siebenunddreißigmal verurteilt wurde, jedoch immer unschuldigerweise.

Ein Liebesverhältnis zwischen mir und ihrem Mann bestand nicht. Ich sprang nur für die Schwester ein, als diese für ein paar Tage aus dem Haus mußte und mir sagte, daß er sich selbst nichts machen kann.

Dieter A. hat sich mir, Herr Richter, als früherer Boxer vorgestellt. Er fing gleich an, verschiedene lächerliche Boxbewegungen vorzuführen. Das hat mich so gelangweilt, daß ich ihn auf die Nase geschlagen habe.

Ich stieg in den mittleren Wagen nach H. ein. Als der Zug in W. ankam, erkannte ich, daß ich im letzten Wagen war, und zwar in entgegengesetzter Richtung. Es handelte sich also um zwei Züge, nicht aneinandergekoppelt, aber für einen Laien nicht deutlich genug getrennt. Und daher verlange ich eine Entschädigung für alles, was mir durch unnötiges Reisen gegen meinen Willen entstanden ist.

Trotzdem der genannte Gabriel B. nur drei Volksschulklassen hat, ist er bis jetzt unverheiratet.

Die Arbeitsmoral des beschuldigten Julius W. ist schwach. Wenn er auch die Möglichkeit hätte, höheren Verdienst zu erreichen, so bemüht er sich nicht darum, da er eine unterernährte Person ist, die Angst vor der Gesellschaft hat.

Von seiner negativen Haltung zeugt, daß, obwohl Richard M. sich in den Produktionsprozeß einschalten könnte, er als Angestellter bei einem Begräbnisinstitut arbeitet.

Die unkeuschen Bewegungen, die die genannte Ottilie S. sehr oft vorführt, rufen bei den Männern Widerwillen hervor, so daß sie aufhören zu arbeiten und lieber ihr zuschauen.

Ich habe dem Traktorfahrer nur gesagt, daß früher weder ein Pferd noch ein Rindvieh die Straße so verschmutzt hätte.

»Angeklagter, haben Sie keine Verwandten, die Ihnen eine Unterkunft gewähren könnten?«
»Das schon, Herr Richter, die sind aber im Gefängnis.«

Polizeiwachtmeister Robert K. gibt zu Protokoll: »Bei meinem nächtlichen Rundgang durch die Parkanlagen hörte ich verdächtige, mir bekannte Geräusche. Auf meine manierliche Frage: »Bumst hier einer?« erscholl die ungebührliche Antwort: ›Nein, du Ochs, zwei‹, worauf ich zur Verhaftung schritt.«

Bei der Untersuchung am Tatort wurde festgestellt, daß der Täter aus der einbruchsicheren Kasse eine nicht festzustellende Menge von 2- und 5-DM-Stücken entwendete; Gesamtwert DM 270,–.

Der Täter riß an dem Hühnerstall das Schloß ab, legte einen Sack auf den Boden und stieg ein.

Ich sah, wie Franz M. seine Frau aus der Tür warf. Als er mich erblickte, versuchte er, die Tat zu verschleiern, indem er rief: »Mariechen, kauf mir doch dort ein Päckchen Zigaretten.«

Als Hugo N. in der Kantine zu mir sagte, es genüge, mich mit dem Löffel anzustoßen, forderte ich ihn auf, das ruhig zu tun. Ich wußte ja nicht, daß er Baggerführer ist.

Sobald der Nachbar meine Schwiegermutter angegriffen hatte, eilte ich ihr zu Hilfe, wenn es ihm auch unbegreiflich war. Aber ein drittes Gehalt in der Familie ist eben ein drittes Gehalt.

Zur Beschädigung des Bildes kam es, da es die Bezeichnung »Dorfplatz B.« trug. Der beschuldigte Hubert M. stammt aus diesem Ort und da er sein Häuschen darauf nicht erkennen konnte, nahm er an, daß der Künstler die Menschen zum besten halten will.

Der Täter erklärte es damit, daß ihm die Kaninchen gefallen hätten, denn als er den Kaninchenstall geöffnet hätte, hätte ihm ein Kaninchen nach dem anderen die Pfote gegeben.

Zu meinem größten Leidwesen bin ich nicht imstande, über die wirtschaftlichen Verhältnisse des Johannes M. etwas Negatives zu sagen, ich vermute, daß er als Zeuge nicht infrage kommt.

Martin K. wohnt nicht bei seiner Frau. Es gibt daher keine Anhaltspunkte dafür, daß er geisteskrank ist.

Meine Angelegenheit, die Gerichtssache betreffend, ruht vorläufig.

Rainer K. hatte Gerhard M. an den Händen gefesselt, setzte ihn in den Sessel und machte an ihm Hausdurchsuchung nach einem Messer, allerdings mit negativem Ergebnis.

In München habe ich viele Verwandte, z. B. ein Mädchen, mit dem mein Bruder früher einmal gegangen ist.

Wir nehmen an, daß er herumstrolchen wird, da er grüne Strümpfe und Manchesterhosen trägt.

Der Geschädigte badete im Weiher, während der elfjährige Schäferhund Ajax seine Kleider bewachte, dem der Beschuldigte eine runterhaute und die Kleider entwendete.

Unser Geschäftsführer hat mir vorgeschlagen, mit ihm ein Verhältnis anzufangen, für das er mir DM 50,– bot. Ich habe mit ihm nichts gehabt. Er hat mir die versprochenen DM 50,– auch nicht gegeben. Daraus können Sie auch ersehen, Herr Richter, was das für ein Schwindler ist.

Ja, Herr Richter, mit meinen Zähnen ist es dem Zahnarzt wahrhaft »gut« gelungen. Die Kinder hatten zwar Angst vor mir, aber meine Frau hat dem allem die Krone aufgesetzt, als sie zu mir sagte: »O ja, du bist es wahrhaftig.«

Zu der Verletzung des Geschädigten ist es so gekommen: Nach dem vorherigen Mißverständnis kam es zu einer Schlägerei. Ich selbst bekam keine ab, da ich nicht von Anfang an dort war.

Hohes Gericht, ich wende mich im Vertrauen und der Hoffnung an Sie, daß Sie mir behilflich sein werden. Wir verkehren schon längere Zeit zusammen. Ich behaupte nicht, daß alle drei Kinder von Leonhard K. sind, aber es wäre anständig von ihm, wenn er sich eines aussuchen würde. Was meinen Sie dazu?

Ich gebe zu, daß ich das Fahrzeug nicht vollkommen in Gewalt hatte. Aber bei dem Zustand unserer Straßen muß ich dem Straßenwärter die gleiche Schuld geben, hauptsächlich im Winter, wo er ständig im Gasthaus sitzt und sagt: »Zerklopft euch nur die Köpfe, ihr Irren!« Und dafür wird er noch bezahlt.

Es ist nicht wahr, Herr Richter, daß ich meine Mutter vernachlässige und nicht für sie sorge. An ihrem Geburtstag ließ ich ihr sogar das Lied »Wie silbrig erblühen deine Haare, Mutter« spielen. Die Rundfunkhörer können das bezeugen.

Nach Durchlesen meines Briefes erklärte meine Frau öffentlich, daß das nicht alleine aus meinem Kopf stammt, sondern daß ich mit einem Deppen halbe halbe gemacht haben muß.

Es stimmt, Herr Richter, ich entwendete Autos, aber nur in Friedhofsnähe, da ich vermutete, daß die Besitzer gestorben sind.

Über den Vorfall mit dem hier Angeklagten kann ich nur sagen, daß er mich taktvoll aufgefordert hat, ihm gefälligst meine Geldbörse auszuhändigen. Sicherlich kennt er meine Frau nicht, und so habe ich ihm denn ohne Widerstand den Fünfer gegeben.

Das Gehalt des Dorflehrers war so niedrig, daß er sich nebenbei als Ziegenbock (gemeint: Ziegenbockhalter) betätigte. Zur Freude der Schulkinder wurde diese Nebenbeschäftigung oftmals zur Hauptbeschäftigung.

Es ist nicht wahr, daß ich mich nicht um meine Kinder kümmere, da ich immer, wenn ich sie auf der Straße treffe, frage, ob sie auch schon gegessen haben. Wenn ja, dann nehme ich sie mit ins Gasthaus.

»Angeklagter, Sie werden beschuldigt, daß sie es mit einer Ziege getrieben haben. Was haben Sie dazu zu sagen?«
»Hohes Gericht, wenn ich gewußt hätte, daß die Sache so viel Staub aufwirbelt, hätte ich sie geheiratet.«

Aus dem hier angeführten Material ist ersichtlich, daß der Beschuldigte durch sein Geständnis eine Straftat der Körperverletzung verübt hat.

Arthur S. hat auch bei der Polizei zugegeben, daß er mich verhauen hat, und hat noch hinzugefügt, daß er mich so lange verhauen wird, bis ich ihn lieben werde.

Die Bedrohung seitens des Beschuldigten wurde mittels eines Metzgermessers getätigt, also durch Stechen.

Von der Beschuldigten können wir nur sagen, soweit sie in unserer Gemeinde Prostitution getrieben hat, so geschah es nur amateurhaft.

Über den Genannten teilen wir Ihnen mit, daß er aus einer erblich belasteten Familie stammt. Der Vater ist Alkoholiker, seine Mutter ist gestorben. Über seine Frau möchten wir uns nicht äußern, da sie gegenwärtig wegen gewerbsmäßiger Unzucht eingesperrt ist.

Schon im vierten Monat der Schwangerschaft habe ich Anneliese M. zufälligerweise in enger Umarmung mit einem fremden Menschen erwischt.

Nachdem ich Gustav H. aufgefordert hatte, seinen Führerschein vorzuzeigen, kletterte er auf einen nahen Zaun und fing an zu krähen. Ich weiß nicht, was er sich dabei dachte. Sicherheitshalber habe ich ihm den Führerschein abgenommen.

Die Spuren führten untrüglicherweise in das Gasthaus »Zum verlorenen Stern« wo sie sich aber in dem Raum für »Kleine Bedürfnisse« verloren.

Wenn der angeklagte Hermann T. Geld hat, trinkt er, wenn er keines hat, trinkt er auch, bezahlt aber nicht.

Daß Hans M. Trinker ist, habe ich erst gemerkt, als er mich geküßt hat. Aber da war ich schon in anderen Umständen.

Den streunenden Hund, den ich erschossen habe, hat nicht mein Hund aufgespürt, es war mein Hund, der sich von mir entfernte, ohne daß ich es merkte.

Zu meiner Tat muß ich erklären, daß wenn jemand mein Herbertchen »bescheuert« nennt, ich als Vater das auch auf mich beziehen muß.

Der Beschuldigte hat nach der Belehrung des Richters erklärt, daß er die Anschuldigungen verstanden hat, daß er von dem Staatsanwalt und seinen Gehilfen nicht verlangt, in die Akten einzusehen und zu dem Fall auch keine Bemerkungen hat.

Meine Ehre, Herr Richter, erlaubte es mir nicht, der Aufforderung des Polizisten nachzukommen, als er zu mir sagte: »Fräulein, kommen Sie mit!« Schließlich gehe ich nicht so schnell mit jedem Mannsbild.

Mit der genannten minderjährigen Liesel F. hatte ich bestimmt nichts, Herr Richter, da ich weiß, daß sie 13 Jahre alt ist und ich abergläubisch bin.

Die Entrüstung wich nicht von der in den vergangenen Jahren ab, als die Genannten sich auf der Kirmes unter dem Karussell schlugen, aber zum Glück ohne ein einziges böses Wort.

Den Menschen ist Kasimir Z. nicht gefährlich. Er singt nur mit Vorliebe Volkslieder, in denen oft ein Juchu und Juchee vorkommt und das auch bei Begräbnissen.

Die Verletzung im Gesicht hat der Beschuldigte sich selbst zugezogen, als er bei Leistung der Unterschrift auf der Polizeistation ausrutschte.

Zum übermäßigen Konsum von Antibaby-Pillen zwang Ludwig T. seine Frau Margaretha seines stattlichen Nachbarn wegen.

Untersuchungen haben ergeben, daß Josef G. sehr jähzornig ist und Schlägereien provoziert, von denen er ein zerschlagenes Nasenbein und zwei uneheliche Kinder hat.

»Angeklagter, haben Sie Zeugen?«
»Zeugen? Ich werde doch keine Zeugen mitnehmen, wenn ich Hühner stehlen gehe.«

Das Gericht verurteilte Herrn Georg F. dazu, seinen Schäferhund, der den Schaden verursacht hatte und bei dem keine Voraussetzungen zur Umschulung bestehen, zu töten.

Ich habe meinen Teil schon beigesteuert, sagte Herr Martin G. bei der Scheidungsverhandlung, als er seine Frau und seine acht Kinder verließ.

»Angeklagter, wie soll ich das verstehen? Sie haben den Fußgänger mit Ihrem Fahrrad angefahren und behaupten noch, daß er Glück gehabt habe?«
»Nun ja, Herr Richter, hätte ich an diesem Tage nicht meinen freien Tag gehabt, so hätte ich einen Bus gefahren.«

Dem Angeklagten wird außer des begangenen Diebstahls noch zur Last gelegt, daß er unersetzliche Exponate aus den Museumssammlungen zerschlagen hat, wie die in der Vitrine ausgestellten Bilder, verglaste Gobelins, den linken Unterkiefer des Nachtwächters usw.

»Angeklagter, schämen sie sich nicht, Ihren eigenen Bruder bestohlen zu haben?«
»Herr Richter, wenn man einen Willen hat, geht alles.«

Der Genannte, als vermißt gemeldet, wurde durch das trainierte Auge seiner Frau im Ausschank der Gaststätte »Zum Grobian« ermittelt.

Nach Entwendung der Handtasche mit größerem Geldinhalt hat mein Freund noch eine Planierraupe entwendet, mittels der er die Tasche unter einer Halde Lehm versteckte.

Bei dem Verhafteten, der auf dem Marktplatz nackt herumlief, wurden Personalausweis auf den Namen Christian J. und DM 10,– gefunden.

Gestern nachmittag ist der Fahrer Peter R. mit seinem Wagen ins Schleudern geraten. Er konnte gerade noch verhindern, daß er die Therese K., die gerade in diesem Moment die Straße überquerte, überfuhr. Schade, sagte der Ehemann der Therese K. zu sich, der von dem Bürgersteig aus alles mit Interesse verfolgt hatte. Der Fall wird untersucht.

Wir saßen wie jeden Abend fröhlich beisammen. Als ich aus dem Gasthaus kam, sah ich plötzlich, daß auf meinem Fahrrad ein Mann fuhr, der den Eindruck eines Soldaten machte.

Nach genauer Untersuchung des Falles konnten wir feststellen, daß der Beschuldigte durch Alkoholeinfluß und Liebeswerben um die mitfahrende Rosemarie K. verunglückt ist, wobei seine Tat nicht ohne Folgen blieb.

Nach unseren Beobachtungen stimmt es mit Sophie S. nicht ganz, da sie am hellichten Tag gesehen wurde und dazu noch in einem Park, also öffentlich.

Wir haben die Gesundheitsverhältnisse des beschuldigten Leonhard T. festgestellt. In der Verwandtschaft der Mutter sind keine Geistesgestörten, die Verwandtschaft des Vaters befindet sich größtenteils in der Ausübung einer Strafe.

An der Arbeitsstelle begeht Waldemar N. keine Diebstähle, auch sucht er keine Streitereien. Dem Portier wurde aber mitgeteilt, daß er sich bei der Nachtschicht vereinzelt sexuell bemerkbar macht.

Den zerschlagenen Hintern begründete mein Mann damit, daß er nach althergebrachter Sitte »zum Angler geschlagen« wurde. Dabei wurde er von einem Angler geschlagen, der ihn bei seiner Frau erwischt hatte. Ich habe ihm nur deswegen nicht zugesetzt, da ich daraus folgerte, daß er genügend bestraft worden ist.

Das Auftreten des Hugo B. in der Öffentlichkeit erfolgt nur mit einer Gitarre. Er tritt als sogenannter Playboy auf und führt ein ungebührliches Leben. In nüchternem Zustand macht er den Eindruck eines nüchternen Menschen.

Nach reiflicher Überlegung reiche ich mein Gesuch auf Scheidung ein. Nach einer Analyse der Ursache der Untreue meiner Frau Mina und beim Erwägen der erotischen Elemente mit drei Liebhabern während eines Jahres, hätte mir auch ein Computer bei einer Blitzanalyse eine Karte mit einer internen Mitteilung vorgelegt, daß ich ein Ochs bin.

Bevor Frau Barbara L. ihre Zunge über andere wetzt, soll sie sich selbst anschauen. Hauptsächlich wenn sie ins Bett kriecht, soll sie aufpassen, ob sie auch wirklich neben ihrem Mann liegt.

Was die befragten Liebesverhältnisse betrifft, war es nicht notwendig, das Amtsgericht damit zu belästigen. Man hätte es auch auf dem Gemeindeamt realisieren können.

Derselbe Pilot hat sich schon dreimal katapultiert, erfolgreich nur das dritte Mal.

Der Angeklagte hatte mich überfallen und verlangte intimen Verkehr. Auf die Frage des Untersuchungsrichters, ob ich um Hilfe gerufen hätte, antwortete ich, daß das nicht meine Art sei.

Die geographischen Kenntnisse der Lieselotte B. reichen gerade für die Stadt R. aus, wo sie in einer Besserungsanstalt war.

Ich sagte zwar zu dem Herrn Apotheker, daß er Karten wie ein Nachtwächter spielt, gleichzeitig sagte ich ihm aber noch, daß ich es mir nie erlauben würde, zu sagen, daß er Karten wie ein Apotheker spielt.

Es kann gar nicht sein, daß der angeklagte Peter A. betrunken nach Hause kam, weil er, so wie ich ihn kenne, in diesem Falle überhaupt nicht nach Hause gekommen wäre.

Mit meinem Mann will ich auch deswegen nicht weiterleben, weil er fähig ist, um 9.00 Uhr wegzugehen, um die Zeitung zu holen, und um 20.00 Uhr noch nicht zurück ist.

Der Beschuldigte ist ziemlich belesen und deswegen kann man nicht mit Sicherheit sagen, ob er uns mit seinen verwunderlichen Äußerungen wie »Hemisphäre« u. ä. beschimpft oder etwas Wissenschaftliches damit meint.

Gegen das Urteil habe ich eine Menge einzuwenden, hauptsächlich, daß es mich fuchst.

Von den elektrischen Geräten, die beim Einbruch entwendet wurden, konnte man nur noch eine Fahrradpumpe sowie ein Zentimetermaß und einen Hammer finden.

Der auf dem Briefkasten gefundene Kot konnte nicht von dem Postpferd stammen, da dieses durch den Einfluß der Motorisierung nicht mehr in Gebrauch ist.

Gesundheitlich bin ich durch die Zahl von acht Kindern geschädigt.

Als ich damals die Kühe auf der Alm hütete, war der Bauer mit seinem Vetter anwesend, so daß ich sie nicht melken konnte. Auch wenn ich es gewollt hätte, so hatte ich doch keinen Eimer dabei.

Meine Abwesenheit auf der Arbeit wurde verursacht durch den weiten Weg zu meiner Zukünftigen, Theodora K., was auch dadurch verlängert wurde, daß ich immer noch warten mußte, bis ihr Mann weg war.

Konrad W. erzählte mir solch einen Unsinn, wie z. B., daß man in der Werkskantine gut kocht, dabei ging er dort mit einer von den Köchinnen.

Die Ehe von Manfred K. war von Anfang an unvollkommen. Er wohnte bei seiner Schwiegermutter, mit der sie sich nicht vertrug und sie wohnte bei seiner Mutter, mit der er sich nicht vertrug.

Herr Vorsitzender, mein Leben ist immer nur ein Kampf. So gegen 10.00 Uhr verspüre ich einen Hunger, so gegen Abend einen Durst, zeitweilig leide ich an Geldmangel, oft an Wutanfällen, liebe keine Linsen, bevorzuge Kartoffelknödel, verachte Geschirr, setze regelmäßig im Lotto – so bin ich.

Aus der Reaktion des beschuldigten Karl-Otto S. geht hervor, daß der Genannte zweckmäßig und zielstrebig seine Debilität zu seinen Gunsten ausnutzt.

Zu meiner Verteidigung führe ich an, daß ich mir, als ich erfuhr, daß es in diesem Jahr nicht wie in der Vergangenheit ein Weihnachtspäckchen gibt, in dem immer Spirituosen und andere Lebensmittel sind, selbst eins genommen habe.

Ich tanzte mit der Frau Wirtin und bei dieser Aktion beging ich keine unanständigen Schritte, die eine Gefährtin ins Maß der Erregung bringen könnten.

Zu dieser Zeit endete das Fernsehprogramm. Als ich aufhorchte, hörte ich das Krachen und Knarren des Bettes in der über uns liegenden Wohnung, das nicht dem gewöhnlichen Verkehr entsprach.

Seit seiner Jugend hat Fritz D. eine Zuneigung zum Motorismus. In der Umgebung hat er auch schon zwei Motorräder und eine Kuh entwendet.

Die Jugendlichen liefen durch den Wald, und dahinter flüchteten die zwei Jäger.

An der Garderobe in der Nähe vom WC sind einige feste Hänger. An einem von diesen habe ich meinen entwendeten Mantel aufgehängt.

Der Genannte ist ein gefährlicher Betrüger, dadurch aufgefallen, daß er hinter lungenkranken Frauen her ist und jetzt spuckt.

Als ich sah, daß Hermann P. vor unserer Spritztour heimlich seinen Ehering vom Finger zog, war mir klar, daß er abbiegen würde, und zwar in einen Waldweg.

Die Vermißte spricht sehr schnell, sie redet von Kunst und ist leicht nach hinten gebeugt.

Ich bin nur manchmal auf den Herrn Staatsanwalt wütend, und zwar dann, wenn ich mich zufällig an ihn erinnere.

Folglich durch Macht des Gesetzes und des Vaters melde ich, daß ich mit der Schuldverkündung nicht zufrieden bin und wende mich zum obersten Gericht.

Dieses Jahr, und zwar im Monat September, kam mein Mann um Mitternacht auf den Hof, und ich mußte mit ihm im Schlafzimmer einen Tango tanzen, obwohl ich schlief.

Das Unglaublichste, Hohes Gericht, als ich sie in flagranti ertappt hatte, da hat sie mir seelenruhig gesagt: »Reg dich doch nicht so auf! Ich kenne nicht einmal seinen Namen.«

Nach reichlicher Überlegung sehe ich mich gezwungen, mein Geständnis zu widerrufen. Mein Verteidiger hat recht. Ich bin unschuldig.

Als sich die Parteien gegenseitig der Lüge bezichtigten, rief der Richter: Vor Gericht »lügt« man nicht, sondern man »sagt die Unwahrheit«!

»Angeklagter, sind Sie bereit das zu beschwören?« »Also gut, das nehme ich auf die Gabel.«

Fragte der Richter den wegen widernatürlicher Unzucht mit einer Ziege Angeklagten: »Schildern Sie uns, wie es zu dem Vergehen gekommen.«
»Ach, Herr Richter, die weißen Haare, die braunen Augen, der stolze Gang ...«
»Hören Sie auf!« rief der Richter. »Wie kann man da noch Recht sprechen.«

Herr Richter, als der Angeklagte bei mir im Pförtnerhaus erschien, trat er so unverschämt auf, daß ich glaubte, er sei ein neuer Direktor und ließ ihn passieren.

Ja, Herr Richter, es ist wahr, daß ich mit dem hier anwesenden Herrn Hausmann ins Hotel gegangen bin, ich konnte es aber nicht verhindern, da er mich getäuscht hatte, als er auf der Rezeption sagte, ich sei seine Frau.

Also Herr Richter, er ist bestimmt der Vater meines Kindes. Ich habe bei keinem andern eine solche Zuneigung wie bei ihm.

Wie soll ich Ihnen denn beweisen, Herr Richter, daß ich der Vater des Kindes nicht bin? Ich war ja damals allein mit ihr im Wald, und niemand hat gesehen, daß ich mit ihr nichts gehabt habe.

»Herr Richter«, sagte errötend die Zeugin, »wir sind nicht verheiratet, wir leben sozusagen im Konglomerat.«

Polizeibericht: Wir führten folgende Amtshandlungen aus: 28 Unterschlagungen, 17 Raubüberfälle, 13 Autodiebstähle, 21 Einbrüche, 1 Abtreibung.

Polizeibericht: Glücklicherweise hatte der Ermordete sein Geld tags zuvor der Bank überwiesen, so daß er mit dem Verlust des Lebens davonkam.

Polizeibericht: Im Kanal wurde eine in einen Sack fest verschnürte Leiche gefunden. Selbstmord scheint ausgeschlossen.

Richter: »Wie lange dauerte Ihr Verhältnis mit dem hier der Vaterschaft Angeklagten?« Nach kurzem Überlegen: »Ungefähr zwanzig Minuten.«

Richter: »Sind Sie mit dem Angeklagten verwandt oder verschwägert?«
Verlegen und flüsternd antwortete die junge Zeugin: »Nur einmal.«

Ja, Herr Richter, ob ich ehelich oder außerehelich geboren bin, ist schwer zu sagen. So viel ich weiß bin ich halbehelich. Mein Vater war verheiratet, meine Mutter nicht.

Mein Mann verursachte mir blaue Flecken auf dem hinteren Teil meines Leibes, wodurch ich mich lange in keiner anständigen Gesellschaft zeigen konnte.

Ja, Herr Richter, was hat er mir nicht alles versprochen! Reisen zu den Gipfeln der Alpen, zum Mittelmeer und weiß Gott was alles. Als er mir aber schon hinter Hannover den Watzmann zeigte, wußte ich, daß alles relativ ist.

Als ich den Fahrer wegen überhöhter Geschwindigkeit anhielt und ihn fragte, ob er es eilig hat, sagte er zu mir: »Ach wo, Herr Wachtmeister! Ich kann Sie ohne weiteres mitnehmen!«

Den Verlauf der Schlägerei kann einzig und allein unser Klarinettist beschreiben, da er noch spielte, als wir bereits Schluß gemacht hatten und geflüchtet waren. Er macht das immer so, weil er Anfänger ist und immer erst kurz nach uns mit dem Stück fertig wird.

Der genannte Otto H. ist in unserer Gemeinde ein unglücklicher Mensch. Wegen seiner häufigen Lottogewinne wird er in trunkenem Zustand auch von Minderjährigen vergewaltigt.

Als ich mein Fahrrad abholen wollte, war keine Straße mehr da und das eine Rad ragte oben aus dem Baggerlöffel heraus, wo ich nicht hinlangen konnte.

Ich habe die Angeklagten alle gesehen, wie sie sich damals im Gasthaus mit den Stühlen schlugen; aber eingreifen konnte ich nicht, weil kein einziger Stuhl mehr frei war.

Der Rezidivist Hubert L. verteidigte sich damit, daß er vor allem aus Gesundheitsgründen in das Sanatorium eingebrochen sei.

Bei dem Einbruch nahm Benno W. dem Geschäftsführer auch eine Flasche Bier ab, die er im Magazin der Kinderabteilung trank, wo er auch den Rollmops aß.

Carlo Sch. ist öfter im hiesigen Gasthaus, wo er seinen Platz am liebsten am Ofen hat, sein Bier trinkt und unzusammenhängende Gespräche führt, so daß man nicht sagen kann, daß er ein schlechter Bürger ist.

Hugo P. hat zwölf Geschwister. Allerdings weiß er nicht, der wievielte er in der Reihenfolge ist.

Xaver H. versuchte den Eindruck eines Ausländers zu erwecken, indem er fremde Worte sprach und konjungierte und sich überhaupt unpassend benahm, so daß ich gezwungen war, ihm eine runterzuhauen, damit er sich wieder seiner deutschen Abstammung erinnerte.

Für den großen Einsatz beim Niederbrand unserer Scheune möchten wir uns bei allen Helfern herzlich bedanken.

Der Eindringling sagte etwas, was Emma L. nicht verstand, weil sie eine dunkle Brille trägt und es obendrein in dem Raum auch noch finster war.

Norbert K. war so arbeitslustig, daß er sich noch in betrunkenem Zustand Zutritt zu seiner Arbeitsstelle erzwingen wollte.

Was sie mir an den Kopf warf, kann ich nicht genau sagen. Es kam aus der Speisekammer geflogen, und dort haben wir verschiedene Sorten Eingemachtes.

Den Stein warf er nach mir, weil ich ihm angeblich die Zunge herausgestreckt habe. Das stimmt aber nicht. Ich tat es hinter seinem Rücken zu meiner Frau, und es ist mein Zeichen, daß sie zum Abendessen Bier holen gehen soll.

Die Besichtigung des Tatortes ergab, daß alle Kaninchen gestohlen worden sind. Nur das schwarze Muttertier ist mit einem Kaninchenbock abgehauen.

Das Manko in der Kasse wurde dadurch verursacht, daß in der Kasse DM 4 876,50 fehlten.

Um Untreue handelt es sich hier nicht, da Josef K., den der Ehemann unter dem Bett fand, nur bei der Reparatur des Linoleumbodens eingeschlafen war.

Das entwendete grüne Fahrrad habe ich blau angestrichen und gegen ein braunes Portemonnaie eingetauscht, das ich aber am gleichen Abend verlor.

Als Matthias B. volltrunken auf den Boden fiel, lehnte ich es ab, ihm nachzuschenken, da ich auf dem Boden niemandem serviere.

Wir haben ein gut ausgerüstetes Feuerwehrhaus, einen neuen Friedhof, ein Gasthaus und weitere Kulturstätten. Deshalb ist mir nicht ganz klar, warum die Jugend in die Städte flüchtet.

Bestechungsgeld versprochen, das habe ich getan, das gebe ich zu, aber nur ein ausgedachtes, unsinniges Bestechungsgeld, was sie erkennen sollten und nicht mir in allem entgegenkommen und mich dadurch praktisch in der Sache festbinden.

Die Tatsache, daß Frau Anna S. einen Ehemann und einen Liebhaber hatte, war in der Gemeinde öffentlich bekannt. Nur ihr Mann wußte nichts davon, weil er nicht im Gemeinderat war.

Herr Staatsanwalt, wir wissen doch beide, daß man einen Paragraphen nicht in einem Zug aufzeichnen kann. Und warum, das wissen wir doch auch, nicht war.

Der Betreffende hat zu mir gesagt, daß ich, wenn ich will, eine aufs Maul bekommen kann. Daraufhin ging ich mit ihm hinaus und bekam sie.

Sofern meine Schwester Amanda angibt, daß ich das Testament selbst geschrieben habe und daß mein Vater mit mir nicht auf gutem Fuß gestanden hat, meiner Straftaten wegen, so bestreite ich das ganz entschieden. Mein Vater hat mich schon von klein auf lieb gehabt, und die Straftaten begingen wir oft gemeinsam. Im letzten Fall wurde mein Vater gleichzeitig mit mir als Mittäter verurteilt.

Ich gebe zu, daß ich administrativ größere Mengen Säue ferkeln ließ, als es in Wirklichkeit der Fall war.

Von der Tanzveranstaltung aus gingen wir durch den Wald, wo Alfred G. Gedichte rezitierte, wie es sich für einen Erziehungsberechtigten gehört. Als er aber bei einem großen hohlen Baum furchtbar unruhig wurde und aufhörte vorzutragen, habe ich ihn in Selbstverteidigung angegriffen, da ich nicht ahnte, daß seine Unruhe ihren Ursprung in Darmbeschwerden hatte.

Ich habe meine Frau Gertrud nicht zur Arbeit gezwungen. Im Gegenteil, ich sagte ihr, daß wir von ihrer Rente beide leben können, sie aber, jetzt von ihren Arbeitskolleginnen aufgehetzt, behauptet, daß sie für mich und meinen Alkohol schuften mußte.

In dem Wochenendhaus, in das ich eingebrochen bin, war nichts zum Essen, so daß ich ein paar Seesterne, einen ausgestopften Vogel und ein Gartenmesser mitgenommen habe.

Ich habe in der Gemeinde S. sehr viel Geld verdient, da wir Löcher in die Zentralheizung gegraben haben.

Wenn wir auch gemeinsam mehrere Kinder haben, die in verschiedenen Kinderheimen untergebracht sind, so haben wir bis heute keine Ehe geschlossen, da er außerdem trinkt, und so einen hätte keine genommen.

Alfred kam zu mir gelaufen und sagte: »Sie klopfen den Heinrich!« Ich flog hinein und vermöbelte alle drei. Aber hätte ich gewußt, daß es sich um eine Schlägerei handelte, hätte ich die Finger davon gelassen, wo ich jetzt weiß, daß die Schlägerei eine strafbare Tat ist.

Jakob T. trug bei der Tat eine Hose, die wie Jeans ausgesehen hat, nur etwas schlimmer.

Von zahlreichen Alimenteverpflichtungen verfolgt, machte Robert T. einen gehetzten Eindruck.

Aus dem Berufsbildungsgesetz: Ausbilder sind für die Ausbildung ausgebildete Mitarbeiter, die vom Ausbildenden beauftragt sind, Auszubildende auszubilden.

Der Hühnerstall meines Nachbarn Adolf R. unter meinem Fenster stört mich eigentlich nicht. Aber es stören mich seine Hühner, die, wenn ich nach einer Nachtschicht müde bin, beim Eierlegen so ein Gegacker veranstalten, daß es nicht zu ertragen ist.

Die Betreffenden hörten, wie er vorsichtig auf den Dachboden lief. Dort führte er auch das Entstehen des Feuers durch.

Die Waren hat die hier angeklagte Marianne K. fast das ganze Jahr über gestohlen. Und nach ihrer Ergreifung behauptete sie weinend, daß sie dazu von ihrer Tochter, einer Ärztin, gezwungen worden sei, die die Sachen angeblich für die Einrichtung ihrer Praxis benötigte. Aus Mitleid wollte ich das Weibstück laufen lassen, aber die Verkäuferin Annemarie B. teilte mir mit, daß die Angeklagte überhaupt keine Tochter hat. Dies versetzte mich so in Aufregung, daß ich sie mit unkontrollierten Beschimpfungen aus dem Supermarkt jagte, wobei ich sie mit einem geräucherten Aal schlug, den man bei ihr in einer speziell tiefen Tasche gefunden hatte. Die Konsumenten haben es teilweise verurteilt, teilweise haben sie mir auch recht gegeben.

Bei der Prozeßdurchführung wurde zur Erkennung des Täters durch die Geschädigte ein Tageslicht ohne Witterungseinflüsse benutzt.

Der Beschuldigte Adam W. hat keine öffentliche Funktion, und deshalb führt er ein sorgloses Leben.

Ich weiß nicht, woher es kommt. Aber wenn ich Georg Sch. treffe, wird daraus immer ein Einbruch.

Bis zum Friedhof und dann noch ein Stück des Weges zu unserer Wohnung habe ich gemahlenen Kaffee gestreut, damit der Polizeihund nicht hinter mir her kam. Außerdem habe ich unterwegs verschiedene gestohlene Sachen weggeworfen. Erst am Morgen, als ich aufwachte und nüchtern war, ist mir klar geworden, daß man mich danach bestimmt finden wird.

Von der Beschuldigten Amanda B. ist bekannt, daß sie aktiv Judo und Karate übt, was sie hin und wieder bei der Durchsetzung ihrer Rechte zur Geltung bringt.

Die Beschuldigte Annemarie B. gebar zwei Kinder: ein vierjähriges und ein achtzehnmonatiges.

Soweit bekannt ist, stiehlt der Angeklagte oft Motorfahrzeuge. Sonst ist er nicht am öffentlichen Leben beteiligt.

Der Angeklagte Fritz H. verteidigte sich damit, daß er die Kartons eigentlich nicht gestohlen hatte, sondern durch ihren Abtransport lediglich die Wachsamkeit der Organe aufrütteln wollte.

Es wurde richtig entschieden, daß der Angeklagte Benjamin H. ein anständiger Mensch ist, wovon die Tatsache zeugt, daß er vor dem Gericht ununterbrochen herzzerreißend weinte.

Zur Vergewaltigung der Dagmar W. seitens des Ausländers kam es in deutscher Sprache.

Da er nach Gebrauch des Dienstschlagstockes anfing, laut zu schreien, verhaftete ich ihn wegen nächtlicher Ruhestörung.

Von dem Beklagten ist noch zu sagen, daß er Pech bei den Frauen hatte. Seine großen Ohren und sein kleiner Verdienst gefielen ihnen nicht.

Unter anderen war dort auch ein Mensch bayerischer Nationalität, der, als ich mit der Schaufel auf den Schädel geschlagen wurde, bemerkte: »Ja, Kruzifix, so kann man die Sache nicht lösen. Dazu sind die Behörden da.«

Ob das Pferd trabte oder lief, das weiß ich nicht; ich weiß nur, daß es immer abwechselnd eines von den vier Beinen nach vorn schob. Leider habe ich mir die Reihenfolge nicht gemerkt.

Da wir die ganze Nacht Appetit auf etwas Gutes hatten, brachen wir in die Konditorei ein.

Die fünfzigtausend Mark nahm ich deswegen auf die Auslandsreise mit, damit sie während meiner Abwesenheit niemand aus der Kasse nimmt.

Da das Blinklicht nicht funktionierte, zeigte ich die Fahrtrichtung mit dem Arm an. Erst bei dem Zusammenstoß merkte ich, daß ich vergessen hatte, das Fenster aufzumachen.

Wir sagten ihnen laut: »Wer sich raufen will, der soll rausgehen!« Aber alle blieben provokativ sitzen.

Herr Gerichtsrat, die ganzen Jahre kannte ich kein Zuhause, sondern nur Zwangsarbeit im Zuchthaus. Meine Frau hat einen fanatischen Reinigungstick, und mir wurde nur selten ein Sexualleben gewährt, als Belohnung für das Anstreichen der Wohnung zum Beispiel.

Da Walter N. auf mich den Eindruck eines anständigen Menschen machte, half ich ihm, die gestohlenen Teppiche aufzuladen und wegzufahren.

Da ich in Ungarn schon acht Kinder hatte, kam ich 1956 legal in die Bundesrepublik.

So leid es mir auch tut, ich bin nicht imstande, etwas Negatives über die wirtschaftlichen Verhältnisse des Sepp H. zu sagen. Ich vermute deswegen, daß er als Zeuge nicht in Frage kommt.

Ich habe gerade gemolken, als ich einen Tritt bekam. Ich drehte mich um und dachte, daß die Kuh mich getreten hat, sah aber, daß es mein Gefährte Alois war.

Die unter seinem Mantel versteckten Fasanen ließ er sich nicht wegnehmen, wobei er mich dauernd darauf aufmerksam machte, daß sie wahrscheinlich Zecken hätten, von denen ich, auch wenn ich eine Amtsperson sei, eine Gehirnkrankheit bekommen könnte.

Man weiß von Innozenz W., daß er ein Sonderling ist. Aber daß er in der Gaststätte mit Hilfe von Tränengas die ganze Jagdgesellschaft wegen des gefallenen Wildes zum Weinen brachte, das ist als eine durchdachte Tat zu klassifizieren.

Der bei dem Unfall entstandene Schaden ist nicht groß. Ich rechne mit einem Betrag von 1 000 VW.

Ich gebe zu, daß ich zu ihm sagte: »Du Saukopf, du bedepperter!« Aber er sollte sich das nicht so zu Herzen nehmen, da wir doch direkte Vettern sind.

Alfons P. drang in die Telefonzentrale ein, wo er die Telefonistinnen durch ungebührliches »Hallo, hallo, hallo« belästigte.

Waldemar Z. gab zu, daß er den entwendeten Sessel so durch die Schloßgänge trug, daß er bei der Gefahr einer Entdeckung so tun konnte, als ob er, sehr ermüdet, in dem Sessel ruhen würde.

Der Festzug hat bei den Zuschauern großen Beifall gefunden. Nur fünf Mitwirkende wurden für ihre Szenen ›Aus dem Leben in der Gemeinde‹ kritisiert und zur Weiterbehandlung ins Krankenhaus gebracht.

Der Genannte Ulrich G. wurde schon dreimal wegen Diebstahl bestraft: zweimal durch das Amtsgericht und einmal durch den Nachtwächter.

Auf meine Anordnung rief der Gehilfe Matthias K. den Veterinär an, um unser erkranktes Schwein untersuchen zu lassen. An dem angegebenen Tag kam der Tierarzt auf den Hof, gab dem Schwein eine Spritze und dem Gehilfen Tabletten.

Als ich nachts mit meinen beiden Dackeln aus der Gaststätte nach Hause kam und das Tor verschlossen fand, entschloß ich mich, die Dackel über den Zaun zu werfen und dann selbst darüber zu klettern. Als ich aber den elften Dackel über den Zaun geworfen hatte, sah ich, daß sie immer durch das Loch für die Hühner zurückkehrten, und mit ihnen meine aufgewachte Frau. So kam es nach einem Wortwechsel zu der Verletzung.

Die beiden Pensionäre Erasmus K. und Otto D. waren dadurch bekannt, daß sie fast krankhaft damit prahlten, wer von ihnen mehr Krankheiten hatte. Zum Zerwürfnis und der Schlägerei kam es, als Erasmus K. erzählte, daß er zum Arzt müsse, weil er von einer Prostituierten am Hauptbahnhof eine Geschlechtskrankheit bekommen habe.

Hans Peter K. macht immer dann Feuer, wenn der Wind in Richtung von unserem Wochenendhaus geht. Ich bitte um Einschreitung, weil der Wind in diesem Tal immer in diese Richtung geht und ich es ihm nicht heimzahlen kann.

Den Antrag auf Scheidung der Ehe reichte ich deswegen ein, weil ich zu dem Schluß gekommen bin, daß die Ehe so tief zerrüttet ist, wie es das Gesetz verlangt.

Der Angeklagte Karl Emil B. versuchte durch halbgeschlossene Augen in verschiedene Richtungen zu blicken, um einer direkte Antwort auszuweichen.

Ich verweigere die Aussage, da es sich hier um meine Schwiegermutter handelt, und ich befürchte, daß sie auf Bewährung verurteilt wird.

Adam T. ist ein emsiger Mensch, der auch in der Arbeit richtig schafft. Sonst ist von ihm bekannt, daß er verschiedene Tätigkeiten ausübt, besonders in sportlicher Hinsicht, wo er am meisten den sogenannten Stopper pflegt.

Soweit ich mich zu den Preisen der Stallhasen äußern kann, so sind diese verschieden, und das nach ihrer Art, der nachgewiesenen Reinrassigkeit, nach dem Stammbaum, der Tätowierung der Lauscher und der Mitgliedschaft in den zuständigen Organisationen.

Insgesamt haben Bernhard T. zwei Schrottsplitter getroffen, und zwar ins Bein und ins Bein.

Arbeitsunfähig wurde ich durch den Werksarzt.

Ja, Herr Richter, der Norbert T., das ist einer von denen, die dir ins Gesicht freundschaftlich den Rücken klopfen und dir hinter deinem Rücken die Kehle abschneiden.

Als ich die Autofahrerin angehalten habe und fragte, was mit der Vorderseite ihres Wagens geschehen sei, gab sie mir zur Antwort: »Mein Mann ist mit einem Reh zusammengestoßen. Ich bin nur froh, daß er es war. Hätte ich am Steuer gesessen, wäre ich natürlich zu schnell gefahren. Und wäre es meiner Tochter passiert, hätte sie eben besser achtgeben sollen. Aber weil er selbst gefahren ist, war es unvermeidlich.«

Zu dem ganzen Jammer besitzen wir auch einen Wachhund. Leider ist es uns nie gelungen, ihm beizubringen, unser Häuschen zu bewachen, statt den fünf Kartoffeln in seinem Freßnapf.

Hohes Gericht, ich lüge doch nicht! Ich verwechsele nur meine Aussagen!

Die Arbeitsmoral von Heinrich K. ist schlecht, er hat aggressive Neigungen, einmal hat er z. B. in der Arbeitszeit aus Holz ein Maschinengewehr angefertigt und damit die vorbeifahrenden Fahrzeuge beschossen.

An diesem Tag war bei mir ein schwarzer Punkt, genau wie sie sich im Universum befinden, weil ich unschuldig bin und einen Verteidiger verlange.

Wieviel Sack Zement ich bei dem Diebstahl aufgeladen habe, weiß ich nicht, da ich es aus begreiflichen Gründen sehr eilig hatte.

Wenn das Amt für öffentliche Ordnung irgendwo schreibt, daß die Einfahrt verboten ist, dann gilt dies auch dann, wenn keine da ist.

»Angeklagter, Sie werden zu 8 Jahren Gefängnis verurteilt. Möchten Sie noch etwas hinzufügen?« »Nein, nein, eher etwas wegnehmen!«

Für Sie bin ich, Herr Staatsanwalt, immer nur der Gauner. Also titulieren Sie mich gefälligst nicht mit Herr Angeklagter.

Nach dem Genuß von Alkohol zeigen sich bei Johannes D. seine unklaren Vorstellungen über unsere demokratischen Einrichtungen.

Es ist nicht wahr, daß Max T. mich vor dem schicksalhaften Schlag gewarnt hätte, ich solle schweigen. Im Gegenteil, er forderte mich mit den Worten auf: »Sag es noch einmal!«

Jakob H. hat gestanden, daß er wegen Elisabeth V. Lust hatte, einen Selbstmord durch Sprung unter einen D-Zug zu begehen.

Georg T. erschien im Restaurant »Zum Adler« mit einem Beil in der Hand und forderte alkoholische Getränke. Das wurde ihm aber abgelehnt, da er hier noch DM 217,30 schuldet.

Bei der Zollkontrolle meldete Harald K. größere Mengen Armbanduhren und Feuerzeuge nicht an, da er angeblich beabsichtigt hatte, sie irgendwo hinter der Grenze liegen zu lassen.

Die peinliche Situation, in der ich mich am liebsten nicht gesehen hätte, habe ich einfach dadurch gelöst, daß ich das Licht ausknipste.

Weiterhin wurde bei der Untersuchung festgestellt, daß Adam T. auch das Magnetophon dadurch beschädigte, daß er es in den Teich warf.

Ich habe niemanden geschlagen. Ich kenne mich, wenn ich jemanden schlage, wird er viel länger krank als der Geschädigte.

Um 10 Uhr 40 trat dann der Oberstaatsanwalt ins Protokoll.

Wir haben den Antennenmast abgeschnitten in der Bemühung, die Tradition des Maibaum-Fällens zu erneuern. Da es sich aber um einen Eisenmast handelte, mußten wir einen Schneidbrenner aus der nahen Autowerkstatt benutzen, da wir keinen eigenen besaßen.

Die Beschwerde schreibe ich dem Gerichtsvorsitzenden, damit sich das Gericht die Strafe vor dem Allerhöchsten auf der Welt verantwortet.

Ich versetzte Christian G. nicht einen Schlag mit dem Beil, sondern nur mit einem Stiel davon; er war nämlich schlecht aufgesetzt, und knapp vor dem Schlag ist er abgefallen.

Der Streifenwagen hat mich überholt, machte mit mir eine Blasprobe und alles übrige …

Martin J. züchtet Kaninchen, Hühner und ein Dutzend Schafe. Er hat es einerseits für den eigenen Gebrauch, andererseits um darüber nach eigenem Gutdünken zu verfügen. Vergessen habe ich noch ein Schwein, das er in seinem Haushalt verkonsumiert.

Augenblick lege ich Berufung ein. Fünf Jahre, wofür? Glauben Sie, daß ich jemanden ermordet habe? Daß ich mich nicht auskenne? Ich bin hier nicht zum ersten und auch nicht zum letztenmal, wenn ich auch gerne zum letztenmal hier wäre.

Herbert G. hetzte seinen Schäferhund Pluto auf mich, der ein wenig zögerte, und deswegen ist es mir gelungen, wegzulaufen.

Die Hauptverhandlung wird hiermit vertagt, da ich eine neue verkünden muß, wenn festgestellt worden ist, ob der Hauptbelastungszeuge krank war oder sonst nicht fahrbar ist.

Herr Richter, ich weiß wirklich nicht, wo der Flugzeugträger hingekommen ist. Plötzlich machte es bumms, und wir lagen im Wasser. Es war furchtbar naß, so daß wir vor Schock nichts feststellen konnten.

Ich weiß auch nicht genau, wie die Geldbörse in meinen Besitz gekommen ist. Die Börse selbst hatte ich zwar vorher noch nicht gesehen, aber das Geld darin kam mir irgendwie bekannt vor. Darum behielt ich es und warf die Börse weg.

Wir nehmen an, daß er auf jüngere Angestellte sehr schlechten Einfluß hat, da er kernige Ausdrücke auch dort benutzt, wo ein gewöhnliches Schimpfwort auch reichen würde.

Von dem Genannten kann man nicht mit Bestimmtheit sagen, daß er gegen das Regime eingestellt ist, wenn er auch vorwiegend den Destillaten fremder Erzeugung frönt, so daß in Betracht gezogen werden muß, daß er sich auch aktiv an der Erneuerung des verwüsteten Rosengartens beteiligte.

Er lag in der Unterführung zum Bahnsteig, die er so vielseitig verunreinigte, daß die Putzfrau um 3 Uhr 54 auf den Rücken fiel.

Aus den Strafakten geht hervor, daß Kasimir H. am 19. Oktober einen Raubvogel geschossen hat, der gleichzeitig unter Tierschutz stand, und zwar als Mitglied des Jägervereins in T.

Ich wußte es, daß ich als Zeuge die reine Wahrheit sagen muß, aber Siegfried H. ist ein alter Kumpel von mir, und so habe ich ausgesagt, daß er zwei Maß getrunken hat, wenn es auch in Wirklichkeit zehn waren. Nur daß er für die Trunkenheit Bewährung bekam, und ich für die falsche eidesstattliche Aussage ein Jahr sitzen soll, das will einfach nicht in meinen Schädel.

Ich glaube, daß der Herr Staatsanwalt gegen mich eingenommen ist, weil er heute im Talar dasitzt und sich dauernd Notizen macht, damit ich mehr Paragraphen bekomme.

Zu den Verletzungen durch einen Kescher, welche Roman H. seinen Freunden Hermann B., Karl-Heinz F. und Bernhard M. verursachte, kam es nach Feststellung der Polizei dadurch, daß die Verletzen ihrem Freund, einem leidenschaftlichen Angler, fast einen Monat lang aus Spaß immer Würmer in die Suppe gaben.

Hohes Gericht, wie man aus der Anklageschrift ersieht, reimt sich mein Familienname Reisse auf ein unsittliches Wort. Das ist vor vierzig Jahren schon jedem eingefallen, als ich anfing, zur Schule zu gehen. Sicherlich auch dem Gericht. Als es dem hier anwesenden Geschädigten Anton S. eingefallen ist, konnte ich mich nicht mehr halten, und davon ist sein Unterkiefer gebrochen.

Subjektiv ist Harald R. fähig, eine Flasche Wein auszutrinken und dann seinen Schreibkram zu verrichten.

Wenn Sie, Herr Richter, ein junges Mädchen wären, so hätten Sie es bei Ihren Vorgesetzten viel schwieriger, sie sich vom Leib zu halten.

Als seine Nachbarin kann ich nur sagen, daß der Kläger Josef M. immer Kriminalromane liest, eine Pfeife rauchte, und als mir aus dem Keller zwei Glas eingemachte Sauerkirschen verlorengingen, so untersuchte er das ganze Haus. Aber daß seine Frau fremdging, das hat er nicht herausbekommen.

Den Mann, der mich niedergeschlagen hat, kann ich nicht genau beschreiben, denn als ich es tun wollte, da hat er gleich zugehauen.

Auf der Scheidung bestehe ich, da mein Mann Adalbert zur Nachbarin den Papagei füttern ging, auch wenn sie nicht im Urlaub war.

In einem Vaterschaftsprozeß, den die Sekretärin Ingeborg D. gegen ihren Chef, den Direktor Helmar W. führte, hörte sich der Richter beide Parteien aufmerksam an. Als es soweit war, das Urteil zu sprechen, holte er eine Zigarre aus seiner Tasche und überreichte sie schwungvoll dem Direktor Helmar W. mit den Worten: »Ich gratuliere, Sie sind soeben Vater geworden.«

Endgültig erledigt war er für mich, hohes Gericht, als ich herausbekam, daß er mich auf seinem Spesenkonto unter »Verschiedenes« führte.

Als der Anwalt den Richter am Obersten Bundesgericht um einen persönlichen Rat bat, weil er doch »den Gipfel richterlicher Würde erreicht« habe, unterbrach ihn der alte Richter: »Zunächst muß ich Ihnen erklären, was das heißt, junger Mann. Der Gipfel richterlicher Würde ist die Fähigkeit, einem Anwalt zwei Stunden lang unverwandt in die Augen zu sehen und dabei nicht ein Wort von dem zu hören, was er sagt.«

Ein alter Richter antwortete einem jungen, ehrgeizigen Kollegen: Wissen Sie, ein guter Richter braucht ein vorzügliches Urteilsvermögen, Gerechtigkeitssinn und eine verdammt gute Blase.

Als ich an der Stoppstraße hielt, bekam ich von hinten einen kräftigen Stoß. Zu meiner Erleichterung fand ich an meinem Wagen nur eine leichte Delle. Ich notierte mir den Namen und die Nummer des Wagens der alten Dame, worauf sie mir sagte: »Sie sind so ruhig und zuvorkommend. Die meisten Männer, die ich sonst anfahre, werden immer gleich ausfallend.«

Herr Richter, ich weiß, daß die Anklage lautet, ich sei in der Einbahnstraße in falscher Richtung gefahren. Ich werde jetzt die Wahrheit sagen, wenn Sie mir auch nicht glauben werden. Also meine Frau hat gesagt: »Hier einbiegen!« Und da bin ich eingebogen.

Während meines Dienstes machte uns ein Anrufer darauf aufmerksam, daß auf dem Fußballplatz ein Mann unberechtigterweise Bier verkaufe. Ich ging auf den Sportplatz und fragte den Betreffenden, ob er das Bier wirklich verkaufe. Mit einer Unschuldsmiene erwiderte er: »Ach wo, Herr Wachtmeister, ich verschenke es bloß.« Da habe ich ihm gesagt, daß es von ihm sehr nett sei, und daß ich ihm ein wenig helfen werde! Und in weniger als fünf Minuten habe ich dann sieben Kästen Bier gratis verteilt.

Ich war eben dabei, einen Strafzettel wegen unerlaubten Parkens auszuschreiben, als der Wageninhaber, ein ausländischer Student, mit seinen beiden Landsleuten erschien und in gebrochenem Deutsch so leidenschaftlich seine Unwissenheit beteuerte, daß ich schon von dem Strafmandat ablassen wollte, als mein Blick auf ein Buch über »Magnetohydrodynamik« fiel. Da hab ich meinen Zettel zu Ende geschrieben und gesagt: »Ich weiß nicht, was das bedeutet, aber wenn Sie es wissen, wissen Sie auch, was ›Parken verboten‹ heißt.«

Die alte Dame wurde wegen Mißachtung des Stoppzeichens angeklagt. Der junge Richter erklärte, daß sie in ihrem Alter hinter dem Lenkrad überhaupt nichts zu suchen habe. Sie habe doch ganz offenbar schlechte Augen. Die alte Dame nahm das Nähzeug aus ihrem Beutel, fädelte auf Anhieb eine Nadel ein und reichte sie dem Richter mit den Worten: »Und jetzt Sie!«

Herr Richter, die Strafe verdiene ich nicht, aber ich habe Arthritis, und die verdiene ich auch nicht.

Hermann aus N., der nach Angaben der Polizei seit zehn Jahren eine achtköpfige Familie in N. und eine zweite in H. unterhält, wurde heute als Nichtstuer abgeurteilt.

Den Mann haben wir gefunden, er heißt Franz W. und war schon früher mit der Gaby in anderen Umständen.

»Weshalb sind Sie zu spät gekommen, wann haben Sie die Ladung erhalten?« wandte sich der Richter an die zu spät erschienene Zeugin.
»Ich glaube, so um Weihnachten, Herr Richter!«
»Sie haben mich mißverstanden, ich meinte die Vorladung!«
»Ach so, das konnte bereits am Nikolaustag auf der Hintertreppe gewesen sein, Herr Richter!«

Das rechte Bein hat Valerian Z. nur, damit er nicht umfällt.

Die Blicke von Johannes D. auf die Zeugin Renate B. waren bei der Konfrontation deutlich mörderisch.

»Herr Zeuge, haben Sie irgendeine Unterhaltspflicht?»
»Ich habe einen Hund und eine Katze, Herr Vorsitzender, aber die ernährt mir meine Wirtin.«

Er konnte sich mit der Klägerin kein Intimverhältnis erlauben, da in dem Familienhäuschen der Zeuge wohnt.

Durch Untersuchen des Liegenden habe ich festgestellt, daß er in der Geldtasche noch vier Hunderter hatte, die mir gerade recht kamen.

»Die beste Lösung wäre, wenn Sie zu Ihrer Frau wieder zurückkehrten.«
»Ich verstehe, ich verstehe ... aber vielleicht werden Sie auch eine schlimmere Lösung finden können.«

Sehr geehrter Herr Rechtsanwalt! Mein Mann ist Briefträger in unserem Ort, aber man intrigiert gegen ihn, und er fürchtet, seinen Posten zu verlieren. Könnten Sie uns einen Rat geben? Rosamunde A.

Sehr geehrte Frau A. Ich habe Ihren Brief vom 17. 5. erhalten. Sagen Sie Ihrem Mann, er möge mir ausführlich über die Sache schreiben. Ich werde dann sehen, was sich tun läßt. Rechtsanwalt G.

Sehr geehrter Herr Rechtsanwalt! Wenn mein Mann schreiben könnte, hätte er keine Angst, seinen Posten zu verlieren. Rosamunde A.

Jawohl, Herr Richter, und mein Verteidiger ist noch viel mehr meiner Meinung.

Ein Fremder hatte den Weg verloren und hielt an, um einen Polizisten zu fragen. Nehmen Sie die erste Straße links. Sie werden feststellen, daß Sie eine Einbahnstraße in der falschen Richtung befahren, aber das braucht Sie nicht zu stören – das tun Sie jetzt auch.

»Herr Rechtsanwalt«, sagte die sehr attraktive Frau Veronika B., »mein Mann hat immer gesagt, alles, was er auf dieser Welt besitze, gehöre mir. Und jetzt will ich's auch haben!«

Als mir der Autofahrer seine Verwarnungsgebühr unwirsch bezahlte, fragte er mich brummig, was er mit der Quittung machen solle. Da habe ich ihm erwidert, er soll sie nur gut aufheben, und wenn er zehn davon beisammen habe, bekäme er ein Fahrrad.

Als man die Bankkassiererin bei dem Verhör fragte, wieso sie nicht gemerkt habe, daß der Fälscher doch innerhalb von zwei Wochen sechs gefälschte Schecks eingelöst hatte, sagte sie: »Er kam mir so bekannt vor.«

Auch was, Herr Richter! Gar nichts weiß er, nicht einmal ein Ignorant ist er.

Fahndungsmeldung der Oberstaatsanwaltschaft Zweibrücken: Gesucht: Max Ernst, genannt Male Maxl, geboren am 8. 3. 1931 in Oppeln. Beschreibung: ca. 35 bis 38 Jahre alt …

Nachdem die Scheidung des alten Ehepaares mit dem Hinweis verkündet worden war, daß der geschiedene Ehemann sich vor Ablauf von sechs Monaten nicht wieder verheiraten dürfe, meinte der achtundsiebzigjährige Herbert D.: »Aber ein wenig umtun werde ich mich doch, Herr Richter.«

Polizeibericht: Der Polizeiobermeister Eugen H. kletterte dem Mann nach, der hoch oben auf einem Eisenträger der Rheinbrücke saß und konnte ihn schließlich dazu bewegen, mit ihm hinunterzusteigen. Als er den Mann fragte, weswegen er es getan hätte, gab ihm dieser zur Antwort: »Weil ich dafür bezahlt werde, verdammt noch mal. Ich bin Inspektor beim Brückenbauamt.«

Wenn ich zu Ihnen spreche, Herr Richter, möchte ich etwas sagen.

Ich weiß nicht, wie ich das zahlen soll. Alles, was mir nach Abzug der Unterhaltsgelder und Steuern übrigbleibt, ist sie.

Zu dem Totalschaden kam es wie folgt: Ich hielt an der Autobahn, da ich Batterieschaden hatte. Neben mir hielt Frau Maria K. an, die sich bereit erklärte, mich mit ihrem Wagen anzuschieben. Da mein Wagen jedoch ein automatisches Getriebe hatte, sagte ich ihr, sie müsse bis auf über fünfzig Kilometer kommen, sonst spränge der Wagen nicht an. Sie nickte mir zu, daß sie verstanden habe und ging. Ich setzte mich ans Steuer und wartete und wartete. Schließlich wandte ich mich um, um nach ihr zu sehen. Sie war auch hinter mir – und brauste mit fünfzig auf mich zu. Ich konnte gerade noch aus dem Wagen springen und mich in den Graben fallen lassen.

Im Jahre 1936 verließ Manfred seine erste Frau. 1939 nahm er seine zweite, ohne von der ersten geschieden zu sein. 1947 gab seine erste Frau dann endlich nach, und die Ehe wurde geschieden. 1952 heiratete er ein drittes Mal. Seine letzte Frau klagte vor Gericht, daß er von der zweiten Frau nicht geschieden worden ist, daß er also ein Bigamist sei. Das Gericht urteilte: Die erste Ehe ist durch die Scheidung beendet worden. Die zweite Ehe vor dieser Scheidung geschlossen und war also nichtig, weil er zu dieser Zeit bereits verheiratet war. Die Sache ist jedoch zu lange her, als daß sie heute noch verfolgt werden könnte. Da die zweite Ehe nichtig war, rechtlich also nicht bestand, beging Manfred kein Verbrechen, als er, ein lediger Mann zum drittenmal heiratete. Manfred wurde freigesprochen.

Ein Polizist mit einem Strafzettel in der Hand sagte zu mir: »Wegen unerlaubten Parkens gebe ich Ihnen einen Strafzettel von 20 Mark. Ich schreibe das Datum vom Montag, weil ich Ihnen das Wochenende nicht verderben will.«

Der Angeklagte Robert H. treibt sich in Gasthäusern herum, wo er mit Bürgern von zweifelhaftem Ruf verkehrt, meistens mit örtlichen Potentaten.

Betrunken war ich nicht. Das Bier hat auf mich nicht gewirkt, nur die Blasen davon stiegen mir in den Kopf.

Herr Richter, ich habe nicht rechtzeitig gebremst, und so kam es, daß ich den Kläger gerammt habe, welcher grundlos bremste. Danach sprang er aus dem Wagen und machte mit seiner Polaroidkamera Aufnahmen beider Autos aus verschiedenen Blickwinkeln. Dann holte er sein Tonbandgerät heraus und diktierte: »Hier spricht … Es ist Freitag, den 17. September, 16.24 Uhr. Ich befinde mich auf der Südwestschnellstraße. Auf meinen Wagen ist soeben ein anderer aufgefahren, gesteuert von …« Und dabei übergab er mir das Mikrophon. Da dachte ich mir: »Ach, du heiliger Bimbam, ich habe James Bond gerammt!«

Kurz vor der Fahrprüfung sagte Frau Ingeborg T. zu dem Prüfungskommissar: Könnten Sie nicht auf die Fahrprüfung verzichten? Ich will den Führerschein sowieso nur herumzeigen.

Der Beschuldigte Roman L. konsumiert übermäßig Alkohol, und aus diesem Grund macht er oft Feierschichten. Er hat Neigungen zu Ausschreitungen, die Familie vernachlässigt er, die Frau und Kinder schlägt er, und bei den Nachbarn ist er unbeliebt. Sonst führt er das ordentliche Leben eines Schaffenden.

Der hier erschienene Show-Transvestit war ein netter Herr mit Plastikbusen.

Der Sexualunterricht war nicht an besondere Räumlichkeiten und auf keinen Fall an das Vorhandensein von Werkbänken gebunden.

So war es schon immer, Herr Gerichtsrat. Er erlaubt sich, bis in die späten Abendstunden luxuriös zu sitzen, wobei er dem ganzen Haus die Nerven ramponiert.

Von seinem Klassenbewußtsein wischte den Blütenstaub die zehnjährige Tätigkeit bei der Gemeinde ab.

Als sie mir das Wasser ins Gesicht schüttete, sagte ich ihr ganz anständig, daß sie eine gemeine Sau ist ...

Der Landwirt Jeremias H. ersucht die Hohe Behörde um Bewilligung zum Umbau des Schweinestalles in ein Wohnzimmer.

Aus der Ehe des Angeklagten stammen drei unmündige Kinder, von denen der älteste Sohn schon mündig ist, der kleinste drei Monate alt und besucht den Kindergarten, und die mittleren sind zufälligerweise Zwillinge, diesmal Mädchen.

Beide Lehrlinge wurden ertappt, als sie sich in der Kirche bemühten, der Kasse das Geld zu entlocken.

Dem Verdächtigen ließ ich das Blut telefonisch abnehmen.

Ich habe zwei Brüder, den Karl und Annemarie, ich berichtige, der zweite ist eine Schwester.

Er gehört zu den Menschen, die man erst näher kennen muß, bevor man sie gräßlich findet.

Als die herbeigerufene Polizeistreife die Schlägerei bei dem Tanzabend schlichten wollte, hat der Urheber der Auseinandersetzung, ein stämmiger junger Bursche, kurzerhand beide Polizisten auf die Straße gesetzt. Daraufhin ging der Polizeikommissar allein in das Lokal und kurze Zeit später kam er samt dem Störenfried heraus. Auf die erstaunte Frage, der verdutzten Polizisten, wie er das gemacht habe, antwortete er: »Ganz einfach. Ich habe ihn überredet, auch Polizist zu werden.«

»Angeklagter, ich verurteile Sie wegen Beamtenbeleidigung zu 5 000 Mark. Haben Sie noch etwas zu sagen?«
»Natürlich. Aber bei Ihren Tarifen halte ich wohl besser den Mund.«

Die Arbeitsmoral des Friedrich M. ist nicht besonders. Zur Arbeit kommt er in der Regel verspätet so gegen 10 Uhr Vormittag. Als Entschuldigung gibt er an, daß sein Hund den Wecker gebissen habe. Er trinkt oft alkoholische Getränke.

Ich verlange Haftentlassung, da ich die ernste Befürchtung habe, daß sich mein Charakter verschlechtert, wenn ich mich in ständiger Gesellschaft mit Dieben und anderen Individuen befinde.

Ein noch nicht identifizierter Schamverletzer belästigte am Samstag gegen 4.30 Uhr auf der Berliner Promenade eine 66jährige Frau. Der Täter ist ca. 10 cm groß und schlank; er trägt schwarzes Haar und war zur Tatzeit mit einem hellgrauen Anzug bekleidet.

Wenn Sie mich so direkt fragen, Herr Richter, weswegen ich mich von meiner Frau viermal scheiden ließ und sie wieder heiratete, so muß ich sagen, daß es wegen der Hochzeitsnacht ist.

Bei der Flucht im Wagen des Vollziehungsbeamten geriet das Flugzeug ins Schleudern und landete im Straßengraben.

Der betrunkene Emil K. schlug mit der Faust auf das entgegenkommende Auto aus Gründen der Unkenntnis der Straßenverkehrsordnung.

Der Schuldner Markus I. ist in körperlichen Sachen pfandlos.

Sie lachen mich aus, daß ich so laut denke, aber ich kontrolliere nur vorher, damit ich nicht etwas verschwätze.

Der Täter lag zwischen den Stühlen hinter dem Bühnenvorhang in eine Decke gehüllt und imitierte einen laufenden Ventilator.

Bei dieser Elefantenmenge von Alkohol konnte es nicht überraschen, daß er eines schönen Tages tot auf der Kegelbahn aufwachte.

Die Fasanenjagd unterscheidet sich von den anderen dadurch, daß sie ausschließlich Fasanen betrifft, aber sie entbindet nicht von der Verpflichtung zur Vorsicht gegenüber der Fußgänger, die sich am Boden bewegen.

Aus einer Seitenstraße stürzte ein Motorradfahrer mit ca. 40 km Geschwindigkeit heraus, und mein Wagen hat sich an ihm die Nebellampen zerschlagen.

Der Polizist an der Kreuzung hat die Fahrerin angehalten und sagte streng: »Verehrte Frau, die Kreuzung ist doch gesperrt!«
»Aber, Herr Wachtmeister, ich habe keine rote Ampel gesehen«, beteuerte sie wahrheitsgemäß.
»Rote Ampel?« dröhnte er und richtete sich zu seiner vollen Größe auf. »Verehrte Frau, die rote Ampel bin ich!«

Der Vorgeführte lehnte es ab, seine Initialen anzugeben, wurde aber später als Armin K. festgestellt (indifiziert).

... Da sich der Gegner Karl Q. nach Erhalt meines Antrages aufgehängt hat, nehme ich meinen Antrag zurück und danke Ihnen für Ihre Mitarbeit.

Der wegen schwerer Körperverletzung angeklagte Oskar H. bestellte in dem Restaurant ein echtes ungarisches Gulasch. Als er es aß, hat ihn der Geschädigte Hubert N. ständig provoziert, besonders dadurch, daß er mit dem Finger im Gulasch rührte, wodurch es dann zu der Schlägerei mit Folgen kam.

Ich gebe zu, daß die Klägerin sehr mißtrauisch war. Bevor sie einwilligte, für eine Minute heraufzukommen, mußte ich versprechen, sie morgens heimzubringen.

»Angeklagter, wie aus Ihren Akten zu ersehen ist, haben Sie schon mehrere Vorstrafen!«
»Sehen Sie, Herr Richter, so ungerecht ist die Welt. Das steht drin – aber daß ich schon wiederholt freigesprochen wurde, hat niemand erwähnt.

Das Gericht kam zu dem Beschluß, daß eine Zunge auch dann als herausgestreckt anzusehen ist, wenn die Zungenspitze hinter der Unterlippe versteckt ist.

Das Gericht ist zu dem Ergebnis gekommen, daß Abraham L. alle Hemmungen verloren hat und in demolierender Absicht die Straftat begangen hat.

Mit ihrer Nachbarin Frau Isolde B. störte Emma K. in der gegenüberliegenden Schule den Unterricht, und zwar durch das Pusten von Seifenblasen.

Der angetrunkene Bernhard M. verlangte um gefällige Einlieferung auf die Ernüchterungsstation. Die Einlieferung in seine Wohnung lehnte er aus Ehegründen kategorisch ab.

Zu der Schlägerei am Grab des Verstorbenen kam es kurz nach dem Erklingen der ersten Töne ›Auf der grünen Heide‹ dadurch, daß Thekla R. aufgeschrien hatte: »Ja, Gott, dort war es zum erstenmal!« – ohne sich in ihrem tiefen Schmerz bewußt zu sein, daß neben ihr die rechtmäßige Ehefrau des Verstorbenen steht, die durch die Trauer noch nicht ganz außer sich war.

Gerichtsverhandlung wegen unerlaubter Schnapsbrennerei. Der Gerichtsvorsitzende an die Beisitzer gewandt: »Hat noch jemand eine Frage?«
»Bitte, ich möchte nur wissen, wie lange der Angeklagte die Masse kochen ließ?«

Ich stieg aus dem Zug, aber es war kein Bahnhof da. Als ich über die Drähte stolperte und die Böschung bis zum Ufer herunterfiel, so war es auf der anderen Seite.

Herr Staatsanwalt, ich will Ihnen hier nur sagen, daß ich zu der Polizei überhaupt kein Vertrauen habe, zu Ihnen vorläufig ja, aber wenn Sie mich enttäuschen, womit ich im voraus rechne, dann bleibt vielleicht nur eins übrig, daß es einmal jeden so oder so ähnlich erwischt. Das gehört aber nicht hierher, deswegen entschuldigen Sie mich, aber vorläufig bedanke ich mich.

Zu der Art des durchgeführten Einbruchs führte Nikolaus D. auf, daß er zwei Jahre in Saudiarabien war.

Fortwährend konnte man den Schinken nicht stehlen, einerseits ging es nicht immer zu machen und dann war auch nicht immer der Appetit auf den Schinken da.

In der Linsensuppe war keine einzige Linse. Die Serviererin hat mir gesagt, daß sie wahrscheinlich schon alle aus dem Kessel herausgenommen worden sind und daß sie keine zaubern kann. Als ich um Ersatz ersuchte, hat sie das nicht nur abgelehnt, sie hat mich auch gröblichst beschimpft, und dann konnte ich mich nicht mehr halten.

In dem Restaurant »Zum wilden Kaiser« habe ich mir Leber, englische Art, bestellt, überging die Tatsache, daß sie DM 23,80 kostete, wenn es sich auch um ein Restaurant der III. Preisklasse handelte und sie nicht englisch waren. Furchtbar aufgeregt hat es mich, daß statt der reichlichen Beilage auf der Platte nur ein Stückchen Möhre, ein Ring Zwiebel und ein Spritzer Senf waren. Zum Kochen brachte mich aber erst die Bemerkung des Kellners, der mir riet, meine Augen an den anderen Tischen zu erfreuen. Für DM 23,80 lasse ich mich doch nicht von so einem Pinkel verschaukeln, und so ließ ich meine Faust sich an ihm erfreuen.

Bei der Ausübung der Tat versuchte ich alle Vorschriften und Gesetze zu respektieren.

Als schwerwiegend betrachte ich das Handeln des Nachbarn Harald V. am 23. d. Mts., als er um 14.20 Uhr den Hundekot in Form eines harten Zapfens ans Fenster warf und polternd Einlaß begehrte.

Herr Richter, Ihre Behauptung, daß man mich nach jedem Einbruch sowieso ergreifen wird, halte ich für ein bißchen übertrieben.

Ich besuchte die Gaststätte »Zur Försterliesel«, wo ich eine unfeststellbare Menge Bier konsumierte.

Ich habe den Kellner auf die Fliege in der Suppe aufmerksam gemacht und verlangte Ersatz. Er diskutierte aber laut darüber und erbot sich ironisch, die Fliege herauszuziehen. Darauf konnte ich aus ethischen, ästhetischen und gesundheitlichen Gründen nicht eingehen, habe die Suppe bezahlt und anschließend den Kellner geerdet.

Ergänzend möchte ich noch dem Hohen Gericht mitteilen, daß ich Rheumatismus und ein Kind von 2½ Jahren habe, das auf die Feuchtigkeit zurückzuführen ist.

Einen Leumund besitzt Alfred K. überhaupt nicht. Deswegen hat er der ledigen Katharina W. ein Kind zugefertigt.

»Angeklagter, geben Sie zu, dem Zeugen auf den Kopf geschlagen zu haben?«
»Ja, Herr Richter, aber die krummen Beine hatte er schon vorher.«

Also, Herr Gerichtshof, erst hat er mir eine Gurke vor die Birne geworfen ... Daraufhin habe ich ihm in die Fresse geschlagen ... und dann habe ich ihm in den A..., verzeihen Sie, Herr Gerichtshof, wie heißt Arsch auf gerichtlich?

Karl-Heinz B. war bei mir als Unternehmensberater gewesen und hat mir zugesichert, daß er wieder Leben in meinen Laden bringt. Und was ist passiert? Fünf Sekretärinnen sind schwanger, Herr Vorsitzender!

Nach wilder Verfolgungsfahrt haben wir den Pkw-Fahrer gestoppt und ich habe zu ihm, seine Fahne bemerkend gesagt: »Sie hätten Ihre Frau fahren lassen sollen!« Worauf mir dieser lallend antwortete: »O nein, ich bin vielleicht besoffen, aber nicht verrückt.«

Ich habe den Wachtmeister angehalten und gesagt: »Dieser Unhold hat mich behandelt, als sei ich eine Dirne! Er blinzelte mir zu, machte mir eindeutige Angebote – und schließlich bot er mir sogar Geld!« Darauf blickte der Wachtmeister den Mann nur strafend an und sagte: »Mann, verstehen Sie denn nicht? – Die Dame will kein Geld!«

Ich mußte zehn Minuten klingeln und klopfen, ehe meine Frau mir öffnete, und siehe da, wer war bei ihr? Der Schornsteinfeger, und zwar waren die beiden an einer Stelle im Haus, wo der Schornsteinfeger eigentlich nicht zu fegen hat.

Ich war furchtbar aufgeregt und sagte zu dem Wachtmeister: »Ein Mann wollte mich im Park vergewaltigen. Helfen Sie doch schnell, ihn zu finden.« Darauf sagte mir der Wachtmeister ruhig: »Aber liebe Frau, muß es denn unbedingt derselbe sein?«

»Angeklagte, erklären Sie mir bitte, warum Sie Ihren Mann bewußtlos geschlagen haben.« »Herr Richter, ich habe ihn ausgesperrt, weil er betrunken nach Hause gekommen ist, und er hat dann unaufhörlich gegen die Tür gedonnert und gerufen, wetten, daß du mich einläßt, wenn du weißt, womit ich anklopfe. Und dann bin ich sofort nach unten gelaufen, um ihm die Tür aufzumachen; und da hat er mir eine Schachtel Pralinen überreicht!«

Klägerin, erklären Sie dem Gericht, warum Sie sich von Ihrem Mann scheiden lassen wollen. »Es ist mir peinlich, Herr Vorsitzender, das hier vor diesen Zuhörern auseinanderzusetzen, aber ich will es gern aufschreiben.« Der Gerichtsschreiber überreicht der Klägerin Papier und Füller, sie will schreiben, aber der Füllfederhalter ist leer. Sie gibt ihn dem Gerichtsschreiber zurück mit den Worten: »Das ist der Grund, Herr Vorsitzender!«

Tathergang: Auf dem Markt hatte der Porzellanhändler B. seinen Stand genau in der Mitte zwischen zwei Bauernständen aufgestellt. Der Bauer Innozenz G. hatte eine Ziege zu verkaufen, der Bauer Jakob Sch. einen Bock. Ziege und Bock fühlten sich zueinander hingezogen und trafen sich mitten im Porzellanladen. Sachschaden 60 Mark! Urteil: Der Besitzer der Ziege Innozenz G. hatte DM 40 zu bezahlen, der Besitzer des Bocks Jakob Sch. nur DM 20. Begründung: Der Bock stand nur mit zwei Beinen im Porzellanladen.

Als Ebner den Neusser Schirrbach unglücklich traf, suchte dieser sechs seiner Zähne auf dem Eis. Der einzige Trost dürfte gewesen sein, daß es sowieso künstliche waren.

Darf man einem ordentlich gekleideten Mann, der nach kleinem Blechschaden zugibt, er habe zwei oder drei Glas Frankenwein getrunken, seinen Führerschein wegnehmen? Auch wenn er sich ausweisen kann? Und eine feste Adresse hat?

Jeder hat inzwischen gemerkt, daß die Tage kürzer und die Bremswege länger werden.

Die Alimente, welche mir von dem geschätzten Gericht festgesetzt wurden, betrachte ich als unverhältnismäßig hoch, da ich nach der Scheidung, wie man so sagt, die Krippe zu hoch hängen habe.

Ein Arbeitswille bei Nikolaus T. war während der verflossenen fünf Jahre nicht vorhanden, da er mit irgendeiner Begründung jede Arbeit ablehnte, weswegen er sie nicht verrichten kann, so daß man bei der Beratung mit dem Direktor Abstand genommen hat, ihm wegen Zeitverlust weitere Arbeit zu vermitteln.

Als ich den hier Angeklagten zufällig auf der Geburtstagsparty bei meiner Freundin traf, fragte er mich: »Sagen Sie mal, haben wir uns nicht schon einmal getroffen?«
»Richtig«, habe ich geantwortet, »der Treffer wird in diesem Jahr eingeschult«, und reichte gleich die Klage wegen Alimentenzahlung ein.

Herr Richter, daß meine Frau im Bett raucht, wäre sicherlich kein Scheidungsgrund, aber sie benutzt immer meine Ohren als Aschenbecher.

Knapp zwei Stunden später raubten drei weiße Täter, darunter ein Farbiger, am Knochenbrunnenplatz den Indonesier aus Holland aus.

Die Polizisten, die den Unfall aufnahmen, bekamen von meiner Verlobten alles gezeigt, was sie sehen wollten.

Hier möchte ich mir gestatten, Ihnen meinen Sohn Detlef als Unfall zu melden.

Der Brandschaden ist vermutlich durch das achtlose Wegwerfen eines Straßenpassanten entstanden.

An der Kreuzung hatte ich einen unvorhergesehenen Anfall von Farbenblindheit.

Heute schreibe ich zum ersten und letzten Mal. Wenn Sie dann nicht antworten, schreibe ich gleich wieder.

Im gesetzlich zulässigen Höchsttempo kollidierte ich mit einer unvorschriftsmäßigen Biene in der entgegengesetzten Richtung.

Als mir mein Freund eröffnet hatte, daß er eine andere hätte und den mir geschenkten Schmuck zurückverlangte, da habe ich ihm gesagt: »Also gut, wir wollen einen Kompromiß schließen. Ich werde dir den Schmuck nicht zurückgeben – ich werde ihn aber auch nicht behalten, sondern ich bin für klare Lösungen, wir verkaufen ihn und teilen das Geld.«

»Gnädige Frau«, sagte der Rechtsanwalt und Notar zu der Witwe, »in dem Testament Ihres verstorbenen Mannes ist unmißverständlich geschrieben: sein Vermögen vermacht er dem anatomischen Institut und Ihnen hinterläßt er sein Gehirn.«

Als ich durch starkes Bremsen den Zusammenstoß verhinderte und aus dem Wagen stieg, um den anderen Fahrer zur Rede zu stellen, sagte er zu mir: »Mein lieber Herr, Vorfahrt ist nichts, was man hat; es ist etwas, das einem jemand läßt. Tut er's nicht, hat man sie nicht.«

Eines werde ich Ihnen sagen, Herr Richter, wer die zur Freundin hat, braucht keine Feinde mehr.

»Also Herr Krügemann, ich würde Ihre Verteidigung übernehmen«, sagte der Rechtsanwalt, »aber haben Sie auch Geld?«
»Das nicht, aber einen neuen 450 Mercedes.«
»Und was wird Ihnen vorgeworfen?«
»Autodiebstahl!«

Wie die Polizei ermittelte, hat der Mann ohne Zähne, Otwin S., den Mord an seiner Frau begangen, da sie ihm wiederholt zum Essen Koteletts gab, die er nicht kauen konnte.

Als ich den Fahrer angehalten habe und ihn fragte, ob er das Schild mit der Geschwindigkeitsbegrenzung nicht gelesen hat, gab er mir kopfschüttelnd zur Antwort: »Was denn, lesen? Bei dem Tempo?«

Als die Inspektion ins Gefängnis kam, fragte der Amtmann den ihm bekannten Rezidivisten: »Nu, Wondratschek, werden Sie hier gut behandelt?« »Ja, Gott, so weit bin ich ganz zufrieden. Nur der Vertrauensmangel ist so kränkend – nicht mal einen Zellenschlüssel kriegt man …«

Richter: »Also Sie kennen weder den Namen, noch die Haarfarbe oder Angewohnheiten des Kindsvaters. Hatte er vielleicht ein Auto?«
»Aber sicher, Herr Richter, darin ist es doch passiert!«
»Na, und wie war die Nummer?«
»Mein Gott, Herr Richter, nichts besonderes ...!«

Seit der Trennung von meiner Frau wird jeder notwendige Verkehr durch unseren Rechtsanwalt erledigt.

Wir verfolgten die Angeklagte Roselinde H. wegen überhöhter Geschwindigkeit bis zu der Tankstelleneinfahrt, wo sie anhielt und mit einem Satz in der Damen-Toilette verschwand. Als sie herauskam, sagte sie uns lächelnd: »Sie haben wohl auch geglaubt, ich schaffe es nicht mehr?!«

Als ich den Autofahrer wegen Zick-Zack-Fahren angehalten habe und ihn aufforderte zu pusten, sagte er zu mir: »Gern, wo tut's Ihnen denn weh, Herr Wachtmeister?«

Als ich an die Kreuzung kam, erhob sich ein Zaun, um meine freie Sicht zu hindern.

Ja, Herr Richter, ich weiß, was ich als Zeuge bekomme, wenn ich einen Meineid leiste. Ich soll von dem Angeklagten 1 000 Mark kriegen.

»Angeklagter, Sie behaupten also, daß Sie keine Wilddieberei begangen haben? Und warum sind Sie weggelaufen, als Sie den Forstbeamten erblickt haben?«
»Ich habe gefürchtet, Herr Gerichtsrat, daß er mir Karten für den Försterball andrehen wird.«

Nachdem die Polizei den Unfallwagen ausfindig gemacht hatte, ließ sie ihm eine Blutprobe entnehmen. Die Beamten vermuteten, daß er angetrunken war.

Der Fahrer fuhr vorne in meinen Salon. Während der Reparaturzeit war ich nur beschränkt tätig. Ich konnte meine Kunden nur noch hinten rasieren und schneiden.

Ich hatte um Stundung der Versicherungsprämien gebeten. Seit mein Mann gestorben ist, fällt es mir ohnehin schwer, mein kleines Milchgeschäft hochzuhalten.

Ein Fußgänger rannte in mich und verschwand wortlos unter meinem Wagen.

Der Kraftsachverständige war völlig ungehalten, als er auf mein Vorderteil blickte.

Ich überfuhr einen Mann. Er gab seine Schuld zu, da ihm das schon einmal passiert war.

Ich habe noch nie Fahrerflucht begangen; im Gegenteil, ich mußte immer weggetragen werden.

Das Polizeiauto gab mir ein Signal zum Anhalten. Ich fand einen Brückenpfeiler.

Herr Vorsitzender, ich habe es gern, wenn man Spaß macht. Ich zum Beispiel gehe und sage meinetwegen zu irgendeinem jungen Mann: »Servus Onkel!« Und der haut mir eine runter.

Sein Hund hat mich gebissen, als ich aus Spaß Glühbirnen mit Steinen auf dem Schwimmbeckenboden zerschlug. Ich bin fest davon überzeugt, daß er ihn absichtlich auf mich hetzte, da der Hund dressiert ist, und er soll sich nicht ausreden, daß nicht mal ein Hund so eine Lumperei verträgt, wenn das doch nur ein Tier ist.

Von uns aus ist bei Ihnen nur die Treppe zu sehen und dann nur bis zur Rockhöhe, von denen dort mehrere verkehren und das doch nur dann, wenn sie nicht zu Hause ist. Daher ist es fraglich, ob es für ihren Ruf oder aber hauptsächlich für ihn selbst tragbar ist.

Vom Pkw aufwärts weiche ich allem aus, aber ein Motorrad übersehe ich hin und wieder, und deswegen blieb ich jetzt auch ziemlich bettlägerig.

Immer wenn ich es geschafft habe, eine Arbeit zu finden und die Kinder einen Vater, befand ich mich plötzlich in anderen Umständen.

Der Mann stürzte sich barfuß in die Gaststätte, benahm sich laut und schüttelte sich wie ein Dackel, so daß er den Grog über die Gäste verschüttete.

Bei den Diebstählen stand Werner K. Schmiere, arbeitete als Kulissenschieber und Dekorateur.

Es ist bekannt, daß Willibald G. nach einem Alkoholgenuß Kletterversuche nach oben unternahm, was in der Regel immer mein Fenster war.

In der Nähe der Grenze wurde der heimatlose Fabian T. ohne gültigen Personalausweis festgehalten. Bei einer Leibesvisitation wurde bei ihm eine größere Menge Nahrungsmittel gefunden, sogenannte Buchteln. Der Sachverständige hat sich geäußert, daß die Füllung aus Mohn besteht, was, wie bekannt, ein Rohstoff zur Herstellung von Opium ist.

Ich bleibe bei meiner Aussage, daß ich von dem Schwachsinnigen Ferdinand H. vergewaltigt worden bin. Daß er schwachsinnig ist, erkannte ich daran, weil ich ihm auch noch zeigen mußte, wie man es macht.

Hohes Gericht, versuchen Sie es, meiner Frau die Geschichten zu erklären und ihr die reine Wahrheit von den vier unehelichen Kindern zu sagen. Ich habe doch damals bei der Übung die Ehre der ganzen Kompanie gerettet.

In hohem Tempo näherte sich mir eine Telegrafenstange. Ich schlug Zickzack-Kurs ein, aber dennoch traf mich die Telegrafenstange am Kühler.

Ich fuhr rückwärts und konnte daher nicht nach vorne sehen, als der LKW von rechts kam und links in meine Seite fuhr.

Ich entfernte mich vom Straßenrand, warf einen Blick auf meine Schwiegermutter und fuhr die Böschung hinunter.

Das andere Auto war absolut unsicher, und dann verschwand es wieder.

Sagen Sie Frau Herzog, Ihr Mann kann doch nicht so schlecht sein, wie Sie ihn hier schildern. Als Sie ihn geheiratet haben, mußte er doch etwas Positives haben, etwas, was Sie angezogen hat...«
»Ja, Herr Richter, das haben wir aber schon längst verpulvert.«

Nach der rechtskräftigen Scheidung kam mein früherer Ehemann Jakob unerwartet zurück und hat gestanden, daß er bei mir täglich ein warmes Abendessen hatte, wogegen bei der anderen nur das Bett.

Der Täter sprach perfekt das bayerische Dialekt und zeitweilig blinzelte er mit dem rechten Auge.

Nach Ankunft an der Unfallstelle wurde festgestellt, daß die Fahrer sich gegenseitig mit Steinen und verschiedenen Abfällen bewarfen. Die Ehefrauen saßen am Waldrand und strickten.

Darauf hat mir der Mann etwas gesagt. Was es war, daran kann ich mich nicht erinnern, was mich sehr aufgeregt hat; und so fing ich an, ihm auf den Kopf zu schlagen, respektiver auf das Maul.

Ich schlug ihn mit der Hand auf den Kopf, irgendwo über das Ohr. Es ist mir nicht besonders gelungen, ihn zu schlagen, ich habe ihn nicht getroffen ... ich habe mich im Leben nicht mit der linken Hand geschlagen, nur mit der rechten ...

Daß der Beschuldigte im kritischen Moment betrunken war, haben wir daraus entnommen, als er schrie, daß er keine Angst vor seiner Frau habe.

Es war mir nicht bekannt, daß er das Geld für die Alkoholika für Schmiergeld gestohlen hat. Ich habe angenommen, daß es aus dem Budget für kulturelle und soziale Bedürfnisse entnommen worden ist.

Peter N. drang mit Gewalt in den Pkw des Alois H., startete ihn und dann lenkte ihn Otto B. und Anneliese K fuhr mit, die sich mit Peter N. konnte.

Seine Leidenschaft waren Karten, aber keinesfalls vielleicht der Spielteufel, was normal wäre, sondern Evidenzkarten. Und sein Hobby war diese Ramona. Nu, ein erbärmlicher Wicht und kein Mann, Herr Richter.

Da waren immer lauter Hantel in der Scheune, Bruno K. wollte, daß man ihn »Batman« nennt, das hörte aber gleich auf, wenn man angefangen hat, von Holzhacken oder Geschirrspülen zu reden.

Als ich dem Herrn den Sachgegenstand der Garantie und die Garantiezeit erklärte, geriet er in Raserei und fing an pöbelhaft zu schreien. Zu der Frage, ob in dem Supermarkt die anwesende Öffentlichkeit es verurteilte, muß ich zugeben, daß es nicht besonders war, eher das Gegenteil.

Rosi B. war immer mit einem großen Ausschnitt ausgelegt, an den Händen gestützt, die darunter gekreuzt waren, wodurch sie den raffinierten Eindruck entstehen ließ von Überfüllung dieses Ausschnittes; und darauf bin ich reingeflogen.

Der Beschuldigte Julius K. schrie auf dem Korridor: Komm nur heraus, damit ich dir den Hals umdrehen kann. Nach kurzer Zeit aber fiel er um und ist höchstwahrscheinlich eingeschlafen, da er längere Zeit nicht wegging.

Bei dem Einbruch in die Schule hat der Täter den Tisch des Direktor aufgebrochen, aber nur eine Kinderpistole mit Zündplättchen mitgenommen, die aber nicht dem Schuldirektor gehört.

Hugo K. greift meinen Mann dadurch an, daß er auf der Straße, an der mein Mann mit seinem Moped zur und von der Arbeit fährt, regelmäßig Barrikaden aus Steinen baut.

Als er mich im Park auf die Wiese lockte, ahnte ich, daß ich um etwas kommen werde, aber daß es meine Handtasche wird, das ist mir nicht in der kurzen Zeit eingefallen.

Moritz D. ist von einem wortkargen Charakter, da er drei Sprachen kennt.

Charakter hat Hermann L. keinen. Sitzt er beim Bier, da muckst er sich nicht mal, bekommt er eine gelatscht, auch nicht.

An dem Unfall trägt der Tankwagenfahrer die Schuld, der mir die Vorfahrt geschnitten hat. Frau Karla H. fuhr mit mir als Beifahrerin. Bei dem Unfall wurde keiner ernsthaft verletzt, nur Frau Karla H. ist in anderen Umständen.

Als Bürger ist Anatol H. nicht auf dem entsprechenden kulturellen Niveau, ist Eigentümer eines beschädigten Personenwagens. Es handelt sich bei ihm um einen durchschnittlichen Bürger mit einer durchschnittlichen Intelligenz, sonst haben wir dazu keine negativen Bemerkungen.

Es ist nicht wahr, daß ich Herrn Erwin G. ins Bein geschlagen habe. Das ist – nicht meine Gewohnheit. Wenn schon, dann schlage ich lieber auf den Kopf, damit der nicht hinkt.

Ich habe dem Geschäftsführer nur gesagt, daß sie den Selbstbedienungsladen demnächst länger bauen sollen, damit die Kunden an der Kasse nicht in Viererreihen stehen müssen. Und sollte das Wort schwachsinnig gefallen sein, so war es unadressiert, auf mein Wort.

Mit Angehörigen der Polizei unterhalte ich mich nicht. Schon zwei Jahre war ich nicht dort.

Am Ort seiner ständigen Wohnung hält sich Waldemar K. nicht auf, da er größtenteils immer bei einer anderen Frau lebt und auf diese Art seine Familie um das Einkommen beschwindelt.

In den letzten zwei Jahren sind über Johannes F. keine Eintragungen wegen Erregung des öffentlichen Ärgernisses verzeichnet, da er diese zwei Jahre in Strafverbüßung der Freiheitsentziehung war.

Dann habe ich laut gehört, wie der Jugendliche anfing, die übrigen Soldaten mit den Worten zu beschimpfen: »Ihr dickschwänzigen Schweine«, und anderen unqualifizierten Ausdrücken.

Mein Mann packte zuerst alle seine Sachen in den Ranzen, warf mich dann vor die Tür, schloß das Zimmer zu und schrie mich an. Dann löste er das Arbeitsverhältnis und fuhr fort.

Ohne daß ich die Tür geöffnet hätte, standen durch das Glas zwei Soldaten im Zimmer.

Ronald G. war handfertig mit Neigungen zur Liderlichkeit, sobald er selbständig arbeitete.

Nach dem vorgelegten Gutachten wurde festgestellt, daß die Ehe der Beteiligten am 25. 5. geschlossen und am gleichen Tage rechtskräftig geschieden wurde.

Ich traf meinen Freund Sepp mit seinem Hund Pukki auf dem Stachus. Als ich sah, daß mein Freund eine Schlagseite hat, habe ich ihm die Brillen geputzt und begleitete ihn über die Kreuzung, damit kein Malheur passiert. Dann bewilligte ich mir zum Mittag zwei Maß Bier, so daß ich aus diesen Gründen absolut nicht zuviel Promille im Blut haben konnte.

Man kann sagen, daß das Familienmilieu auf Karl Heinz T. teilweise einen schlechten Einfluß hat, die Brüder und der Vater sind oft in Strafenausübung, so daß er nicht viel in Kontakt mit ihnen kommt.

Der Beschuldigte hat nur ein Motorrad und einen Heiratskredit der Volksbank.

In angetrunkenem Zustand habe ich beim Vorbeigehen am Elternhaus meiner Frau einen Wutanfall auf meine Schwiegermutter bekommen, kletterte über das hintere Tor, wobei ich die angeschweißte Verzierung abgebrochen habe. Aus dem Kaninchenstall nahm ich zwei Hasen von ungefähr 10 kg Gewicht und ließ diese absichtlich auf der Wiese frei.

Die ganze Familie ist angewiesen auf das Einkommen des Vaters, welcher aber kein Einkommen hat.

Sie verkaufte auch den Kinderwagen, wenn ich es ihr auch auf Anraten meines Nachbarn verboten habe, der behauptete, daß wir ihn noch brauchen werden.

Auf der Straße Vierringhausen erfaßte ein Pkw einen Hund, was sich für den Hundehalter, der verletzt wurde, verhängnisvoll auswirkte.

Der Geschädigte Achim R. versuchte, mich zuerst mit der linken und dann mit der rechten Hand zu schlagen. Um seine Absicht zu vereiteln, stoppte ich seine Hand mit der Faust, er lief dagegen und stieß leicht mit der Nase darauf. Wenig später zeigte sich an seiner Nase ein Tropfen Blut, und er hat durch wiederholtes Schnaufen das Blut schneller zirkulieren lassen, so daß es anfing zu fließen, und damit wollte er mich verspritzen. Dann warf er sich an mich, rutschte an meinem Körper herunter auf den Boden, fiel auf sein Hinterteil, schaute sich um und fing an, den Toten zu markieren.

Es ist zu bedauern, daß man so eine Mühe verwenden mußte, um die unsinnige Anhäufung von Lügen des Angeklagten Eduard L. auf gesetzliche Art zu widerlegen.

Ich weiß nur, daß Leonhard B. bei der Verhandlung mit der Polizei einige Male fragte, wie viel 6 x 6 ist. Von anderen unangebrachten Bemerkungen weiß ich nichts.

Ich schlage vor, die Zeugen meines Komplizen, welcher jetzt in Strafverbüßung wohnt, zu vernehmen.

Luitpold D. hat sich ohne Arbeitsverhältnis und Personalausweis mit beschmutzter, eingerollter Decke in Begleitung von Siegfried T. bei dem Restaurant »Drei Rosen« gleichfalls ohne Arbeitsverhältnis bewegt.

Ich erkläre hiermit, daß ich nicht seelisch gesund bin, da ich Dummheiten mache und mich dann dafür schäme.

Der Hund Ajax von Wenzeslaus G. biß meinen Sohn Karl-Otto in die Arschbacke und zwar in das rechte Körperteil.

Der Gesundheitszustand der Familie Sch. ist gut – ja sehr gut. Die ganze Familie gibt sich gerne dem Alkoholkonsum her und hat dauernd Schwierigkeiten mit dem Gesetz. Es kommen ununterbrochen Gesuche um Beurteilung von der Polizei, Gericht und Sparkasse, so daß unsere Dienststelle immer mehr Arbeit mit dieser Familie hat.

Am Mittwoch Vormittag wurde Dagmar W. ins Krankenhaus transportiert, wo sie am Freitag Nachmittag einen gesunden Bub zur Welt brachte. Sonst hatte sie keine Straftat verübt.

Harald R. arbeitete mit vollem Tempo, wie im Akkord, welcher nicht kontrolliert wird.

Der Angeklagte Heinrich K. brach statt ins Gasthaus in die Speisekammer der Familie Erwin H. ein, wo er nur saure Gurken verspeiste. Aus diesem Tatbestand ist zu schließen, daß der Angeklagte unter beträchtlichem Alkoholeinfluß handelte.

Daß ich bereit siebenmal wegen Diebstahl bestraft worden bin, habe ich auf der neuen Arbeitsstelle nicht auf dem Fragebogen angegeben. Aber sie haben es sowieso bald bemerkt.

Bei der Perlustration gab Dagobert M. an, daß er durch die Krankheit sehr schlechte Augen hat. Das entspricht aber nicht der Wahrheit, da er zu fliehen versuchte, kaum daß er uns erblickte.

Als mir der Meister mitteilte, ich solle einpacken und nie wiederkommen, habe ich nur den elektrischen Bohrer mitgenommen.

Der Zeuge ist schwer von Begriff, also ein vollkommener Idiot, so daß ich mit ihm nicht einmal den »schwarzen Peter« spielen würde, um so weniger denn Skat, bei dem man doch überlegen muß.

In einer Woche ist uns der Schweinestall infolge von Kurzschluß ausgebrannt, dann wurde unser landwirtschaftlicher Verwalter wegen betrügerischer Manipulationen eingesperrt und gleichzeitig das Gasthaus der Krawalle wegen. Sie werden doch zugeben müssen, daß es für so ein kleines Dorf wie eine Naturkatastrophe erscheint.

Vor dem Überqueren der Fahrbahn schaute ich nach links und gleichzeitig nach rechts.

Herr H. wurde bei dem Unfall leicht verletzt. Er ist weiterhin Kriegsbeschädigter.

Ich hörte, daß die Funkstreife mit Blaulicht fuhr.

Da ich sah, daß meine Frau am Unfallort nicht mehr zu gebrauchen war, rief ich das BRK.

Die Kopfwunde wurde durch die Arbeiter-Samariter versorgt und zu den Barmherzigen Brüdern gebracht.

Dieser Pkw fuhr weiter und kam erst 20 Minuten später ohne Wagen an die Unfallstelle zurück. W. trug Ohrenschützer und konnte deswegen meinen sich nähernden Pkw weder sehen noch hören.

Im Frühjahr verschob Bernhard V. den Grenzstein auf seinem Feld, damit ich sein Grundstück befruchte und vor der Ernte schob er ihn wieder tief in mein Feld, bis mir der Vermesser indirekt zu verstehen gab, daß ich ein Ochs bin.

Als ich zur Juliane W. ging, muß der Beschuldigte Johann A. gerade von ihr weggegangen sein, da ich in dem Durchgang von jemandem eine Ohrfeige erhielt.

»Angeklagter, haben Sie vorher jemals ein Autounglück gehabt?«
»Wie man es nimmt, Herr Richter. Ich habe meine Frau in einer Garage kennengelernt.«

Ich habe meine Frau in einer delikaten Situation mit Herrn Ludwig S. ertappt. Ich habe ihn bei dieser Gelegenheit anständig darauf hingewiesen, daß er seine Frau zu Hause habe. Als er mir aber erklärte, daß seine Frau zur Zeit zur Kur ist, habe ich es zur Kenntnis genommen.

»Haben Sie denn nicht gemerkt, daß bei Ihnen eingebrochen worden ist, Herr Kuhnke?«
»Nein, Herr Kommissar, wir saßen in der Küche und aßen gerade Suppe.«

Polizeistreife hält einen stark betrunkenen Mann an: »Wohin gehen Sie jetzt?«
»Zu einem Vortrag«, sagte der Mann mit schwerer Zunge.
»Sind Sie verrückt? In einen Vortrag um drei Uhr morgens?«
»Da sieht man, daß Sie meine Alte nicht kennen ...«

Er wollte die Strafsache dadurch begehen, daß er Selbstmord mit einem weißen Pulver verübte. Aber diesen konnte er nicht durchführen, da es sich um Kochsalz handelte.

In der Dunkelheit habe ich nur die Säufernase erkannt, aber das sagte mir nichts, da wir von diesen in unserer Gemeinde mehrere haben.

Der Schiedsrichter wurde angegriffen deswegen, weil er ein Tor anerkannte, das einer von den Zuschauern mit dem Kopf gegeben hatte.

N. S. hielt das Niveau eines gebildeten Taschendiebes, da er immer Fachliteratur studierte.

Es ist nicht wahr, wie Herr K. anführt, daß ich ihm das Geld entwendet habe. Ich bin mir ganz sicher, daß er nach meinem Schlag bewußtlos war, und deswegen konnte er nicht sehen, wie ich es nahm.

Der Schlosser J. K. brach sich bei dem Fall alle Schlüsselbeine, so daß er aus seinem Beruf ausgeschieden war.

Über ein Jahr versprach er mir einen Pelzmantel. Als ich ihn taktvoll daran erinnerte, erlitt ich Quetschungen in der Rippengegend.

Dem Kellner sagte ich, daß ich mich nicht auf dem Hochstand, sondern in einem Restaurant befinde, und er solle seinen Rumpf ein bißchen bewegen. Darauf tritt er mich in das Äpfelchen.

Als Aushilfskellnerin konnte sie auf dem Kongreß der Sexuologen etwas beiverdienen. Ich sagte ihr, daß sie dazu alle Voraussetzung hat, habe mir aber nichts schlechtes dabei gedacht.

Nachbars Hund bellt täglich weit über die Mitternacht, so daß ich weder allein, noch mit meiner Frau schlafen kann und deswegen verbleibe ich in hiesigem Gasthaus, wo ich nicht trinke, sondern schlafe, wodurch ich bekannt bin.

»Angeklagter, warum haben Sie Ihre Frau getreten?«
»Zehn Jahre hat sie mir dauern gesagt, daß ich ein Pferd bin. So habe ich es zum Schluß geglaubt.«

Alles läßt sich erklären, aber wenn ich meine Alte auf dem Schoß von Ulrich W. sitzend und seinen Bart streichelnd vorfinde, so soll sie mir nicht erzählen, daß es eine Probe für das Erntedankfest ist.

Im nüchternen Zustand hätte die Kammer diesem Angeklagten die Tat niemals zugetraut.

Polizeibericht: Wahrscheinlich unter erheblichem Alkoholeinfluß fuhr am Montagabend der 60jährige Alfons K. mit seinem Moped auf eine gut beleuchtete Baustellenabschrankung. Der Fahrer kam zu Fall und zog sich dabei eine Gehirnerschütterung und eine Kopfplatzwunde, sowie vier Rippenfrakturen zu. Moped und Baustellenabschrankung wurden beschädigt. Dem Fahrer mußte eine Blutprobe und sein Führerschein entnommen werden.

Als ich an das Fenster des in Halteverbot parkenden Pkw klopfte und sagte: »Sie halten den Verkehr auf«, sagte mir die dort mit ihrem Begleiter sitzende junge Dame: »Sie auch!«

Schuld daran, Herr Richter, sind die Elektrizitätswerke. Als ich mit der Klägerin wegen Stromausfall vier Stunden in dem Lift steckte, machte ich mich der Vaterschaft schuldig.

»Angeklagter; Sie sind wegen Wilderei zu sechs Monaten Gefängnis verurteilt. Wollen Sie die Strafe gleich absitzen?«
»Wenn es sich machen läßt, Herr Richter, möchte ich die Strafe während der Schonzeit absitzen.«

Schweigen Sie, Angeklagter, es gibt nur einen Zeugen des Autounfalls. Wegen des angeblichen zweiten Zeugen hat Ihnen die Polizei den Führerschein abgenommen.

Was heißt hier betrunken, Herr Richter, ich war lediglich sinnlos angeheitert!

Als mein Mandant die Klägerin eine Gans nannte, wollte er damit zum Ausdruck bringen, daß er sie zum Fressen gern hat!

»Wie alt sind Sie?« fragt der Richter die Zeugin. Verlegenes Schweigen.
»Also heraus mit der Sprache!« meint der Richter verärgert. »Oder ich lasse Sie vom Publikum schätzen!«

Als mich der Gegner an der Kreuzung Bahnhofstraße-Dudweilerstraße gerammt hat, habe ich ihm gesagt: »Sind Sie denn blind?« Worauf mich dieser anschrie: »Was heißt hier blind, Mann? Ich hab Sie getroffen!«

Das ist ja unglaublich, wie ungerecht Sie sind, Herr Richter. Sie haben die Kinder meinem Mann zugesprochen, dabei sind sie gar nicht von ihm.

Als ich den Angeklagten an seinem Wagen angehalten hatte und zu ihm sagte: »Mann! Sie können ja überhaupt nicht mehr stehen«, hat er mir zur Antwort gegeben: »Eben deswegen will ich ja fahren, Herr Wachtmeister!«

Ja, Herr Richter. Ich habe ihm wirklich lang Widerstand geleistet, aber dann hat er mich doch überflügelt!

Ich forderte den Beklagten auf, mit mir auf die Wache zu kommen. Da sagte der zu mir: »Ach leck' mich doch am ...« Ich möchte das Wort nicht aussprechen, Herr Richter, aber er meinte natürlich seine hinteren Geschlechtsteile!«

Angeklagter, schildern Sie uns den Fall von Anfang an! A-also, Herr Richter. Es war ein mi-mimilder Maiabend. Ich saß auf einer Bank im P-p-park. D-d-d-diese D-d-d-dame direkt neben mir. Gegenüber ein Z-z-zaun. Auf dem Z-z-zaun z-z-zwei Tauben. Die T-tauben sch-sch-schnäbelten. Da sagte ich zu der D-d-dame: »W-w-w-wollen w-w-wir das auch ma-ma-ma-machen??« Inzwischen aber hatten die V-v-v-viecher die Stellung geändert!

Polizeibericht: Auf meinem Streifengang im Englischen Garten blieb ich gegen 5.30 Uhr vor einem Gebüsch stehen. Plötzlich erhielt ich mit einem Knüppel einen fürchterlichen Schlag auf meinen Kopf. Dem Klang nach handelte es sich um Eichenholz.

Geschlechtsverkehr hat nicht mehr stattgefunden, weil die Kräfte meines Mannes seinem Wollen verneinend gegenüberstanden!

Ich melde dem Herrn Richter, daß ich keine Schulden habe, mit Ausnahme bei meiner Waschfrau, die ich jedoch laufend decke!

Herr Richter, ich bin ein Deutscher! In meinen Adern rollt kein Verbrecher.

Zuerst nannte er mich Rindvieh, dann Büffelkopf, obwohl ich mit einem Rindvieh und auch einem Büffel nicht die geringste Ähnlichkeit habe, was mir das Polizeirevier bestätigen kann. Ferner kann er aber bestätigen, daß ich, nachdem ich wieder zu mir kam, der unglücklichste Mensch war. Ring fehlte, Geld fehlte und der schöne Wagen entzwei. Ich habe die bitterlichsten Tränen geweint und durch die Schockwirkung meinen Stoffwechsel nicht halten können.

»Ja, Angeklagter, für Ihren Beruf als Hilfsarbeiter sind Sie ja ganz schön intelligent?«
»Ich würde Ihnen das Kompliment gerne zurückgeben, Herr Richter, aber schließlich stehe ich hier unter Eid!«

Seine Mordabsichten zeigten sich, als er mich in der Gaststätte mit den Worten angriff: »Ich hole jetzt einmal Luft, und du hängst mir quer vor der Nase, du aufgewärmte Leiche, du alter Azteke.«

Die Eifersucht meines Mannes hat wirklich gar keinen Grund, er irrt sich vollkommen in der Person …

»Angeklagter, wie aus dem Protokoll zu sehen ist, sollen Sie auf der letzten Kirmes dem Jungbauern Max Kögel einen solchen Schlag auf den Kopf versetzt haben, daß sogar die Schädeldecke stark verletzt wurde. Allerdings bezeugt der Arzt, daß der Verletzte eine abnorm dünne Hirnschale hat. Was haben Sie dazu zu sagen?«
»Aber ich bitte Sie, Herr Richter, mit so einem Kopf geht man doch nicht auf die Kirmes!«

Werner K. wollte seine Mutter bestimmt nicht mehr umbringen. Dafür habe er jetzt ja einen Vormund.

Zu den Handgreiflichkeiten kam es, als ich mit meinem Lkw bei dem Zoll vorfuhr und der Beamte mich fragte was ich geladen habe. Wahrheitsgemäß sagte ich dem Beamten: »Tausend Dutzend Austern!« Wonach er mir sagte: »In Ordnung, machen Sie sie auf.«

Herr Koebnick saß im Speisewagen einer bezaubernden Dame gegenüber, die einen jungen Hund auf dem Schoß hatte. Herr Koebnick wollte mit ihr in ein Gespräch kommen und sagte: »Ich wollte, ich wäre an der Stelle des Hundes.«
»Wünschen Sie sich das nicht!« sagte die Schöne. »Ich fahre mit ihm in die Hundeklinik, um ihm die Ohren und den Schwanz kupieren zu lassen.«

»Angeklagte, was üben Sie für einen Beruf aus?« »Ich bin Verkäuferin in eigener Sache!«

Herr Richter, ich habe die Tat im Affekt begangen. Der Geschädigte hat mich eine kleine billige Nutte genannt, und da habe ich mit meiner Tageseinnahme – einem Säckchen voll Fünfmarkstücke – zugeschlagen!

»Wenn die beiden Dinge nicht wären, Herr Gerichtsrat, hätte ich sie längst verlassen.«
»Was für zwei Dinge?«
»Na – eines davon hat sie, das andere habe ich ...«

Als er mir sagte, daß er diese Nacht mit seiner Vergangenheit gebrochen hat, da habe ich nur geantwortet: »Ja, ja, die ganze Treppe ist noch voll davon.«

Hohes Gericht! Ich wollte zwar die Frau in der dunklen Gasse ausrauben, aber als ich sie abtastete und nichts fand, sagte sie zu mir: »Um Gottes Willen! Hören Sie jetzt nicht auf! Ich schreibe Ihnen einen Scheck ...!«

Grund der Schlägerei war der Brief meines Gegners, in dem er schrieb: »Sehr geehrter Herr! Ihr Herr Sausohn hat meine Tochter derart geschwängert, daß sie nunmehr Zwillinge entbunden hat...«

»Angeklagter, Sie kommen mir sehr bekannt vor. Wievielmal sind Sie vorbestraft?«
»Überhaupt nicht, Herr Richter, ich bin Portier im Eros-Center!«

Abschließend möchte ich dem Hohen Gericht nur sagen, daß mein Mann keine Geschäfte mehr macht; und wenn er eins macht, dann ist es nur ein Tropfen auf den heißen Stein.

An den ausgeschlagenen Zähnen ist er ja selbst schuld, Hohes Gericht. Ich habe ihm doch kurz vorher noch gesagt: »Reiz mich nicht, Wilhelm, sonst verfall ich in meinen gerichtlich genehmigten Dämmerzustand, und dann hau ich dir ein paar in die Fresse.«

»Angeklagter, das ist zum drittenmal, daß Sie wegen einer Vaterschaftsklage vor Gericht stehen. Warum nehmen Sie sich nicht endlich eine Ehefrau?«
»Habe ich schon probiert, Herr Gerichtsrat, aber da hätten sie mal deren Mann erleben sollen!«

»Haben Sie auch eine Ladung bekommen, Frau Zeugin?«
»Nein,«, antwortete diese errötend – »mich hat er nur in den Po gezwickt!«

Meine Frau habe ich deswegen erschossen, da ich sie in den Armen ihres Liebhabers angetroffen habe und zu mir selbst sagte: Besser einmal die Frau als alle zwei Tage einen anderen Liebhaber!

Gegen diese Entscheidung sind die zulässigen Richtigstellungen unzulässig.

Auf dem fruchtbaren Boden unserer Gemeinde gedeihen die Weinreben und dadurch auch die Mißverständnisse im hiesigen Gaststättengewerbe.

Die Verletzung habe ich nicht absichtlich verursacht. Die Sache hat sich so zugetragen, daß ich Eduard G. eine Mücke von der Stirn verscheuchen wollte, hatte aber keine Zeit mehr, das Halbliter-Glas abzustellen, da ich befürchtete, daß die Mücke wegfliegt.

Für meine Kinder leiste ich ordentlich Zahlungen, aber ich habe keine genaue Übersicht über die Reihenfolge. Dadurch passiert mir öfters, daß ich manches überspringe.

Der Bürgermeister ordnet die Konflikte zwischen den Bürgern wirklich sehr aufopfernd, so daß er dadurch öfters arbeitsunfähig geschrieben werden muß, um sich von den Schlägen zu erholen.

Ida R. hat mich selbst durch ein Inserat aus dem Altersheim rausgeholt, wo ich ein ruhiges Leben seitens des anderen Geschlechts führte, wo ich es auch nicht nötig hatte.

Durch sein ungebundenes Leben schlief Karl Otto H. vorübergehend in dem Schaukelstuhl des hiesigen Kindergartens. Ob gerade er ihn verlaust hat, konnte man mit absoluter Sicherheit nicht feststellen, aber manche Kinder hatten Ungeziefer, wenn auch von einer anderen Art.

Zwecks meiner Vergewaltigung erschien Hubertus K. gewöhnlich durch das Fenster, das ich nur im letzten Fall unverriegelt ließ.

Mit steigendem Alkoholkonsum richteten sich bei Herbert D. immer unwiderstehlich die Gedanken auf eine Ehe.

Die angeführten Diebstähle habe ich meiner Meinung nach mit Recht begangen, da ich in unserem Betrieb Lohnunregelmäßigkeiten hatte.

Nachts kam irgendein Wenzel, legte sich zu mir ins Bett und nahm mir die Steppdecke weg, obwohl ich sie mir auch kaufte, worüber die Abteilungsleiterin im Kaufhaus Kenntnis hatte.

Christian G. läuft nur um uns herum und murmelt, daß er schon viele Frauen am Rhein und Mosel zerstückeln wollte, aber sie haben ihm alle zum Schluß leid getan.

Ich hatte das Gefühl, als ob etwas zu brennen anfing, aber ich wollte es nicht glauben. Eine innere Stimme sagte zu mir, ich soll es aushalten und nicht hinschauen, und ich wurde erlöst.

Ich fordere hiermit das Gericht auf, augenblicklich die niederschlagende Tätigkeit einzustellen.

Es ist auch nicht wahr, daß Marian B. dem Alkohol gefrönt hätte, er sieht sehr nüchtern aus und hat einen Widerwillen gegen Leidenschaften.

Oskar T. hielt in der rechten Hand ein Messer, ein Messer hielt er aber auch in der linken Hand, und mit irgendeiner Hand schickte er sich an, das Bierglas zu werfen.

Die Arbeitseinteilung haben die Genannten so verstanden, daß sie als Team von drei Personen in drei Stunden so viel arbeiteten, wie ein normaler Arbeiter in einer Stunde.

Der genannte Thomas H. bringt sich oft in einen betrunkenen Zustand, sucht schlechte Gesellschaft, man kann sagen – seinesgleichen.

Das gewonnene Geld vertrinkt Harald G. mit Kumpanen, deren Niveau sich nach den finanziellen Möglichkeiten ändert.

Einmal, bei seiner Heimkehr provozierte er mich damit, daß der Waschkorb noch nicht ausgeräumt ist und wenn ich es nicht sofort tue, so werde er die ganze Nachbarschaft zusammenrufen. Ich habe einen nassen Putzlappen nach ihm geworfen und er fing an mich physisch zu traktieren. Dadurch wurde die Nachbarin angelockt, die aber bald lachend weglief.

Die Erziehung des Wenzeslaus G. wurde schon in seinem zarten Alter vernachlässigt, da seine Mutter sehr bald gestorben ist und der Vater noch sieben Geschwister hatte.

Zum ersten Mal hat sie mir bei dem Streit ein paar Ohrfeigen gegeben, und ich habe sie ihr zurückgegeben; zum zweiten Mal, als ich lüften wollte, warf sie mir einen Blumentopf auf den Kopf, was ich ihr nicht vergalt. Bei einem weiteren Auftritt hat sie mich geschlagen, als ich bettelte, mir Kartoffelpuffer zu machen. Zum vierten Mal hat sie mich physisch angegriffen, als ich feststellte, daß sie das Kind nicht in Ordnung hat und ihr drohte. Da sagte sie: »Du Ochs« zu mir und begoß mich mit Schmutzwasser, wonach sie aus der Wohnung weglief und mich zum Abschied noch einmal schlug.

Zu Meinungsverschiedenheiten kam es bald nach der Hochzeit, da der Gegner ununterbrochen Verkehr mit ihr verlangte und das auch dann, als sie die Kinderwäsche wusch, und er ihr nicht dabei helfen konnte.

Ich weiß es nicht, aber ich denke mir, daß Reinhard D. nicht mal gemerkt hatte, daß Hermann K. ihn geschlagen hat, bis ich ihn darauf aufmerksam machte, daß er an der rechten Kopfseite wie eine Sau blutet.

Der Angeklagte Johann R. hat keine Schulbildung, ist ein Analphabet, kann nur lesen und schreiben.

Nach der durchgeführten Ermittlung wurde festgestellt, daß der Klassenursprung des genannten Sepp H. aus einer Familie des 50 Hektar Großbauers entstammt.

Als der Rechtsanwalt Donatus H. hörte, wie groß unser Eigentum, während der Ehe erwirtschaftet, zu teilen ist, da fing er an zu säbern, regte sich auf und redete mich plötzlich mit »gnädige Frau« an.

Das einzige, was der Busfahrer nach umständlichem Aussteigen aus den Trümmern des nicht zu erkennenden Linienbusses sagte, war: »Ist das eine Scheiße.«

Der genannten Sieglinde F. gewährte ich die Schlüssel von meiner Wohnung, das Essen und hatte Verhältnis mit ihr und das alles nur des humanitären Standpunktes wegen.

Ich übernachtete mit der Angeklagten Hermine G. in meiner Wohnung, da es mir nicht bekannt war, daß sie kein ordentliches Leben führt, nur ein parasitäres eines anschaffenden, arbeitenden Menschen.

Der festgenommene Täter Ulrich G. hat mit Hilfe eines verbogenen Holzstockes beide Taschen durch das Fenster entwendet.

Die Frau von Hubertus G. war wie eine Chronik. Sie erinnerte ununterbrochen an längst vergangene Sachen.

Es ist nicht bekannt, daß Detlef R. in seinem Wohnort einen üblen Leumund besessen hätte, wenn er auch schon zum vierten Mal geschieden ist, sondern das Gegenteil.

Der Grund des Streites war auch, daß mein Vater zu spät von der Versammlung heimkam oder auch überhaupt nicht kam oder er kam gebräunt nach Hause und erzählte, daß er sich im Schwimmbad an der Schulung beteiligte.

Der genannte Ottokar B. ist eher für eine physisch anstrengende Arbeit geeignet, er überlegt zu wenig und springt oft bei der Arbeit auf.

Aus angeborener Bescheidenheit gab sich Hermine K. mit Silber zufrieden. Sie sprach und sprach!

Unter seinen Arbeitskollegen ist bekannt, daß Alois H. sehr wenig anpassungsfähig ist, aber physisch sehr begabt.

Unsere Ehe ist schon in der Zeit eingegangen, in der sie eigentlich noch nicht entstanden ist und nach der Geburt der Tochter hat sie aufgehört, ihre Funktion vollkommen zu erfüllen.

Durch ihr unehrliches Urteil haben Sie mich ins Grab gebracht, was vorher gerade meiner Frau einige Male geglückt ist.

Ferenz T. hat überhaupt kein positives Verhältnis zum Leben. Er ernährt sich von gestohlenen und getöteten Haustieren.

Die Sauferei wird ihn vollkommen vernichten. Schauen Sie sich ihn an, Herr Richter, der Kopf geht ihm tik tak und die Beine zick zack. Der wird sich nicht lange halten.

Die Entziehungskur bei Julius R. hat bei ihm nicht den erwünschten Erfolg, da der Verurteilte aufhörte, sich ihr freiwillig zu unterwerfen.

Zu meiner Person kann ich nur soviel sagen, daß ich von einem Geschwister einer Arbeiterherkunft stamme.

Julius D. war bei seinen Kollegen nicht beliebt, wegen pfiffigem Benehmen bei Erfüllung der Arbeitsnormen, welche er auf seine Mitarbeiter übertrug und war von grundlos selbstbewußtem Benehmen.

Dabei prallte der 20jährige Fahrer mit seinem Pkw gegen eine Laterne in Höhe des Hauses Nr. 34, soll dann angeblich bis in die Krone einer Birke gerast und gegen einen dort abgestellten Pkw geknallt sein.

Deswegen verlangen wir, daß Emanuel G. streng bestraft wird, und wenn es möglich ist, wünschen wir dessen unerwünschte Rückkehr.

Das Arbeitsamt versuchte den unnatürlichen Stand der Arbeitslosigkeit von Emil L. zu beenden.

Sie drangen zu uns in die Bibliothek, und als ich sie darauf aufmerksam machte, daß die Wirtschaft um eine Etage tiefer ist, behaupteten sie, daß sie gekommen seien, um sich was auszuleihen, fingen an sich nachzulaufen und stürzten ein Regal zu Boden.

Außer einem Hörgerät entwendete der Angeklagte Stanislaus B. noch eine Grubenlampe und einen ausgestopften Vogel Kernbeißer.

Mathias R. behauptet, daß er in sich einen Gedanken trägt, aus diesem Grund kann er nicht schlafen und deswegen scheidet er ihn in der Nacht aus und dann schmeckt ihm das Essen nicht. Er benutzt die Methode, sich dumm zu stellen.

Die gehörten Zeugen haben nichts gehört, so ersuche ich Sie, Herr Doktor und Richter, daß ich nach Hause gehen kann.

Zur Arbeit habe ich aufgehört zu gehen, wenn ich etwas getrunken habe, dann hatte ich keine Lust, weil es Sommer ist, und da gehört sich nicht, zur Arbeit zu gehen, ohnehin sind auf der Arbeit genügend Menschen.

Auf die Frage, was für Leistung die Geschädigte im Augenblick des Unfalls machte, geben wir zur Antwort, daß sie sich an den Finger hielt und aufschrie.

Damals war so ein ekelhaftes Wetter, daß man nicht einmal versucht war, eine Straftat zu begehen.

Ich möchte, daß mir als mildernder Umstand zuerkannt wird, daß ich im Leben das Meine genossen habe.

Der Beschuldigte Ignaz T. und auch der Geschädigte Arthur M. mit Ehefrau gingen friedlich Hand in Hand aus dem Restaurant, bis zu dem Zeitpunkt, wo der Beschuldigte den Geschädigten an den Rockaufschlägen festhielt, diese abriß und bei ergiebiger Hilfe der Ehefrau des Geschädigten versuchte, ihm die Hände damit festzubinden, wobei sie flüsterte: »Ziehe es ihm ordentlich zusammen, dem Ochsen, dem miserablen.«

Da ich nicht zur Arbeit ging und auch keine Mittel zur Ernährung hatte, besuchten mich verschiedene Männer, die mir mitunter auch bezahlten. Dazu gehörte auch Hannes G., welcher aber außer drei Hunden mir nichts geleistet hat.

Es handelt sich um einen versuchten Einbruchsdiebstahl in die Schweinemästerei, da der Täter nach dem Zerschlagen des Fensters schon nicht mehr hineinkriechen konnte.

Bei Elvira T. wohnte ich ca. 14 Tage, wir sind auf sonderbare Art auseinandergegangen. Als ich am 23. 6. zu späten Nachtstunden zu ihr in die Wohnung kam, hat sie mir nicht geöffnet.

Die Polizei hat bestimmt einen Wink von meiner Gefährtin Ottilia N. bekommen, die wie eine normale Ehefrau eifersüchtig ist, was doch nicht normal ist. Da könnte ich auch wirklich heiraten.

In dem Scheidungsurteil haben Sie ihn, Frau Gerichtsrätin, richtig bewertet. Genau, was für ein Lump er ist; und jetzt machen Sie es genau so bei der Hausratsteilung, hauptsächlich, daß ich das Likörservis aus Kristallglas bekomme, damit er daraus nicht saufen kann.

Der Schaffner Oskar T. verletzte eine wichtige Tätigkeit aus seinem Beruf hervorgehend, da er ausdrücklich der Lokomotive erlaubt hat, wegzufahren. Der Lokomotivführer behauptet, daß er es ihm nicht gesagt hat.

Das Fenster habe ich zerschlagen, um in das Auto eindringen zu können, das gebe ich zu. Die Scheinwerfer habe ich aber nur deswegen zerschlagen, weil der Pkw nicht fuhr und ich wollte fahren.

Wir vermuten, daß der zu bewertende Richard S. ein anständiger Mensch war, welcher in einmaligem Gleichlauf die Zeichen einer Straftat der Vernachlässigung des Ernährungsbeitrages im Grunde unabsichtlich so erfüllte, daß er durch schwaches Gedächtnis vergessen hat, zur Arbeit zu gehen und im Verlauf dessen sogar starb, ohne daß es jemand gewußt hätte, nicht mal das Gericht, welches nunmehr seine ursprüngliche und irrtümlich überstürzte Bewährung zurücknimmt.

Ich bin nervös und ganz verdreht, Sie werden mich vielleicht in eine Irrenanstalt bringen, und dort werde ich dann ganz verrückt und werde bis zu meinem Tode erledigt.

Seiner Mutter habe ich gesagt, daß ich den Edmund erstochen habe. Darauf haben meine Schwiegermutter und mein Schwiegervater gesagt, daß es nichts ausmacht, und daß er mindestens daran denken wird.

Zuerst habe ich höflich gebeten, sie sollen in BGB Seite 472 schauen, wobei ich das Bürgerliche Gesetzbuch selbst in den Betriebsraum brachte. Als mich dann so ein aufgeblasener Strizzi vor allen Mädchen, die sich dort herumwälzten, ausgelacht hat, habe ich ihm eine geschmiert – zweimal.

Der Beklagte Friedrich B. überwarf gekonnt »Soll« und »Haben« so lange, bis er sich einen Mercedes 450 kaufte und es dem Vorstand verdächtig vorkam.

Als ich kein Geld hatte, trieb es mich dazu an, ein neues Arbeitsverhältnis anzuknüpfen.

Marian G. machte Einbrüche in mindestens 30 Berghütten, wo er nur Alkohol entwendete. Das zeugt von seinen unstillbaren Neigungen und Unvorsichtigkeit der Eigentümer.

Der hier anwesende Edmund K. hatte Bekanntschaften mit verschiedenen Frauen und bummelte ununterbrochen, bis ihn die Polizei suchte. Dann versuchte er in unsere Tür einzudringen als ein immer ordentlich Lebender.

Nach dem Arztbericht, sowie auch des Sachverständigen ging es um eine sehr ernsthafte Verletzung, welche nur dank der Körperfülle der Geschädigten nicht ernsthaftere Folgen – d. h. den Tod – hatte.

Ich habe den Bub nur einmal geschlagen, und es geschah auf dem Gelände der Gesundheit am Waldrand.

Es ist notwendig zuzufügen, daß ich die Schlüssel im Lehrerkabinett in der Schule aufgehängt habe, aber als dieses renoviert wurde, so kam ich eines Tages und stellte fest, daß in dem Kabinett die Tür fehlt und daß darin die Maurer waren (verweilten).

Der Ruf von Raphael K. ist in der Gemeinde nicht besonders, was viele weitere Frauen bezeugen können, schon gar nicht von den verheirateten zu sprechen.

David J. schlägt seine Frau hin und wieder und gibt damit unserer breiten Öffentlichkeit ein allgemein schlechtes Zeugnis.

Durch den vom Frost entstandenen Riß in der Mauer dringt regelmäßig der Gestank aus der Küche, sowie die Stimme meiner Frau beim Kochen.

Es wurde die Obduktion des Helmut K. angeordnet und zwar in der Leichenhalle des Kreiskrankenhauses, wohin der Geschädigte noch lebend gebracht worden ist.

Ich kann mich nicht genau erinnern, wann es war, als mein Mitarbeiter Ferdinand K. zu mir kam und sagte, daß dort ein eingegangenes Schwein sei, das man sich holen könnte. Ich habe ihm darauf geantwortet, daß ich kein Aß fresse, weil ich es mit der Galle habe.

An seinem Wohnort genießt er kein Vertrauen, da seit einigen Jahren die Behörde über ihn die Beurteilung liefern muß.

Dem Kampf gegen die kleinbürgerlichem Angewohnheiten widmet Hans Friedrich K. nicht die entsprechende Aufmerksamkeit und Wichtigkeit.

Es wurde festgestellt, daß die Eheleute Johann und Marie W. sich seit längerer Zeit nicht mehr richtig sorgen, da sie seit Anfang März schon nahe 100 unentschuldigte Stunden in der Schule haben.

Zu dem Platz sind Menschen zusammengelaufen, und so habe ich mich entschlossen, den Mann etwas unfähig zu machen, damit es nicht zu viel auf uns wären.

Meine Frau und meine Gesundheit sind nicht die besten, was die Ursache war, daß ich dauernd Schwierigkeiten mit den Mietern bekam.

Ich bin froh, daß sie mich endlich geschnappt haben und in den Knast stecken, da ich in der letzten Zeit sehr fror, war ich entschlossen, eine Selbstanzeige bei der Polizei aufzugeben, damit sie mich festnehmen und ich endlich ordentlich zu Essen und Schlafen bekam, was jetzt damit geschafft ist.

Das gegerbte Leder hat aus unserem Betrieb für uns alle Marika J. ausgetragen – und zwar so, daß sie es auf dem nackten Leib eingewickelt hat und immer noch dabei lachte, wie die Opas in dem Pförtnerhaus auf ihre Figur stierten.

In der Zeit der Elektrizität, Rundfunkempfänger, Kybernetik und Astronauten ist meine Streitigkeit mit einem Tempo erledigt worden, wie man Streitigkeiten in der Zeit erledigte, als man noch mit Kienspan geleuchtet hat.

Der grünlich-gräuliche Billiganzug, die blecherne Armbanduhr, die schlichten, aber feinsäuberlich geputzten Schuhe und die auf das karierte Hemd gebundene Fliege lassen bei dem Angeklagten Julius B. einen anständigen Menschen vermuten.

Ihnen wird vorgeworfen, sich auf dem Parkplatz vor dem Anwesen Heinrich-Kohl-Straße 7 in stark betrunkenem Zustand auf den Boden gelegt und somit die Parkmöglichkeiten sowie die öffentliche Ordnung beeinträchtigt zu haben.

Sie belästigten die Allgemeinheit und beeinträchtigten die öffentliche Ordnung, indem Sie in einem Einkaufswagen sich mit offenem Hosenlatz und Schnuller im Mund vor dem Supermarkt herumfahren ließen.

Rund 900 Mark Schaden richteten unbekannte Täter an, als sie ein im Burgfeld abgestelltes Fahrrad beschädigten. So verbeulten die Unbekannten die Motorhaube und schlugen die Windschutzscheibe ein.

Die beiden Brüder Klaus und Roland H. lebten seit Jahren auf einem Fuß, dessen Aufwendigkeit in keinem Verhältnis zu ihrem kleinen Familienunternehmen in der Holzbranche stand.

Sie behaupten, daß Ihre Frau schon seit 13 Jahren nach Ihnen mit den Tellern wirft und erst jetzt wollen Sie sich scheiden lassen? »Ja, Herr Richter, Sie können sich nicht vorstellen, wie sie sich in der Zeit vervollkommnet hat!«

Von der Hochzeit habe ich Abstand genommen, als ich ihr Tagebuch gefunden habe, in dem sie alles aufgeschrieben hat, nicht nur den Tag, wie oft, sondern auch die Namen der Männer, welche mir größtenteils unbekannt sind.

Auf die Frage: »Warum säufst du?«, hat mir der Angeklagte nach kurzem Zögern geantwortet: »Damit ich klüger werde!«

Im Rathaus war ich sehr oft, um mich als ordentliche Bürgerin zu beschweren, bis ungefähr zum 14. Oktober, als ich auf Grund der angeknüpften Bekanntschaften die Gemeindekasse erleichterte.

Am Wohnort des Waldemar K. ist bekannt, daß er den größten Teil seiner Freizeit in Besserungsanstalten verbringt.

Wir entwendeten einen Hund im Wert von DM 0,60.

Wir lebten als Gefährte und Gefährtin über einen Monat zusammen und danach noch drei Jahre, aber da waren wir abwechselnd in Ausübung der Strafe im Gefängnis.

Das Gericht hat so, wie oben angeführt, entschieden, und das mit Wirkung der Tilgung des Verurteilten.

Wenn ich daran denke, daß es noch am Dienstag normale Menschen waren und jetzt sind es Verbrecher, so ist das furchtbar.

Geben Sie es zu Protokoll, daß ich unzurechnungsfähig bin, für den Fall, daß ich Berufung einlegen werde.

Der hier Angeklagte Felix V. hat mir im Herbst einen Hund verkauft, von dem er behauptete, daß es ein Zwergpudel ist. Als dieser dann die Größe eines Bernhardiners erreichte, stellte ich ihn zur Rede, worauf er mir zur Antwort gab: »Jetzt sehen Sie, wie gut Sie bei mir gekauft haben. Das ist nämlich der größte Zwergpudel der Welt.«

Zu der Auseinandersetzung an der Bahnkasse kam es danach, als er auf meine Frage, ob es doch nicht eine billigere Fahrkarte als diese für die zweite Klasse gibt, antwortete: »Gewiß, aber dafür brauchen Sie ein Fell und eine andere Schnauze.«

Der Vater hielt sich selten zu Hause auf, und schließlich hat er deswegen ein jüngeres Mädchen geheiratet.

Hinsichtlich dessen, daß die Täter des Schweinediebstahls festgestellt wurden, ist der Landwirt Innozenz M. nicht beschädigt, da er einen Bericht über die Verhaftung der Täter erhalten wird und auf Grund dessen kann er das Schwein abschreiben.

Zu den Tätlichkeiten seitens des Empfangschefs im Hotel kam es, nachdem ich ihm sagte, da es den Entomologen gelänge, eine Wanze mit Glühwürmchen zu kreuzen, bräuchte man in den Hotelzimmern überhaupt keine Leuchtkörper.

Die Oma der Wohnungsinhaberin hat die Asche aus dem Ofen herausgenommen, die sie in einem Eimer unter den Bordvorhang geschoben hat. Dieser entzündete sich, übertrug das Feuer auf das Regal, wo es die Papiere entzündete, von denen die Flasche mit Reinigungsbenzin platzte und es fingen drei Schuhe an zu brennen. Es wurde die Tür ergriffen, welche fast durchgebrannt wäre. Der Oma ist nicht geschehen.

Den Diebstahl des 500 Mark-Scheines seitens der Kassiererin habe ich nicht aus dem Grunde nicht gemeldet, weil ich vielleicht das Wegstehlen in unserem Betrieb decken möchte, sondern aus dem Grunde, daß es bei weitem nicht das bestehende Manko in unserem Verkaufsladen decken konnte.

Ich gebe zu, daß ich den Treiber bei der Jagd angeschossen habe, aber er hat es eigentlich selbst verursacht. Bei dem Vormarsch und schlechter Sicht in einem unübersichtlichen Terrain hat er systematisch die Linie nicht eingehalten, und bei seinem heftigen Niesen in knapper Nähe kam es zu einem Erschrecken, wobei ich ungewollt auch den Hahn drückte.

Unfallflucht! Wer kann Angaben machen zu dem Unfall am 2. – 3. Januar d. J. am unteren Wolfhartweg (Nähe der Fischteiche), bei dem ein Pkw mit Wintergeländereifen vom Weg abkam, 25 m Zaun niederwälzte, zwei Eisenpfosten abriß, auf ein 1,70 m tiefergelegenes Obstgrundstück stürzte, frontal gegen einen Holzstoß prallte, weitere 100 m Obstkulturfläche verwüstete, mehrere Bäume beschädigte, gewaltsam das Gartentor aufbrach und aus seiner Verankerung riß? Das Fahrzeug muß mehr oder weniger frontal beschädigt sein. Sachdienliche Hinweise erbittet die Verkehrspolizei Darmstadt-Eberstadt.

Wenn ich dürfte, so möchte ich also bitten, daß die Frau Gerichtsrätin dazu auch einige Worte sagt, was es ist, da sie, genau wie ich, die echten Frauengefühle und Hormone haben wird.

Zwecks Auffinden der Dokumentation verweilte Oskar B. oft im Archiv, wo er die verheiratete Archivarin Renate K. trunken und willig machte.

Daß der genannte Franz H. betrunken war, habe ich daraus geschlossen, daß er ca. siebenmal mit dem Fahrrad gegen die Schranke am Pförtnerhaus gestoßen ist und als ich zu ihm kam, sagte er: »Schon gut, Hermine! Heute werde ich noch vor der Tür schlafen, aber morgen jage ich dich vors Gericht!«

Der Täter wurde festgehalten aus Gründen der Benutzung des bekannten Schlagwortes: »Der Täter kehrt an den Ort der Tat zurück!«

Ich nehme meine Äußerungen, Herr Gerstenkorn sei zu faul, um zu arbeiten, und wenn er arbeite, dann nur zweimal im Jahr, seine Frau müßte ihn ernähren, außerdem sei er ein schmieriger Hund, mit Bedauern zurück.

Der Grund meiner Handgreiflichkeit gegenüber der Verkäuferin war folgender: Ich wollte die tags zuvor gekaufte Bluse zurückgeben, da sie nicht richtig saß. Dabei hatte die Verkäuferin unangebrachte Sticheleien geäußert, daß ich wie die Venus von Milo, nur etwas bucklig, gewachsen bin, und dabei ist es nicht wahr, weil mir eine Mitarbeiterin aus einer anderen Abteilung den Kauf empfohlen hat.

Auch haben wir uns gedacht, daß die Eheleute H. N. und W. N. nicht in einer harmonischen Ehe leben. Vorige Woche haben wir aber gesehen, daß H. N. ein Gläschen Likör bestellte und es seiner Frau herausbrachte, welche auf ihn vor dem Gasthaus wartete, so daß man abschließend konstatieren muß, daß man sich darin nicht auskennt.

Als ich den Verstorbenen traf, war in Anbetracht seiner Trunkenheit überhaupt nichts zu verstehen.

Er hatte einen »Schnurres«, und sie konnte man unter dem Tisch nicht sehen, so daß ich als Gastwirt nicht erkennen konnte, ob sie jugendlich sind und infolgedessen nach dem Gesetz nicht fähig, Alkohol zu konsumieren.

Es wurde ein Protokoll über das Benutzen des Diensthundes Ajax vorgelesen, das besagt, daß er auf der Stelle des entwendeten VW Golf eingesetzt war.

Bei Anhalten durch die Polizei nach seiner Identität befragt, sagte er, daß er der bekannte Hirsch ist, der jedem auf den Leim geht.

In Hermann B. könnte man sich auch als guter Menschenkenner sehr irren. Er sieht aus, als ob er nicht bis fünf rechnen könnte, und dabei ist er ein Boxkampfrichter.

Von Manfred K. ist hier bekannt, daß er, ergreift er das Wort, größtenteils von oben herab spricht, aber auch in den Wind hinein.

Die festgenommene ausländische Prostituierte Miriam K., die sich schon auf zahlreichen Pisten Europas betätigt hat, bescheinigte der Polizei Fingerspitzengefühl und ein subtiles Vorgehen.

»Jawohl, ich habe mich mit allen Kräften gewehrt, ich zog ihn an den Haaren, dann hat er mich vergewaltigt.«
»Angeklagter, was haben Sie dazu zu sagen?«
Der Angeklagte zog wortlos ein Toupet vom Kopf.

Wenn mich das Zittern überkommt, da bin ich so aufgeregt, daß ich meinen Mann verhaue, wenn ich ihn auch aus dem Gasthaus holen soll. Aber dann bereue ich es und sage zu ihm: »Ludwig, mache mit mir, was du willst, töte mich, wenn du willst, aber wenn mich das nächstemal das Zittern überkommt, dann verhaue ich dich wieder.«

»Ich gebe zu, meine Frau verprügelt zu haben, ihr das Bein gebrochen, ein bißchen gewürgt und an den Haaren gerissen, aber dafür sechs Monate Einzelhaft ohne Bewährung und uns jetzt in den Flitterwochen auseinanderzureißen?!«

Ich führe an, daß die Zerrüttelung der Ehe tief und dauerhaft, wenn sie auch nicht beweisbar ist durch einzelne Vulgaritäten, wie Würgen, Schlagen, Beschimpfungen und Auftritte, da wir uns als intelligente Menschen solcher Handlungen enthalten, um den guten Geschmack nicht zu verderben.

»Wie, 20 Mark wollen Sie haben, Herr Wachtmeister?« fragte mich die Verkehrssünderin.
Ich nickte.
»Na gut, Sie gefallen mir, steigen Sie ein!«

Der Genannte nahm noch am gleichen Tage die ärztliche Behandlung in Anspruch, wo er eine leichte Gehirnerschütterung, Schrammen im Gesicht und Fraktur des linken Kiefers erlitt.

Die Gesuchte befindet sich im Krankenhaus für Hehlerei und Diebstahl.

Er entwendete mir auch außer anderem Rasierapparat, Feuerzeug und Wäsche, was Fräulein N. K. bei mir in der Aktentasche vergessen hatte.

Der Adressat ist an der angegebenen Adresse unbekannt, da es sich um ein Museum handelt, wo von lebenden Wesen nur der Hausmeister wohnt und der heißt ganz anders.

Frau Zeugin, Sie sind sich ganz sicher, daß es dieser Mann hier war, der sie im Stadtpark vergewaltigte? »Aber ganz sicher, Herr Richter. Ich weiß auch noch die genauen Daten: Das erstemal war es am Samstag, dem 2. Mai, das zweitemal war es am Dienstag, dem 5. Juni und einmal noch am Donnerstag, dem 28. August.

Infolge von Überschwemmung der Dienststelle haben sich die Betriebsangehörigen betrunken, sich auf dem Boden auf Planen gebettet und darauf geschlafen, das Pumpen des Wassers ablehnend.

Bei der Straßenkontrolle fuhr die Pkw-Fahrerin Edith H. den Polizeibeamten an. Bei dem anschließenden Alkoholtest färbte sie das Blasröhrchen zur Hälfte mit grün. Außer dem Schock fehlte ihr keine Schramme.

Alfons T. hat mich getreten, dann schlug er mir mit der Faust in die Rippen, dann drehte er mir die Nase und dann riß er mir ein Haarbüschel aus – kurzum er benahm sich sehr vertraulich.

Bei Feststellung der Präsens ertönte immer von dem, der da war »hier«, für den der da nicht da war, so daß die Zahl der Anwesenden niemals der Zahl derer entsprach, die da waren.

Meine Aktivität auf dem Arbeitsplatz hat mein Vorgesetzter sehr positiv gewertet, und er hat mich auch zu der Verhandlung eingeladen, wo ich mich äußern sollte, ob ich in zwei Wochen definitiv mein Arbeitsverhältnis freiwillig lösen werde.

Ich verlange ein Sachverständigengutachten aus dem psychiatrischen Bereich in der Frage der Waffen und Sprengstoffe.

Von der entwendeten Garnitur habe ich den größten Teil behalten, das ist eine Flasche Whisky, den anderen habe ich die leeren Gläser gegeben.

Es war doch ein Fehler der Geschädigten, daß sie die Tasche so festhielt, so daß ich sie schlagen mußte.

Als der Bub den Tropfstein abgebrochen hat, auf den wir über 500 Jahre warten mußten, habe ich ihm eine Tracht Prügel verabreicht. Dann kam aber sein Vater angewetzt und schrie, daß er zuerst fünf Mädchen hatte und auf den Bub einige Zeit warten mußte, wobei er mir einen Schlag zwischen die Augen verpaßte. Damit endete es.

Von dem entwendeten Fahrrad montierte Wenzel H. die Teile ab, die er an seinem Fahrrad wieder anbrachte. Den Rumpf warf er auf den Friedhof.

Angeklagter, wenn Sie behaupten, daß Sie alles in einer Kurzschlußhandlung getan haben, da muß man eigentlich noch von Glück sagen, daß Sie bei den achtunddreißig Einbrüchen nicht richtig überlegen konnten.

Herr Zeuge, Sie werden die Wahrheit sagen, die volle Wahrheit, nichts als die Wahrheit, aber hauptsächlich, zum Donnerwetter, kurz und bündig.

Von Weinkrämpfen geschüttelt, mußte gestern das Gericht jeden Satz aus dem Angeklagten herausholen.

Es wäre ja gar nicht so schlimm gewesen, wenn es nur einmal passiert wäre, Herr Richter. Aber immer, wenn wir uns trafen, war es dasselbe: Vergewaltigung, Vergewaltigung, Vergewaltigung.

Blut und Führerschein wurden dem Autofahrer Gottlieb S. abgenommen.

Abschließend möchten wir sagen, daß der schlechte Ruf der Genannten ihr die guten, gewinnbringenden Kontakte vermittelte.

Wie der Vater meines Kindes heißt, das kann ich Ihnen nicht sagen, denn so intim kannten wir uns auch wieder nicht.

Der Postbeamte Herr Herbert T., zwang mich zu der Anzeige wegen Tierquälerei, da er über eine Stunde auf unserem Apfelbaum saß und dadurch unsere Dogge aufs äußerste erregte. Zum Schluß stieß er übrigens auch noch gegen meine Person wüste Beschimpfungen aus.

Bei seiner späten Rückkehr fragte ich meinen Mann, wo er gewesen sei. Er sagte, daß er beim Fußballspiel war. Auf meine zweite Frage: »Bis jetzt?« antwortete er mir so, daß er gar nicht antwortete. Und so sollen ihn die vier ausgeschlagenen Goldzähne an das bekannte Sprichwort erinnern, daß Sprechen Silber ist und Schweigen Gold.

Es ist nicht wahr, daß ich etwas mit meinem Schwager habe. Er kam immer zu mir, wenn sein Wecker stehenblieb, und der Kläger nahm an, daß es um 2 Uhr nachts war.

Welche Haarfarbe der Vater meines Sohnes hatte, kann ich nicht sagen, da er nie die Mütze abgenommen hat.

Das Auswärtige Amt hat die leerstehende Villa des Botschafters aus Gründen der gewinnbringenden Nutzung an den Massagesalon »Exclusiv Club e. V.« vermietet. Mit Erstaunen hat man festgestellt, daß der neue Mieter in der Villa individuelle Bedienung in charmanter und privater Atmosphäre anbietet, was mit der Würde und dem Ansehen des Botschafters nicht zu vereinbaren ist.

Außer Rationalisierung, Effektivität und Produktivität waren auch Verantwortung und Ehrlichkeit vollkommen fremde Wörter für ihn.

Ich wurde erst dann gegenüber dem Lehrer meines Sohnes handgreiflich, als er mir auf meine Vorwürfe über die schlechte Benotung – von 100 erreichbaren Punkten hat er ihm nur 20 gegeben – sagte, daß ein Schimpanse, der den gleichen Test absolvierte, 25 Punkte erreichte.

Ich bestreite nicht, Herr Richter, daß mir der Kläger DM 600,– geliehen hat. Als ich die Erbschaft machte, gab ich sie ihm deswegen nicht zurück, damit die Leute nicht meinen, daß mir das Geld in den Kopf gestiegen ist.

Ich habe ihn wirklich geliebt, wurde aber stutzig, als er mich beim Austausch von Zärtlichkeiten aufforderte, ihn an beiden Ohren zu halten, was er damit zu entschuldigen versuchte, daß das notwendig sei, da er einmal bei einer solchen Gelegenheit um seine Uhr und Geldbörse gekommen sei.

Als der Angeklagte mich um Mitternacht in den Park lockte, ahnte ich schon nichts Gutes. Aber es wäre mir nicht in den Sinn gekommen, daß er mir meine Handtasche nimmt und wegläuft.

In ihrer Wohnung angekommen, hat mir Frau Veronika gesagt, daß ich vor ihrem Mann keine Angst zu haben brauche, da er schon fünfmal bei ähnlicher Gelegenheit Schläge bekommen habe. Daß er aktiver Boxer ist, hat sie mir aber nicht gesagt.

Wie zu Protokoll gegeben, wurden die vier Jugendlichen in einem unbeleuchteten Gäßchen von einer unbekannten älteren Frau angehalten, die über ihre kleine Rente jammerte und um einen Beitrag für alkoholfreie Getränke bat. Da die vier Jugendlichen den geforderten Betrag nicht aufbringen konnten, wurden sie von der Unbekannten angegriffen und brutal zusammengeschlagen. Nach der Frau wird gefahndet.

Ja, Herr Richter, ich gebe zu, daß ich den Hasen geschossen habe, wenn ich auch keinen Jagdschein besitze. Aber dieses Vieh hat auch in meinem Garten Kohl gefressen, obwohl es kein Mitglied der Familie ist.

Es kam zu Mißverständnissen und Gewalttätigkeiten, ich weiß nicht einmal genau warum. Ich habe dem Vorgesetzten nur gesagt, daß meine Frau eine Tochter zur Welt gebracht hat. Er fragte, wen ich als Vater in Verdacht habe.

Hohes Gericht, ich glaube nicht, daß die Verletzung des Klägers durch den von mir gelenkten Wagen verursacht wurde. Als ich nämlich nach dem Zusammenstoß aus dem Wagen gestiegen bin, um mich bei dem hier anwesenden, am Boden liegenden Kläger zu entschuldigen, hat er wortwörtlich zu mir gesagt: »Macht nichts, ich wäre sowieso auf die Fresse gefallen.«

Zu den Handgreiflichkeiten kam es, als ich dem Fischmeister sagte, daß ich an der verbotenen Stelle nicht angle, sondern die Würmer bade, und er von mir wegen Erregung öffentlichen Ärgernisses DM 20,– verlangte, da der Wurm keine Badehose anhabe.

Bei mir ist es so, sobald ich höre, daß irgendwo Wasser tropft, muß ich pinkeln. Und bei uns in der Wohnung tropfen die Hähne ununterbrochen, was Grund zu ständigen Familienstreitigkeiten ist.

Ich wollte Berta damit, daß ich sagte, sie sähe wie eine Kuh aus, wirklich nicht beleidigen. Im Gegenteil, ich wollte nur ihre ausdrucksvollen Augen und ihren tiefen Blick betonen.

Meine Zurechnungsfähigkeit verminderte sich durch Einfluß der Dämmerung in dem Moment, als ich den Kläger aus meinem Haus kommen sah und beobachtete, wie er meinen Hund Pucki streichelte, worauf dieser laut und freudig zu bellen begann und mit dem Schwanz wedelte. Das sind Dinge, die er nur bei ständigen Besuchern tut, deshalb habe ich beide verprügelt.

Fred T. war im Betrieb ein Hecht. Sein Fehler war es, daß ihm nicht rechtzeitig bewußt wurde, daß man ihn deshalb als Schädling betrachtete.

Egon T. gab sich als Dipl. Ing. aus. Aber dieses anrüchige Gewerbe wurde durch seine groben Rechtschreibefehler widerlegt.

Bei dem Streit hatte ich keine Zeit zur Überlegung, wie ich die fürchterliche Korpulenz von Frau Alexandra R. anständig zum Ausdruck bringen sollte.

In den Abendstunden warf der Wirt des Gasthauses »Drei Rosen« den Schuhmachermeister und Küster, Herrn Bernhard T., hinaus. Diese Tat löste unter den übrigen Gästen eine große Erregung aus, da Bernhard T. still unter dem Tisch gelegen und geschlafen hatte. Der Wirt bedauerte seine Tat nicht. Als ihm die Gäste Vorwürfe machten, warf er auch diese mit den Worten hinaus: »Hier ist kein Schlafwagen.«

Mein Klient hat also die Tat gestanden. Es ist meiner Meinung nach ein edles und erfreuliches Zeichen, daß der Beschuldigte sich selbst vor dem Gericht demütig bekennt. Ist es möglich, meine Herren Geschworenen, daß ein Mensch von solch honorigen Eigenschaften ein gemeiner Mensch sein kann?

Das ist nicht wahr, Herr Richter. Meinen letzten Arbeitsplatz habe ich nicht mutwilligerweise verlassen. Grausige Umstände haben mich dazu gezwungen. Zuerst ist nämlich die Kuh krepiert, und da hat es sechs Wochen lang nur Rindfleisch zu essen gegeben. Das wäre ja nicht so schlimm gewesen. Dann ist die Sau draufgegangen. Wieder gab's drei Wochen lang nur Schweinefleisch. Dagegen hätte ich ja auch nichts gehabt. Aber dann ist die Oma gestorben, und da habe ich mir gesagt, jetzt nichts wie weg hier.

»Nun, Angeklagter, was sind das für große Schwierigkeiten, die Sie haben?« »Ja, Herr Richter, die größten Schwierigkeiten habe ich mit meiner Frau, aber da werden Sie mir sicherlich auch nicht helfen können.«

Zur Erklärung, Hohes Gericht: Die Sexualneurose habe ich nur bei meiner Frau, sonst ist alles vollkommen in Ordnung.

Das angeschaffte Geld trage ich immer in den Strümpfen, Herr Gerichtsrat. Gewehrt habe ich mich deswegen nicht, weil ich ja nicht ahnen konnte, daß der Kerl nur aufs Geld scharf ist.

Wie üblich ein wenig später aus dem Gesangverein nach Hause kommend, entdeckte ich auf meinem Nachttisch im Schlafzimmer eine brennende Zigarre. Als ich meine Frau etwas unwirsch fragte, woher die Zigarre stamme und ihr riet, mir die Wahrheit zu sagen, sagte jemand im Kleiderschrank: »Na, aus Havanna, du Ochs!« An der Stimme erkannte ich den hier Angeklagten.

Der gewaltig ins Aus geschossene Ball traf während des Fußballspiels zwischen Gerndorf und Mallstadt ein am Waldrand sitzendes Liebespärchen. Der Ball traf den Mann direkt am Kopf, er fiel in tiefe Bewußtlosigkeit. Er stellte sich heraus, daß es sich bei dem Bewußtlosen um den gesuchten Albert T. handelt, ein arbeitsscheues Individuum, das in der Bundesrepublik, Österreich und der Schweiz gesucht wird sowie von sechs teilweise geschwängerten Frauen, denen er die Heirat versprochen hatte.

Bei dem Diebstahl, Herr Richter, handelt es sich lediglich um Mundraub. Daß ich auch noch Schuhe mitgenommen habe, die in der Speisekammer standen, geschah aus erzieherischen Gründen. Ich frage Sie, Herr Richter, gehören Schuhe in die Speisekammer?

Es war am Abend nach dem Treffen im Gesangverein. Ich setzte mich mit der hier anwesenden Klägerin auf eine Parkbank und machte mich dann einer weiteren Alimentenzahlung schuldig.

Zu Beginn der Verhandlung belehrte der vorsitzende Richter wie üblich über die Strafbarkeit falscher eidesstattlicher und uneidesstattlicher Aussagen. Darüber hinaus machte er die Zeugen darauf aufmerksam, daß sie keine Fußballspieler seien und daher bei einer Falschaussage mit Freiheitsstrafen zu rechnen hätten.

Der mir entstandene Schaden kann gar nicht hoch genug eingeschätzt werden, Herr Richter. Mein Gott, was hatte ich für schöne Zähne. Wenn ich irgendeine anlächelte, da war sie schon in anderen Umständen.

Die Polizeibeamten waren der spitzen Schreie wegen, die aus der Wohnung drangen, auf eine Schreckenstat gefaßt, mußten jedoch erkennen, daß das Gegenteil der Fall war.

Daß meine Frau um einen Kopf größer ist als ich, Herr Richter, das wäre sicherlich kein Scheidungsgrund. Aber sehen Sie sich doch diesen Kopf einmal richtig an.

Es ist nicht wahr, daß ich die Arbeit scheue, es ist nur so, daß ich sie nicht unnötig suche.

Über den Genannten wäre noch zu sagen, daß ihm nichts Menschliches fremd war, von der Arbeit abgesehen.

Das Schnitzel sah ich, nach dem abgelegten Besteck zu urteilen, als »frei« an. Erst die schmerzliche Ohrfeige hat mich darin bestärkt, daß der Herr der guten Manieren unkundig ist.

Der Vorgeführte begründete seine Übernachtung auf der Parkbank damit, daß er seit drei Tagen kein Auge mehr zugemacht hat. Am ersten Tag – vor seiner Abreise – lief er den ganzen Tag umher, um eine Karte für ein Schlafwagenabteil zu bekommen. Am zweiten Tag spielte er im Schlafwagen die ganze Nacht über Karten und in der dritten Nacht konnte er nicht einschlafen, weil er das ganze Geld verspielt hatte.

Ich hab' ihm eine gescheuert, weil er laut geschrien hat, daß der Schiedsrichter ein Hornochs sei. Solche Ausrufe gehören ganz einfach nicht auf unseren Sportplatz, davon abgesehen, daß der Schiedsrichter mein Vetter ist.

Nein, die Autonummer habe ich mir nicht gemerkt, da ich ja in der Nacht überfahren worden bin und es ja dunkel war.

Weswegen ich das Aquarium mitgenommen habe? Nun, ich habe mir gedacht, kleine Fische sind auch Fische.

Ich bitte, Hohes Gericht, daß man die Ohrfeige, die ich dem Kläger, Georg T., verabreichte, als Selbstverteidigung anerkennt. Ich befürchtete nämlich, daß die klagende Partei mir eine schmieren wird, und so habe ich präventiv gehandelt.

Als wir die Zelle des Strafgefangenen, Raimund K., öffneten und ihm mitteilten, daß sein Zellennachbar in der Nacht geflüchtet sei, sagte dieser nur: »Na, Gott sei Dank, das ewige Feilen ging mir schon auf die Nerven.«

Zu den Ehestreitigkeiten kam es bei uns nur am Zahltag. Sonst führten wir ein recht harmonisches Leben.

Dann wollte sich Georg O. der Laufbahn eines Rechtsanwalts verschreiben. Doch da kam ihm sein ausgeprägtes Gerechtigkeitsempfinden in die Quere.

Herr Richter, was heißt hier Vergewaltigung. Als sie mir sagte, daß sie an einen solch lauen Säckel nicht ihre Jugend verschwenden werde, habe ich nur meine Ehre gerettet.

Die Abteilung für Todeserklärungen des Amtsgerichts Fürth weist darauf hin, daß der Beschluß des Amtsgerichts Fürth über die Todeserklärung des Michael O. aufgehoben sei, da der für tot Erklärte die Todeserklärung überlebt hat.

Von wem ich in anderen Umständen bin, das hat auch schon die Polizei untersucht.

Wie soll ich es mit ihr aushalten? Hat sie schlechte Laune, dann schreit sie und macht Geschirr kaputt, hat sie gute Laune, dann singt sie.

Statt an seine Ehepflichten zu denken, sagte er immer: »Wer seine Wirbelsäule liebt, darf im Bett nicht sündigen.«

Nein, Herr Richter, ich kann Ihnen nicht sagen, wer der Vater des Kindes ist. Wissen Sie, das ist dasselbe, als wenn Sie von einer Säge verletzt werden, denn dann wissen Sie auch nicht, welcher Zahn das war.

Daß der hier Angeklagte in der letzten Zeit ein sehr liederliches Leben führte, das kann ich nur bestätigen. Ich habe ihn oft in Lokalen angetroffen, wo ich Hemmungen hatte, hineinzugehen.

Sylvia W., Uschi O. und Anna R. lebten früher in Kommunen. Sie kamen sich schließlich wie Kühe vor, nicht wie heilige Kühe, sondern wie ganz gewöhnliche, die gemolken werden.

Ich gebe zu, sie war eine Frau, mit der man Pferde stehlen kann. Aber was soll man mit Pferden, wenn man eine Frau hat?

Hohes Gericht, wenn ich schwören soll, daß ich nichts als die Wahrheit, die reine Wahrheit sagen werde, so bleibt mir bei all dieser Einschränkung eigentlich nicht mehr viel zu sagen.

Polizeifunk: Wagen Vier sofort zum Hotel Palace. Auf der Terrasse läuft eine nackte Frau umher. Alle anderen Einsatzwagen bleiben an ihren Standorten.

Herr Richter, ich bin überall als sehr tierliebend bekannt. Den Papagei im Gasthaus »Zur Arche« wollte ich ein bißchen am Kopf kraulen. Als er mir aber plötzlich in den Finger pickte, habe ich ganz einfach die Beherrschung verloren und ihm den Hals umgedreht.

Es war genau zehn Minuten vor Mitternacht, als ich bei einem Streifgang den hier angeklagten Max E. mit der minderjährigen Agathe L. ertappte. Sie leuchtete mit einer Taschenlampe auf seine Uhr. Auf meine Frage, was er mit der Minderjährigen tue, antwortete der hier Angeklagte: »Wir warten bis Mitternacht, weil sie dann sechzehn wird.« Untersuchungen ergaben, daß das Datum ihrer Geburt stimmt.

Daß mein Mann Schiedsrichter ist, stört mich nicht., daß er mir aber zu Hause ständig die rote Karte zeigt, das kann ich ganz einfach nicht mehr ertragen.

Sie sagen, Herr Richter, das beste was ich machen kann, ist, nach Hause zu meiner Frau zurückzukehren. Und was ist Ihrer Meinung nach das schlimmste?

Die Mordkommission schließt nicht aus, daß die bei Hannover gefundenen Teile eines menschlichen Körpers zu einer Leiche gehören.

Also, nach dem Bericht der Polizei habe ich einen angeschrammten Ruf. Ob die auch wissen, daß es das einzige ist, was ein armes Mädel hat. Und auch um das wollen sie mich jetzt bringen.

Ich bestreite, daß ich Edmund R. im Park etwas entwendet haben soll. Ganz im Gegenteil: Ich habe ihm alles gegeben, was ich nur konnte.

Die Arbeit der ihm Untergebenen kann Herbert T. gut organisieren, auch wenn dann für ihn nichts mehr übrigbleibt.

Wie ich sehe, Herr Richter, ist die Sache mit der Scheidung gar nicht so einfach. Jetzt kommt der Sühnetermin, dann kommt der Termin wegen der Alimentenzahlung und Sorgepflicht für die Kinder. Ich glaube, wir lassen das lieber sein ... So lange hält meine Wut nicht an.

Auf unserer fristlosen Kündigung müssen wir bestehen. Dem Genannten wurde bei Einstellung durch Vertrag zur Kenntnis gebracht: »Zur Erhaltung der Dienstbereitschaft während der Nachtzeit darf die vorhandene Liege lediglich zum Ruhen in wachsamer Bereitschaft, nicht jedoch zum Schlafen benutzt werden«, um so weniger also zur Erfüllung der ehelichen Pflichten.

Das Gericht betrachtet den Angeklagten als unschuldig. Er wird ermahnt, es nicht noch einmal zu tun.

Bei der Verhandlung stellte das Gericht fest, daß der angeklagte Hubert K. versuchte, sich aus der Verantwortung zu stehlen.

Langjähriger Prozeß wegen Alimentenzahlung. Der Richter verkündet das Urteil: »Sie sind soeben Vater eines prächtigen, 184 cm großen und 93 kg schweren Jungen geworden.«

Als wir den Beschuldigten bei der Verkehrskontrolle stoppten, habe ich gesagt: »Sie wurden fotografiert.« Er gab mir zur Antwort: »So ein Pech! Ausgerechnet heute bin ich schlecht rasiert.«

Hohes Gericht, um die Sätze oder die Ausdrücke zu wiederholen, mit denen sich die Eheleute S. traktieren, müßte ich ein besonders ausgeprägtes Gedächtnis haben. Ich kann nur sagen, daß ich mich unter dem Eindruck dieser Szenen von meiner Verlobten trennte, die immerhin einen Bungalow, einen Mercedes und DM 100 000,– Bargeld in die Ehe gebracht hätte.

Wenn auch mein Mandant mehrmals wegen Diebstahl vorbestraft ist und den Diebstahl der vier Rollen Toilettenpapier im Kaufhaus nicht bestreitet, bitte ich trotzdem um Freispruch und die Tat als »Mundraub« anzusehen.

Ich konnte es einfach nicht mehr mit ansehen, wie meine Frau immer die große Dame spielte. So trug sie z. B. die Wäsche in die Wäscherei.

Der Rechtsberater der Firma, ein ausgesprochener Lügenbold, schwatzte mir die Anerkennung der Schulden ab, und ich Trottel – in vorübergehender Aufregung – habe alles unterschrieben.

Am besten läßt sich Anton B. so charakterisieren, daß, hat er eine schwache Minute, er bereit ist, zuzugeben, daß das Meer größer als sein Swimming-pool ist.

Wenn die Angeklagte sich darüber beklagt, daß sie einen Fehltritt machte, so muß hier gesagt werden, daß sie deswegen viel gelaufen ist.

Wenn er auch mein Freund ist, so muß ich sagen, daß Anton ein Mensch ist, der zum Glück nur einmal in hundert Jahren zur Welt kommt.

Wenn er sich schon nicht nach den Bauvorschriften verhalten hat, Herr Richter, so sollte er nach dem gesunden Menschenverstand vorgehen und mußte nicht mit dem Schubkarren in die ungesicherte Grube fallen.

Ich habe meine Tochter praktisch bis zu ihrem fünfundzwanzigsten Lebensjahr ernährt. Dann machte sie sich selbständig, und ihr Mann mußte sie ernähren.

Ich bin ein grüblerischer Mensch und daher fällt mir hin und wieder etwas ein, was aber, wie sich oft später zeigt, nicht immer mit dem Gesetz vollkommen im Einklang steht.

Das Schaufenster hat Benno ganz umsonst eingeschlagen. Er hätte gleich sehen müssen, daß der Pelzmantel für mich über der Brust viel zu eng war. Schließlich kennt er mich ja schon seit einigen Tagen.

Das Briefgeheimnis habe ich nicht verletzt. Ich nahm nur das Geld, den Text habe ich nie gelesen.

Auf die schiefe Bahn kam ich durch meine künstlerischen Neigungen. Als ich als Laienspieler zum ersten Mal im Leben die Rolle eines Diebes mimte, stahl ich noch Monate nach der Premiere.

Ich habe gar nicht gewußt, daß er in dem Haus Jagdtrophäen hat. Aus seinem ständigen Hinsetzen unter die Geweihe und seinem hämischen Lächeln habe ich dann gemerkt, daß er auf den Fehltritt meiner Frau und ihres Vorgesetzten anspielt. Sein Gespött hat mich dazu getrieben, aus dem Haus Kleinholz zu machen.

Der Beschuldigte wurde zur Verantwortung dafür gezogen, daß er Viehfutter entwendete und nicht dafür, was seine Schweine gefressen haben.

Zu der Tatzeit hatte der Angeklagte lange Haare und unter der Nase einen Schnurrbart. Jetzt aber hat er kurze Haare ohne Schnurrbart, so daß ich ihn nur schlecht wiedererkennen kann.

Marcel beteuerte immer wieder, daß er kinderlieb sei. Als ihm dann von den verschiedenen Gerichten Mahnungen wegen Alimentenzahlung ins Haus flatterten, wurde mir langsam verschiedenes klar.

Da sich der Gegner Karl Q. nach Erhalt meines Antrages aufgehängt hat, nehme ich meinen Antrag zurück und danke Ihnen für Ihre Mitarbeit.

Bei der psychologischen Untersuchung ist Heribert K. fügsam; allerdings lehnt er es ab, außer brennenden Flugzeugen etwas anderes zu zeichnen.

Auf mir kann man auch Holz hacken, Hohes Gericht. Aber nur bis zu einem gewissen Moment. Es war sein Pech, daß der Meister diesen Moment nicht erfaßt hat.

Nach ambulanter Behandlung konnte der junge Mann seinen Finger wieder mit nach Hause nehmen.

Der Angeklagte Robert Z. ist das Opfer seiner Erziehung. Seine Eltern verweigerten ihm nie einen Wunsch. Verlangte er von seinem Vater z. B. DM 1 000,–, so ging dieser gleich in den Keller und druckte sie ihm.

Vielleicht hilft Ihnen diese Auskunft etwas. Nikolaus Ü. raucht z. B. nur schwarze Zigaretten und kein Gulasch ist ihm scharf genug.

Hohes Gericht, es wäre eine Schande für die ganze Familie, wenn sie meinen Sohn Günther ins Gefängnis schickten. Was soll ich nur tun, um ihn davor zu bewahren? Was habe ich mir mit dem Dummkopf schon eine Mühe gemacht. Aber er ist einfach zu dämlich und läßt sich immer wieder schnappen.

Herr Richter, ich habe meine Freundin Gisela deswegen nicht als Zeugin aufgeführt, da sie sich mit dem Vater meines Kindes nur geküßt hat.

Es ist wahr, daß Alfons C. mich nicht geschlagen hat, denn ich habe seine Gedanken gelesen und kam ihm zuvor.

Wenn ich richtig überlege, so ist der Misthaufen etwa so groß wie das Gericht hier.

Als Mensch mag er gut sein, als Soldat zeigt er jedoch viele Lücken.

Bei der Inventur wurden keine Mängel festgestellt, sondern erst nach der Inventur.

Ich nahm mir ein Taxi, um schnell ins Krankenhaus zu kommen. Der Taxifahrer fuhr aber äußerst schnell und riskant, und ich bat ihn, ein wenig vorsichtiger zu fahren. Ich sagte ihm, daß ich zu Hause sieben Kinder habe. In dem Augenblick hat er die Hände über dem Kopf zusammengeschlagen und gesagt: »Und da sagen Sie mir, daß ich vorsichtig sein soll!« In diesem Augenblick ist das Unglück geschehen.

Die Art, wie der Angeklagte sein Fahrzeug gelenkt hat, zeugt davon, daß er an ein Weiterleben nach dem Tode glaubt.

Bei meinem nächtlichen Rundgang habe ich den hier Vorgeführten beobachtet, wie er Münzen in den Kanalschacht warf. Auf meine Frage, was er da tut, gab er mir zur Antwort, daß ihm eine Mark in den Kanalschacht gefallen sei, er aber wegen einer Mark nicht hineinkriechen werde.

Ich habe Therese J. immer mit den Augen eines Zukünftigen betrachtet. Als sie mir aber den bereits verwesenden Fisch ins Gesicht warf, fielen mir Schuppen von den Augen.

Am ersten Tag unseres Urlaubs lief ich morgens ganz einfach so, das heißt ohne Badeanzug, zum See. Mein Mann beobachtete mich mit einem Fernrohr. Doch das wäre für mich kein Grund gewesen, die Scheidung zu beantragen. Aber stellen Sie sich vor, Herr Richter, auf dem Fernrohr war ein Gewehr aufmontiert.

Es stimmt, Herr Richter, daß ich vor dem Traualtar versprochen habe, mit ihm das Gute und das Böse zu teilen. Ich habe es auch getan, habe mit ihm zwei Weltkriege durchgemacht, eine Überschwemmung, zwei Brände und noch mehr. Aber was zu viel ist, das ist einfach zu viel. Nie und nimmer werde ich mit ihm zum Fußballspiel gehen.

Hohes Gericht, wie ich den Panzerschrank geknackt habe, das kann ich hier nicht erzählen, da die Konkurrenz im Saal stark vertreten ist.

Von einer Liebe zwischen meiner Frau und mir kann nicht mehr die Rede sein, da sie weder mit mir ins Bett geht, noch das Fernsehprogramm ansieht.

Der Beklagte hat in unserer Gemeinde kein Eigentum. Vielleicht ein Motorrad, Moped oder Fahrrad. Vielleicht auch etwas noch Kleineres, Aber auch das ist nicht sicher.

Was seine Arbeit betrifft, so bekommt man mit ihm eher einen Sänger ins Haus als einen Installateur.

Manfred F. wollte mich heiraten. Warum er es nicht getan hat, das weiß ich nicht, da er mir bis heute die Antwort schuldig ist und DM 4 500,– Alimente.

Ich gebe zu, daß die Klägerin sehr mißtrauisch war. Bevor sie einwilligte, für eine Minute heraufzukommen, mußte ich ihr versprechen, sie morgens heimzubringen.

Sie können mich nicht bestrafen, Herr Richter. Denn während Theo und Albert den Laden ausräumten, habe ich nur Schmiere gestanden. Und als ich meinen Anteil verlangte, haben sie mir nichts gegeben, sondern mich nur verprügelt.

Das Verhalten meiner Gefährtin betrachte ich als gesellschaftsgefährdend, denn als ich sie bat, mir einen Knopf anzunähen, gab sie mir eine Ohrfeige.

Als man nach dem Unfall den Verletzten fragte, auf wen er seine hohe Lebensversicherung abgeschlossen hat und wen man benachrichtigen soll, da hat er gesagt: »Teilen Sie bitte meiner Frau sehr schonend mit, daß ich noch am Leben bin.«

Ewald O. lockte aus dem Fernfahrer Wilhelm L., unter dem Vorwand Kasseler Rippchen zu kaufen, die dieser so gern aß, einen Hunderter. Zu seiner Entschuldigung gibt er an, daß nichts, aber auch gar nichts ohne Risiko geschieht.

Wenn Sie sie hier so sehen, Hohes Gericht, so hätten Sie meiner Frau sicherlich nicht zugetraut, daß sie schon drei Autos und zwei Ehen kaputtgemacht hat.

Als wir den hier Vorgeführten um 3 Uhr in der Nacht mit einem großen Koffer anhielten und fragten, was in dem Koffer ist, bekamen wir die zaghafte Antwort: »Sie werden es mir sicherlich nicht glauben, aber ich weiß es selbst nicht.«

Emil K. drohte den Bewohnern mit Vernichtung. Er warf mit Flaschen nach ihnen, auch mit Pfandflaschen.

Den Fall meiner Vergewaltigung habe ich deswegen nicht gleich der Polizei gemeldet, weil ich annahm, daß dadurch, daß ich dem Beschuldigten Hans-Eberhard S. für seine ungesetzliche Handlung ein paar Kräftige runtergeputzt habe, die ganze Angelegenheit erledigt sei.

In die Waldhütte bin ich deswegen eingebrochen, damit mich die Polizei verhaften konnte und ich in Untersuchungshaft genommen werde, da mir solch ein Leben keinen Spaß mehr macht.

Ich habe nur gestohlen, weil ich keine Arbeit hatte und kein Schmarotzer sein wollte.

Zu der Anklage, daß ich mich an fremdem Eigentum vergriffen habe, muß ich sagen, daß das ein Irrtum ist, weil ich die vier Sack Kupfer unter der Assistenz vom Werkschutz und weiteren Zeugen hinausbeförderte.

Was die Bürotätigkeit des Heinrich T. betrifft, so wäre zu sagen, daß das Ausfüllen von Lottoscheinen ihm am besten von der Hand ging.

Mein Mann ist Gemeinderatsmitglied. Diese Funktion erschöpft ihn so, daß er an den Abenden trinkt und jähzornig ist. Für die Funktion eines Ehegatten bleibt ihm keine Zeit und keine Laune.

Ich habe zu dem Kläger nur gesagt, daß er sich wie eine Bestie benimmt und daß seine Intelligenz auf dem gleichen Niveau der Menschen steht, die von Archäologen in Australien gefunden worden sind und von der Steinzeit bis heute überlebten.

Von Wolfgang C. ist bekannt, daß er doppelt soviel gelogen hat durch das was er sagte, als durch das, was er verschwieg.

Der Angeklagte war in einem betrunkenen Zustand. Aber er konnte in einem Zustand sein wie er wollte, er sagte nie etwas.

Bernhard J. hat eine gute Arbeitsmoral. Die Anweisungen der Vorgesetzten erfüllt er bereitwillig, die ihm aufgetragenen Arbeiten führt er gewissenhaft aus. Trotz dieser Eigenschaften ist er bei den Mitarbeitern beliebt.

Bei dem Überfall habe ich mich fürchterlich erschrocken, da ich nicht wußte, welche Absichten er in sich trägt. Als ich ihm aber sagte, daß ich kein Geld habe, und er darauf nicht reagierte, habe ich erkannt, daß er andere Absichten hat, und habe aufgehört zu schreien.

Nein, ganz im Gegenteil, meine Herren Geschworenen, ich liebe Blasmusik. Aber wenn ich das moderne Bong, Bing, Beng höre, so bekomme ich rote Ringe vor die Augen und einen inneren Zwang, aus dem Lokal Kleinholz zu machen.

Ich behaupte nicht, daß ich nicht getrunken habe. Ich bestellte mir eine Coca Cola und irgendein Wohltäter, den ich nicht kenne, hat mir Rum hineingegossen, ohne daß ich ihn darum gebeten habe. Nur so kann ich mir meine Trunkenheit erklären, die der hier anwesende Sachverständige auf 2,4 Promille bewertet.

»Was haben Sie zu der Beschuldigung des Vermieters zu sagen, daß Ihre Wohnung durch Ungeziefer verunreinigt ist?«
»Wissen Sie, Herr Richter, mein Vermieter weiß genau, daß es von Kindheit an mein Steckenpferd ist, mich mit der Zucht verschiedener Haustiere zu beschäftigen. Für den größten Teil der Haustiere habe ich aber kein Futter. Also bin ich gezwungen, auf Arten auszuweichen, die sich selbst ernähren.«

Laut Protokoll entwendete der Beschuldigte auf dem Südfriedhof einen Grabstein, den er, wie er selbst zugab, überschleifen wollte, um ihn dann für eigenen Bedarf zu benutzen.

»Angeklagter, Sie sind uns als Taschendieb hinreichend bekannt. Aber was hat Ihr Sohn mit dem Diebstahl zu tun?« »Ja, wissen Sie, Herr Richter, als mein Sohn das erste Mal aus der Schule kam, da sagte er zu mir: ›Papi, unser Lehrer ist o. k. An dem linken Arm hat er eine goldene Uhr, einen goldenen Ring am Finger der rechten Hand und die Geldbörse in der rechten Jackentasche.‹«

Ich habe den Strom nur deswegen angezapft, weil ich der Meinung bin, daß der Mensch einfach nicht ohne ihn leben kann.

Der Fahrer des Wagens K – L 077 übersah die Rechtskurve und fuhr durch sie durch, als ob er die Fahrt geradeaus fortsetzen wollte.

Dem Fahrer Willi G. wurde eine Blutprobe abgenommen sowie die Verständigung der Hinterbliebenen.

Die Unfallursache beruht vor allen Dingen darauf, daß sich der Fahrer Ludwig Ö. mit ganzer Vehemenz der Mitfahrerin gewidmet hat.

Als ich dem Beschuldigten sagte: »So betrunken können Sie doch nicht mit dem Auto fahren, nehmen Sie doch lieber den Bus!« hat er mir zur Antwort gegeben: »Wollen Sie einen Witz machen? Der paßt doch nie und nimmer in meine Garage.«

Das Gericht kam zu der Überzeugung, daß es sich hier wirklich um ein kompliziertes Familienverhältnis handelt, da die zwanzigjährige Margaret M. einen Buben zur Welt brachte, und ihre Mutter drei Wochen später ein Mädchen. In beiden Fällen ist der Stiefvater von Margaret M., also Ehemann ihrer Mutter, der Vater. Bis zur Scheidung von der älteren Schwester von Margaret war er ihr Schwager. Sein Sohn aus der ersten Ehe war bis vor kurzem der Verlobte von Margaret M.

Für die Bürger Lützenkirchens – besonders für die älteren – sind Bestattungen auf dem Friedhof Birkenweg wegen fehlender Verkehrsverbindungen äußerst ungünstig.

Was der Angeklagte am kritischen Tag gemacht hat, Hohes Gericht? Nun, er war kreideweiß, hatte Schaum um den Mund und hielt ein Rasiermesser in der Hand – und dann, dann fing er an, sich zu rasieren.

Das Gericht schenkte der Behauptung des Angeklagten, der sich als Dichter bezeichnet, keinen Glauben, nachdem es die Sammlung ›Der Gefangene der Moral auf dem Erdplaneten‹ gesichtet hatte. Der Angeklagte, der behauptet, daß der Sinn seines Schaffens die Suche nach der Schönheit im Universum ist, bringt in diesem Buch außer 12 Seiten Verse 120 Nacktfotos und bietet es zum Preis von DM 20,– an.

Wegen der damaligen Aufregung und wegen des Zeitabstands kann ich heute nicht mehr sagen, an welchem Arm ich Manfred V. angefaßt habe. Es wird wohl der sein, den er jetzt in Gips hat.

Hohes Gericht, ich habe alles versucht, damit meine Frau bei mir bleibt. Ich habe ihr gedroht, ich habe sie ausgeschimpft, ich habe ihr nichts zu essen gegeben, ich habe sie verhauen. Aber nichts hat geholfen.

Ich muß oft an meine Mutter denken. Als ich in Haft war, da hat sie nicht wie andere lamentiert, sondern hat mir einfach Zyankali geschickt.

Die Beziehungen meines Mannes zu fremden Frauen sind bekannt. Es war in unserer ganzen Ehe nicht anders. Zum Schluß war es auch seinen Mitarbeitern bekannt, und sie machten sich einen Spaß daraus, als sich einer von ihnen als Frau verkleidete und mein Mann prompt darauf geflogen ist.

Ich weiß, daß ich einige Paragraphen überschritten habe. Aber hätten sie, Herr Richter, bei einem Diebstahl Zeit, sich die Paragraphen ins Gedächtnis zu rufen?

Es hat sich so zugetragen: Hubert K., warf mir den Hammer mit den Worten zu: »Paß auf!« solch einen guten Scharfblick habe ich aber auch nicht, und so fiel der Hammer vom fünften Stockwerk herunter, gerade auf die dort gehende Frau.

In der letzten Zeit gab es nur noch Telefongeflüster, Dienstreisen, Schönheitsmaske in der Nacht usw. Da muß doch ein Idiot erkennen, daß das Weibsbild aus dem Mann einen Ochsen macht. Ich habe es auch erkannt.

Die beschuldigte Anna W. wurde deswegen in Haft genommen, weil sie sich nirgends aufhielt.

Daß der mehrmalige Freiheitsentzug keinen Einfluß auf mich hatte, erkläre ich mir dadurch, daß es mir in den Gefängnissen überhaupt nicht gefallen hat. Deswegen meine ich, Sie hätten es jetzt einmal mit einer Strafe auf Bewährung versuchen sollen, da es mir auch in der Freiheit besser gefällt.

Zu meiner Verteidigung muß ich sagen, wäre ich früher aufgewacht und die Polizeistreife nicht gekommen, so hätte ich das Tonbandgerät ohnehin zurückgegeben, um meinen guten Ruf zu behalten. Ich kann mir nicht erklären, warum ich es ihm eigentlich gestohlen habe.

Herr Richter, Robert ist treu wie ein Hund, wenn er sich nicht losgerissen hat.

Die im Januar angeordnete Tollwut für die Gemeinde wurde mit sofortiger Wirkung vom Landrat des Kreises Plön aufgehoben.

Von der genannten Petra W. ist bekannt, daß ein Gespräch mit ihr ein Genuß ist. Sie nimmt nämlich, auch wenn sie gar nichts sagt, kein Blatt vor den Mund.

Daß Ulrich G. ein Idiot ist, das stimmt. Aber ich habe es nicht gesagt.

Angeklagter, sagen Sie die Wahrheit und lassen Sie sich von niemandem beeinflussen. Bisher erzählen Sie lauter Unsinn und wiederholen nur das, was Ihr Verteidiger sagt.

Was hat er immer für Gespräche geführt, was wir uns alles anschaffen und wohin wir fahren werden. Und jetzt will er nicht einmal die Vaterschaft anerkennen.

Am Tatort konnten keine Spuren gesichtet werden. Die Sachen, die der Täter nicht entwendete, faßte er nicht an und was er anfaßte, nahm er mit.

Ich hatte von der hier Angeklagten von Anfang an keine gute Meinung. Als ich sie aufforderte, mir ihre Empfehlungen zu zeigen, sagte sie zu mir: »Aber gerne. Was aber, wenn jemand kommt?«

Über intime Erlebnisse mit der Partnerin kann ich mich nicht äußern, da es unwahr wäre, was in Wirklichkeit wahr ist, aber unwahrscheinlich.

»Herr Rechtsanwalt, Sie haben mir versprochen, daß das Gericht meine Frau freisprechen wird, und nun lautet das Urteil drei Jahre mit Bewährung. Wie erklären Sie das?«
»Ganz einfach! Sie hat mich gar nicht zu Wort kommen lassen.«

»Angeklagter, es wird durch Zeugen bewiesen, daß Sie den Kläger einen Lumpen und Dieb nannten. Haben Sie noch etwas hinzuzufügen?«
»Das wohl, Herr Richter, aber es sind zu viele Zeugen hier.«

Sie sagten, Herr Richter, daß ich von der Anklage wegen Diebstahls mangels Beweises freigesprochen worden bin. Heißt das, daß ich die goldene Uhr jetzt behalten darf?

Welchen Grund ich habe, Herr Richter, mich scheiden zu lassen? Nun, mein Mann führt ein Doppelleben, und keines der beiden gefällt mir.

Nur einmal, Herr Richter, hat mein Mann einen Sonnenstrahl in mein Leben gebracht, und zwar war das damals, als er morgens vollkommen betrunken nach Hause kam und die Tür zuknallte. Dabei sauste dann das Rollo vor dem Fenster in die Höhe.

Ich habe damals gleich zu meinen Freundinnen im Klub gesagt: »Der Dieter muß die Kasse seiner Firma als Eigentum betrachten, da er jetzt jeden Tag Golf spielt und obendrein noch eine junge Frau hat.«

»Angeklagter, warum bestreiten Sie jetzt, daß Sie 2,75 Promille Alkohol im Blut hatten, wenn Sie es doch bei der Polizei zugegeben haben und es auch durch ärztliche Untersuchung bewiesen wurde?«
»Da ich, Herr Richter, nicht der Angeklagte, sondern der Zeuge bin.«

Man kann nicht ganz einfach gegen Strafvollzug sein, denn letztlich bildet er auch einen Wirtschaftsfaktor und sichert Arbeitsplätze.

Ja, Herr Richter, am Anfang, als wir uns kennenlernten, dachte ich, daß sie ein Engel sei. Erst später kam ich darauf, daß auch eine Gans Flügel hat.

Wissen Sie, hauptsächlich bestehe ich auf Scheidung, weil es die einzige Art ist, von ihm Alimente zu bekommen.

Ich steckte die Ware nur deswegen in meinen Wintermantel, weil das Einkaufskörbchen zu schmuddlig war, und ich kann daher nicht verstehen, daß mich der Geschäftsführer auf dem Weg zur Kasse angehalten hat, um mich vorschnell zu beschuldigen.

Ich gebe zu, daß ich einige Male das Auspfuffrohr meines Nachbarn Georg M. verstopft habe, aber nicht in böser Absicht, wie er behauptet, sondern im Interesse der Luftreinhaltung in unserer Siedlung.

Der Wagen schleuderte nicht infolge des Biers, das ich getrunken hatte, sondern wegen des Glatteises, das danach kam.

Es stimmt, daß Erwin Z. ständig etwas zu verkaufen hatte, wie z. B. Skischuhe, Tonbandgerät, Schinken oder ähnliches. Ich habe immer gedacht, ein geschickter Kerl, der Erwin. – Sehen Sie, es wäre mir nicht einmal im Traum eingefallen, daß er nur ein gewöhnlicher Ladendieb ist.

Sie haben zwar gesagt, Herr Staatsanwalt, daß mich ein Geständnis erleichtern wird, aber ich glaube, daß mir nicht einmal Weihwasser helfen wird.

Ich habe nicht absichtlich auf meinen Freund geschossen, sondern gedacht, es sei ein Hirsch. Erst als er zurückgeschossen hat, habe ich meinen Irrtum bemerkt.

Unsere Republik soll kein Polizeistaat werden, sie muß ein Rechtsstaat bleiben. Der ist aber nicht in erster Linie für den Gesetzesbrecher da, sondern für den normalen Bürger, der das Maul hält, arbeitet, den Wohlstand mehrt, seine Steuern zahlt, eine Familie hat, seine Kinder großzieht und sich als Spießer belächeln läßt.

Die wegen Kuppelei angeklagte zweiundsechzigjährige Therese E. gibt zu Protokoll: »In meinem Alter habe ich nicht genügend Kraft, zu massieren. Daher habe ich drei zwanzigjährige Mädchen damit beauftragt, die ich bereitwillig beriet und denen ich Erfahrungen vermittelte. Mich trifft also nur Schuld wegen Führens eines Massagesalons ohne Konzession.«

In der Gemeinde war von Walter H. bekannt, daß er Hellseher war. Wenn irgendeinem etwas mißlungen ist, so pflegte er zu sagen: »Das habe ich gewußt, daß es so ausgehen wird.«

Die eigentliche Schuld an unserer Scheidung, Herr Richter, trägt einzig und allein der Briefträger, der meiner Frau einen an mich adressierten Brief aushändigte.

Von der genannten Erni S. kann man sagen, daß die Lüge kurze Beine hat, aber das oft sehr verführerisch.

Es war zum Verrücktwerden, meine Herren Geschworenen. Sie kaufte Sachen, die man nicht brauchte, und zwar vom Geld, das wir nicht hatten, und das nur deswegen, um Eindruck auf Leute zu machen, die wir nicht ausstehen konnten.

Ich erkläre hiermit mit reinem Gewissen, daß Ottokar T. die ganze Nacht bei mir verbracht hat. Aber wenn er bei der Anna geschlafen hat, so werde ich es ihm nicht schenken, und Sie können es streichen, auch mit Alibi.

Die Höhe der Strafe, Herr Richter, scheint mir angemessen zu sein, aber vielleicht für fünf oder sechs Menschen.

Die Verhandlung wurde zwecks Feststellung verminderter Zurechnungsfähigkeit vom Gericht vertagt.

Der Betrieb muß mich für den Unfall vollkommen entschädigen. Ich hinke jetzt, und wenn ich eingehängt mit meiner Frau gehe, so zuckt es uns fürchterlich.

In dem Restaurant »Zur Post« war ich bis 23.40 Uhr, länger habe ich mich dort nicht aufgehalten. Dann bin ich ruhig weg. Das können Sie mir glauben, Hohes Gericht, denn ich habe es aus erster Hand, da sie mich weggetragen haben.

Ich kam spät nach Hause, und wenn auch das Türschloß nicht beschädigt war, so habe ich bei der Unordnung in der Wohnung gleich gewußt, daß etwas nicht in Ordnung war.

Es war ganz leicht, in die Büros zu gelangen. Es genügte, von irgendwoher anzurufen und zu sagen: »Mäuschen, hast Du gesehen, wie die im Urlaub vom Direktor zugerichtet worden ist?« und gleich war es leer dort.

Dem genannten Adolf R. verwehrte ich mich ganz entschieden. Ich habe sogar gedroht. Als er aber nicht einmal das Zugeknöpfte aufknöpfen konnte, war ich mit meiner Kraft am Ende, da ich trotz der Emanzipation ein schwaches Weib bin.

Absichtlich habe ich ihm das Bein nicht gebrochen. Es war rein im Eifer des Gefechts, gerade so wie jetzt, Herr Richter, da Sie im Eifer der Paragraphen mir jetzt unschuldig Unrecht tun.

Gustav H. hat zwar im Betrieb ein Verhältnis, nicht aber zur Arbeit.

Bei seinen Gesprächen war Daniel B. immer lauter Champagner, chambre séparée, Partys und ähnliches, so daß meine Bezeichnung Arschloch nur als ein Kampfmittel zur Bereinigung der deutschen Sprache von Fremdwörtern zu werten ist.

In die Diskothek ging ich mit einem Monokel auf dem rechten Auge, kehrte aber mit zweien zurück.

Durch einen Lichtstrahl drangen in der Nacht zum Freitag unbekannte Täter in den Konsummarkt ein.

Als ich bei einer Verkehrskontrolle Vizenz F. aufforderte, mir seinen Führerschein zu zeigen, sagte er wörtlich: »Wieso Führerschein? Den habe ich doch schon letzte Woche abgegeben, haben Sie den etwa verbummelt?«

Der Pensionär Markus P. wohnt in der Bertramstraße und als Trompeter spielt er auf Begräbnissen, wo er seiner lustigen Natur wegen sehr beliebt ist.

Das Maximum an Erfolg, das ich für Sie als Strafverteidiger erreichen kann, ist, wenn ich bei der Verhandlung in Ohnmacht falle und die Verhandlung vertagt wird, bis Sie einen anderen Anwalt gefunden haben.

Neigungen zu einem demokratischen Zusammenleben hat der Beschuldigte, Klaus M., nicht.

Was soll das heißen? Ich habe ihr doch das Teuerste gelassen, unser Kind. Und jetzt will sie auch noch vom Vermögen.

Jawohl, Herr Richter, ich war zehnmal eingesperrt. Aber wie Sie selbst sehen, führt das zu nichts.

Ich möchte Ihnen gerne glauben, Herr Staatsanwalt, daß es mir helfen wird, wenn ich gestehe. Aber wie ich Sie kenne, so werden Sie mir das nicht schriftlich geben, oder?

In der Geldbörse waren einige Hunderter, sechs aber bestimmt nicht! Es reichte nämlich nur für einen Abend mit Veronika, die sehr anspruchslos ist, da sie schielt.

Sie haben leicht reden, Herr Richter, Sie waren bestimmt noch nicht eingesperrt. Ihnen glaubt jeder, ob Sie Blabla sagen oder nur Bla.

Von dem Angeklagten wurde ich mit unzähligen Schimpfworten angegriffen, von denen ich die meisten gar nicht verstand.

Hohes Gericht, ich bitte, meinen Klienten milde zu beurteilen. Er hatte eine unerfreuliche Jugend. Sein Vater war Trinker, seine Mutter ging dem horizontalen Gewerbe nach und seine Frau schlägt ihn.

Wer nach einer aufgrund des § 21 des Gesetzes erlassenen anderen Verordnung über die berufs- und arbeitspädagogische Eignung berufs- und arbeitspädagogisch geeignet ist oder als geeignet gilt, gilt für die Berufsausbildung als im Sinne dieser Verordnung berufs- und arbeitspädagogisch geeignet.

Zu dem Zwischenfall kam es Samstag abend in der Familie Mathias G., als ihm seine Frau zum Abendessen Griesbrei zubereitete, worauf er einen Tobsuchtsanfall bekam und schreiend die ganze Familie mit einem Messer bedrohte.

Es hat sich alles verändert nach der Hochzeit. Früher begrüßte mich mein Hund durch Gebell, und meine Frau brachte mir die Pantoffeln. Heute bringt mir der Hund die Pantoffeln, und meine Frau bellt mich an.

Da packte Otto B. eine 40 cm hohe und 4 kg schwere Marmorstatue und schlug auf den Schlafenden ein, bis er aufwachte.

Der Diensthund wurde auf die Spur angesetzt, konnte sie aber wegen des Nebels nicht finden.

Um die Wahrheit zu sagen, Herr Richter, habe ich der Gabriele deswegen eine geschmiert, weil sie ihre Reizwäsche provokativ vor unserem Fenster aufhängte und der Meinige wollüstig hinschaute.

Die Reaktion meines Hundes Ajax akzeptiere ich. Er hat schließlich dreimal zur Warnung gebellt, denn erst das Hosenbein abgerissen und dem Nachbarn erst dann die Verletzung beigebracht, wegen der er jetzt nicht sitzen kann, als dieser auch dann noch nicht gehen wollte.

Es stimmt nicht, daß ich den Tabakladen aus Profitgründen ausgenommen habe, sondern nur deswegen, weil ich nichts zum Rauchen hatte.

Zu dem Zusammenstoß, Hohes Gericht, ist es so gekommen: Ich lenkte auf der Autobahn den Wagen. Hinter dem Steuerrad saß mein Mann …

Hohes Gericht, es stimmt zwar, daß ich bei dem Streit mit Gerhard D. einen Stock in der Hand hielt, bitte aber zu berücksichtigen, daß er meine Frau in der Hand hielt.

Adam T. verursachte sich durch den Sprung aus dem Fenster des Pförtnerhauses eine Verletzung, da er den Entschluß gefaßt hatte, mit dem Geld vor seiner Gefährtin zu flüchten, die wie jede ordentliche Ehefrau am Zahltag vor dem Pförtnerhaus auf ihren Mann wartete.

Die Gaststätte »Zum Ochsen« wollten wir eigentlich nicht ausrauben. Auf den Gedanken hat uns der Wirt gebracht, der uns vorjammerte, was für Vorräte er hat und daß sich im Geschäft nichts rührt.

Das letzte halbe Jahr war ich nicht beschäftigt. Ich versuchte es ungefähr fünfmal, aber überall wollten sie nur Schaffer.

Ich bin kein Berufsverbrecher, sondern gelernter Lackierer, und stehle nur zeitweilig, so aus Gewohnheit.

Vor dem Gericht sehe ich höchstwahrscheinlich wie ein Trottel aus. Aber ich studiere Jura und bin nur deshalb noch nicht fertig, weil ich zu früh eingesperrt wurde.

Von der Befangenheit der Gerichtsrätin zeugt auch, daß sie mich bei meinem Erscheinen im Gerichtssaal ungefähr so anschaute, wie meine Alte das tut, wenn ich auf Besuch bin und etwas Dummes plappere.

Wissen Sie, Herr Anwalt, die Gitte U. hat es mit ihrem Gefährten Jakob W. sehr schwer. Er kommt ständig betrunken nach Hause, und sie ist selten nüchtern.

Der durch Johann R. verursachte Schaden hält sich gewöhnlich in Grenzen, so um ca. DM 2000,– bis DM 2500,–. Zu größerem Schaden kommt es nicht, da er bekannt ist und die Gäste das Gasthaus verlassen, wenn er mit dem Lied »Schön ist die Welt« beginnt, bei dem er nicht mehr zu bremsen ist.

Ich war überzeugt, daß es sich hier um einen gebildeten Intellektuellen handelt. Aber ich habe mich getäuscht. Als er merkte, daß ich seine Geldbörse herauszog, fing er gleich an, auf mich einzuschlagen.

Als mir Waltraud F. sagte, daß sie einiges über mich wisse und es zu Protokoll geben werde, blieb mir nichts anderes übrig, als sie zu vergewaltigen, wodurch sich normalerweise alles ausbügeln läßt.

Als ich den sichtlich betrunkenen Fahrer Edgar B. stoppte und seinen Führerschein verlangte, hat er mir diesen mit den Worten gegeben: »Geben Sie ihn mir gleich wieder zurück, der gehört nicht mir.«

Hätte mir Erhard Q. es normal gesagt, ich meine, so auf menschliche Art, so wäre nichts geschehen. Aber mir zu sagen, daß mir beim Schwimmen mein Busen die Sicht versperre, dafür hat er wirklich eine Ohrfeige verdient.

Außerdem habe ich in meiner Gaststätte eine Tafel mit der Aufschrift: »Die Zigarettenkippen bitte nicht auf den Boden werfen.« Schließlich muß man ja auch an die denken, die das Lokal auf allen vieren verlassen.

Nein, das stimmt nicht, ich habe den Antrag auf Scheidung erst nach reiflicher Überlegung eingereicht, als ich wußte, daß für mich immer noch Interesse besteht. Als ich vom Stachus bis zum Hauptbahnhof spaziert bin, waren mindestens fünf Männer hinter mir her, so daß ich also wirklich keine Angst zu haben brauche.

Mein Mann und ich passen wegen der verschiedenen Charaktereigenschaften nicht zueinander. Ich war am Anfang der Ehe temperamentvoller zum Unterschied zu ihm. Im Laufe des Zusammenlebens hat sich das geändert. Jetzt macht mich mein Mann mit Vorwürfen kaputt, die er ursprünglich mir abgeguckt hat.

Nehmen Sie es mir nicht übel, Herr Staatsanwalt, aber Ihre Fragen riechen nach Knast.

Es stimmt, Herr Wachmann, daß sie ihn regelmäßig füttern und er eine wetterfeste Hütte hat. Aber sonst ist der Hund ein armes Schwein.

Durch einen rechtzeitigen Sprung aus dem LKW konnte sich der Kraftfahrer Hermann J., wenn schon nicht vor dem Tod, so doch vor schweren Verletzungen bewahren.

Sie können es nicht als besonders dreist ansehen, Herr Richter, daß ich am hellichten Tag in das Lager eingebrochen bin. Es geschah nur deshalb, weil meine Frau mich abends nicht aus dem Haus läßt.

Ich habe nun einmal vor der Alimentenzahlung eine panische Angst, Herr Staatsanwalt. Vielleicht drücke ich mich nur deswegen davor.

Sehr verehrtes Gericht, gegen das Urteil lege ich auch deswegen Berufung ein, weil es die siebte Bestrafung ist. Ich befürchte, daß die ständige Inhaftierung mich verderben wird, weil, wie man so sagt, allzuviel schadet.

Zu Handgreiflichkeiten gegenüber meiner Frau Elvira ist es zwar gekommen, Hohes Gericht, aber ich hatte hierzu objektive Gründe. Sie hat mir täglich seit der Hochzeit – das sind jetzt fast sechs Jahre – mit gleichen Worten vorgeworfen, daß ich meine Socken, Taschentuch, Feuerzeug, Zigaretten und Brille im Fernsehsessel liegen lasse. Und ich denke mir, wenn Sie ein bißchen ein Mannsbild sind, daß Sie sich auch nicht hätten zurückhalten können, wenn Sie auch eine juristische Ausbildung haben.

Ich weiß, Herr Richter, daß es meinen Eltern weh tun wird. Sie haben für etwas Ähnliches damals viel weniger bekommen.

Das Bier war warm, das Schnitzel kalt. Jetzt frage ich Sie, Herr Richter, ob Sie in meiner Situation anders gehandelt hätten?

Daß sich Gustav U. so zu mir benehmen wird, habe ich nicht erwartet. Ich habe ihn geliebt und in Ehren gehalten, er war meine Stütze, auch wenn er fast immer im Bett lag.

Als der Einbrecher in das Schlafzimmer eingedrungen ist, hat ihn Frau Elisabeth R. mit dem Nachtgeschirr so heftig geschlagen, daß er das Bewußtsein verlor. Beim Eintreffen der Polizei hat sie erklärt, daß sie den Eindringling deswegen so heftig geschlagen hat, weil sie der Meinung war, es handele sich um ihren Mann.

Ich zapfe überwiegend für meinen eigenen Bedarf Alkohol ab. Im Monat durchschnittlich für DM 350,–. Die Beträge konnten nicht höher sein, da ich etwas mit meiner linken Niere habe.

Ich verlange, daß sich der Kläger noch vor Eröffnung der Verhandlung öffentlich für die Äußerung bei unserer Fabrikbelegschaft entschuldigt, daß er mir Hörner aufgesetzt hat. Diese lügenhafte Behauptung habe ich mir von meiner Frau bestätigen lassen.

Tauben dürfen auf Straßen, Wegen, Plätzen, in öffentlichen Grünanlagen und öffentlichen Einrichtungen nicht gefüttert werden. Futter für andere Vögel ist an diesen Stellen so auszulegen, daß es von Tauben nicht erreicht werden kann.

Hohes Gericht: Bei Mord hört die Freundschaft auf!

In der genetischen Beratungsstelle kann man fast mit Bestimmtheit feststellen, welcher Vater der echte ist.

Den Lindenbaum habe ich nicht aus purem Spaß gefällt. Und wenn seine Bienen die Kraft hatten, meine ganze Familie zu stechen, so werden sie sie sicherlich auch haben, um für den Bissen ein Stückchen weiter zu fliegen.

Nach dem Betrachten der Skulptur »Die stillende Mutter« muß ich gestehen, daß ich glücklich bin, schon seit Jahren entwöhnt zu sein.

Von Hartmund G. ist bekannt, daß er alles von der sportlichen Seite genommen hat, auch die Bestechungsgelder.

Wolfgang Z. entwendet seit längerer Zeit Gießkannen auf dem Friedhof, entfernt Anschriften und eventuelle Nummern und setzt sie größtenteils in Rum um, wodurch er indirekt unsere toten Seligen entweiht.

Das Feuer in dem Haus in der Bahnhofstraße 88 ist dadurch entstanden, daß das betreffende Gebäude im Wert von DM 176 000,– für DM 600 000,– versichert worden ist.

Zur Zerrüttung unserer Ehe kam es allmählich, zuerst langsam, aber dann nahm es einen Schwung. Die vollkommene Zerrüttung datiert von dem Augenblick, als meine Frau aufgehört hat, sich um die Kinder zu kümmern und diese der Annemarie aufhalste, bei der ich schon seit längerer Zeit wohnte.

Den Angeklagten kenne ich deshalb, weil wir eine Zeit miteinander gelebt haben, und zwar genau von Freitag abend bis Samstag morgen.

Das Motorrad habe ich direkt vor dem Gasthaus genommen. Aber damit habe ich dem Besitzer vielleicht das Leben gerettet, da er sicherlich wie ich dort auf ein Gläschen war.

Meine Frau Hedwig behauptet, daß ich sie körperlich züchtige. Das ist aber nicht wahr. Ich habe ihr nur ein paar Ohrfeigen gegeben. Aber was würden Sie machen, Frau Gerichtsrätin, wenn sie Ihnen schon drei Jahre lang das zweite Heft der Klavierschule vorspielen würde?

Niemals habe ich mich mit meinen Nachbarn gestritten, da seit der Zeit, da wir uns zerschlagen haben, keiner mit mir spricht. Und so weiß ich nicht, was sie gegen mich haben.

Beide bestraften Fischer warfen ohne Genehmigung mit Steinen nach den Fischen.

Seit dem Monat Mai, wo meine Frau von Kur aus Bad Pyrmont zurückgekommen ist, war sie immer furchtbar vergnügt. Das ist an der Sache das Traurigste.

Nach meiner Meinung, noch ein weiterer Schlag auf die Lippe und er hätte am nächsten Morgen frühstücken können, ohne den Mund aufzumachen.

Hohes Gericht, ich bitte um eine mildes Urteil. Immerhin bin ich schon seit neun Jahren mit meinem Mann verheiratet und erst seit drei Jahren straffällig.

Picasso konnte es sich leisten, eine Nase aus dem Ohr wachsen zu lassen. Er hatte einen Namen, Geld, Talent und die Entwicklung. Bei Hermann T. aber qualifiziere ich es als Frechheit.

Wie kann ich DM 7000,– schulden, da alle Kinder am Leben sind und sogar anständig aussehen?

Nein, Herr Anwalt, ich werde mit meinem Mann bei der Teilung unseres Eigentums bestimmt nicht einig. Er will den PKW, ich will den PKW. Ich habe auch den größeren Anspruch darauf, weil ich in unserer Ehe nicht oft damit gefahren bin.

Von Albrecht G. ist bekannt, daß er sehr edelsinnig spricht, beträchtlich gebildet ist und ständig studiert oder liest, so daß man ihn hier allgemein »Trottel« nennt.

Im Betrieb ist Johanna sehr beliebt, da sie sich zeitweilig auch in andere Umstände bringen läßt.

Der genannte Alwin H. küßte die hier angeführte Christine H. öffentlich und dazu noch so wild, als ob es nicht seine eigene Frau wäre, wodurch er bei der Schülerveranstaltung ein Ärgernis erweckte, enthaltend überwiegend Kinder, die so etwas nicht gekannt hatten.

Wir haben den Lackierer Manfred B. bestellt, damit er unsere Möbel lackiert. Zuerst bin ich an der Tür klebengeblieben, an dem Küchenschrank dann meine Tochter Agathe. Damit meine Frau Elisabeth nicht abseits stand, klebte sie sich an den Lackierer. Und dann kam es bei mir zu einem Kurzschluß sowie zur Verletzung des Lackierers.

Während der ganzen Zeit meines Lustwandelns, das man hier irrtümlicherweise als Landstreicherei bezeichnet, habe ich keine Straftat begangen, was ich durch mein Tagebuch beweisen kann, wo ich über jeden verbrachten Tag und Nacht schreibe, wo ich war und was ich alles getan habe, und zwar alles nur aus dem Grunde, damit ich zu jeder Zeit für die Polizei ein ordentliches Alibi habe.

Für die Ohrfeige, die ich Patrik B. verpassen wollte, können Sie mich verurteilen, aber für das zerschlagene Schaufenster muß Stephan R. bestraft werden, da er mir ausgewichen ist.

Ich habe sie geheiratet, als sie mir über ein halbes Jahr ununterbrochen versicherte, daß sie zu Hause vier Bücher hat. Erst nach der Hochzeit habe ich festgestellt, daß es sich um gesammelte Werke von Friedrich Schiller handelt, wobei auch noch ein Band fehlte.

Ich gedachte überhaupt nicht zu heiraten; die Ehe mit der genannten Mathilde war für mich nur ein Ausweg aus der Not. In diese aber bin ich erst geraten, als ich mich mit ihr verheiratete.

Daß Johanna S. die Erzeugnisse herausträgt, darauf kam ich am 21. des Monats, als ich sie wieder nach längerer Zeit erblickte. Es ist mir in die Augen gestochen, wie sie sich plötzlich an den weiblichen Stellen gemacht hat, wo ich die ganze Zeit, als ich noch ihr Meister war, nichts feststellen konnte.

Was Ingmar R. über meine Frau sagte, wäre eine Schande, hier zu wiederholen. Aber, Herr Gerichtsrat, wenn Sie verheiratet sind, können Sie es sich sicherlich vorstellen.

Die klauten schon seit langer Zeit im Wald Holz und arbeiteten sich vom Weihnachtsbaum bis zu starken Kiefern empor.

Es ist wahr, daß mir meine Frau Angelika schon seit längerer Zeit nicht mehr kocht. Hinsichtlich ihrer Kochkunst betrachte ich das aber nicht als einen Scheidungsgrund.

Mit dem Franz-Josef K. haben wir ständig Schwierigkeiten, da er nicht nur undiszipliniert ist, sondern teilweise auch degeneriert. Wie könnte er sonst am Abend vor der Kirmes die Schießbude ausrauben.

Ich möchte das Hohe Gericht bitten, mir die Vorladung für den Vormittag zu schicken, weil wir von der Nachmittagsverhandlung erst am Abend nach Hause kämen. Unsere Hühner müßten dann alleine in der Dunkelheit draußen bleiben.

Mit dem entwendeten Traktor fuhr der Beschuldigte, Mathias K., ungefähr drei Kilometer. Es ist zu bemerken, daß er wegen Menschenmangel zu dieser nächtlichen Stunde nur den Dorfplatz bedrohte.

Da ich zur Zeit einen unbekannten Aufenthalt habe, reicht mein Anwalt rein vorsorglich, damit er den Termin nicht versäumt, für mich Berufung ein.

Und so kann man der genannten Klara B. vielleicht sagen, daß die Mutterschaft der anspruchsvollste unter den ungelernten Berufen ist.

Der Genannte, Heinz S., wurde deshalb von dem Hund gebissen, weil er ihn durch die Wette, wer von ihnen besser knurren kann, provozierte, wobei er vergessen hatte, daß es Mitternacht war und daß der Hund wie jeder ordentliche Mensch schlafen wollte.

Ich verlange eine neue Gerichtsverhandlung, da ich nicht ordentlich belehrt wurde, daß ich als Verdächtige und Beschuldigte nach dem Gesetz lügen kann.

Beim Fangen nahm die Sau den genannten Konrad P. auf die Hörner.

Die wäre bereit, Herr Richter, auch mit Ihnen anzubändeln, wenn Sie ein normaler Mann wären und nicht eine Amtsperson.

Weiterhin führe ich an, daß nach einem gewaltsamen Ausbrechen des Fensters meine Frau Hermine einen Schock erlitten hat, da sie nicht ausreichend angezogen war und der Einbrecher geflüchtet ist.

Von Samuel K. war bekannt, daß er trotz seiner fünfundachtzig Jahre noch hinter den Frauen her war – nur daß er sich nicht erinnern konnte weswegen.

Die Birnen, die über meinen Gartenzaun hingen, wollte ich nicht behalten. Deswegen warf ich sie abends Herrn Rudolf in seinen Garten. Ich kann nichts dafür, daß sie gerade auf den Platz fielen, wo er vor einigen Jahren ein Gewächshaus gebaut hat.

Das Götz-Zitat benutzte ich deswegen, weil es wohl das populärste von allen ist. Es ist doch bekannt, so weit die deutsche Zunge reicht.

Nach meiner Meinung soll das Gericht in erster Linie berücksichtigen, daß ich bei meiner Frau nur ein Ochs, Rindvieh und anderes exotisches Wild war.

Warum ich in das Damenbekleidungsgeschäft dreimal eingebrochen bin? Um die Wahrheit zu sagen, Herr Richter, ich habe dort ein Kleid für meine Frau geholt, und dann mußte ich es zweimal umtauschen.

Ich bin bereit, Herr Richter, den Antrag auf Scheidung unserer kurzen Ehe zurückzuziehen, wenn Sie mir die Garantie geben, mich nicht durch die Gerichte und Polizeibüros zu schleppen, wenn ich anfange, meine Frau umzuerziehen, und zwar nicht nur mit Worten.

Wie soll ich denn anfangen, mich ehrlich zu ernähren, Herr Staatsanwalt, wenn Sie mich ständig in den Knast stecken?

Die Beschuldigung des Klägers, daß wir ihn in unserer Zeitung als Lump und Lügner bezeichnet haben, weisen wir aus zwei Gründen entschieden zurück: erstens hat das nicht unsere Zeitung, sondern die Konkurrenz geschrieben, und dann legen wir Wert darauf, festzustellen, daß wir immer nur die neuesten Nachrichten bringen.

Herr Wachtmeister, ich verwahre mich ganz entschieden gegen die Behauptung, ich hätte dem Axel K. eine geschmiert. Das war höchstens ein schwacher Backenstreich. Hätte dieser Knipfs von mir eine richtige Ohrfeige bekommen, so würde er jetzt nicht mehr dasitzen.

Von der Baustelle am Steinbruch wurden wieder einige Absperrlampen gestohlen. Bei der Suche nach den Dieben tappt die Polizei im dunkeln.

Zu dem angeklagten G. T. habe ich volles Vertrauen, da es sich bei ihm um einen Menschen handelt, der nicht raucht, nicht trinkt und außerdem herzkrank ist.

Wissen Sie, Herr Richter, mein Mann sprach die ganze Woche kein Wort mit mir. Nur wenn es um etwas besonders Wichtiges ging, fragte er beispielsweise: »Wo ist denn schon wieder der Korkenzieher hingekommen?«

Zu meiner Verteidigung führte ich an, daß es zu den Ausschreitungen nur in volltrunkenem Zustand kommt. Jetzt möchte ich mich aber wirklich bessern und deswegen gehe ich auch zu einem antialkoholischen Vortrag, zu dem ich heute nachmittag eingeladen bin.

Nachdem mich meine Kameraden überzeugt hatten, daß ich das Fahrrad gestohlen hatte, und mir auch sagten, wo es war, bin ich hingegangen und habe es seinem Eigentümer zurückgegeben.

Nach unseren Recherchen, Herr Richter, stand die Marianne R. in einem völligen Abhängigkeitsverhältnis zu Egon F. Nur die Liebhaber konnte sie sich noch selbst aussuchen.

Meine Herren Geschworenen, ich bitte als mildernde Umstände anzusehen, daß ich, wie auch mein Verteidiger schon erklärte, Alkoholiker gegen meinen schwachen Willen geworden bin.

Den guten Katholiken, der am letzten Samstag nach der Abendmesse meinen Regenschirm gestohlen hat, soll der Teufel holen, oder den Schirm im Pfarrbüro abgeben.

Das hiesige Überfallkommando mußte im Gasthaus »Zum Krug« gegen 12.45 Uhr eingreifen, als der Ober Felix B., durch ein Trinkgeld beleidigt, einen Gast angegriffen hat.

Zusammen mit dem Geldbeutel der Geschädigten trat auch der Täter die Flucht an.

Als ich die Wohnung von Einbrechern durchwühlt vorfand, habe ich die Polizei deswegen erst nach zwei Stunden verständigt, da ich zuerst glaubte, mein Mann hätte wieder einmal seine Manschettenknöpfe gesucht.

Herr Richter, ich versuchte ihn mit allen Mitteln von der Sauferei wegzubringen. So kaufte ich Theaterkarten für »My Fair Lady«, und er tauschte sie gegen eine Flasche Korn ein.

Ich habe mir gedacht, daß das Kind in dem Wagen deswegen weint, weil es naß ist. Ja, und wenn es sich auch um einen fremden Kinderwagen handelte, so langte ich unter das Bettdeckchen und irrtümlich, ohne es zu merken, gelangte zu mir diese Geldbörse.

Es ist mir nicht bewußt, Hohes Gericht, daß ich wissentlich einen Polizisten angegriffen hätte, da ich bis zu zwanzig Glas Bier jede Uniform immer erkennen kann. Dies konnte also nur in einem vollkommen betrunkenen Zustand passieren.

Ich gebe zu, daß ich mich besser beherrschen sollte, aber ich habe Leonhard T. dabei erwischt, als er unter dem Fenster meines Mädels auf der Gitarre klimperte, und gerade darauf ist das Mädchen bei mir mit sechzehn Jahren reingefallen, wo aus ihr jetzt meine Frau geworden ist.

Der Beschuldigte Bernhard W. wird bei Verkehr mit seinem Vorgesetzten von Trema befallen und dann nickt er nur zustimmend, ohne sich seines Handelns bewußt zu sein.

Ich möchte der Kriminalpolizei mitteilen, daß ich im Laufe von sechs Wochen schon den dritten Drohbrief erhalten habe, welchen der Leiter des Finanzamtes, Herr K. Sedlmaier, unterschrieben hat. Ich bitte um entsprechende Schritte, daß ihm dies seitens der Polizei untersagt bleibt.

Eine gute Verteidigung muß mehr oder weniger den Umfang von Damenkleidern haben, sie muß genügend lang sein, um das wichtigste zu bedecken und genügend kurz, um die Aufmerksamkeit zu gewährleisten.

Heidemarie K. hat sich mit der von ihr verwalteten Kasse als selbständige Kassiererin selbständig gemacht.

Es war furchtbar, Herr Richter. Zuerst hat er mich im Park angehalten, dann angesprochen, kurz darauf auf eine Parkbank gezerrt und dann ... Er mußte sehr betrunken gewesen sein, da ich den Geruch von Branntwein wahrnahm. Es war Mirabellenschnaps.

Von der beschuldigten Anemarie S., können wir Ihnen mitteilen, daß sie nach unseren Erkenntnissen oft Bekanntschaften mit verschiedenen Männern hatte, woraus zu folgern ist, daß sie keine dauerhafte Beziehung zu einer Arbeitsstelle hat.

Ich verlange, daß es zu Protokoll genommen wird, daß Luitpold K. mich zu dem Diebstahl mit den Worten »Du gehst!« gröblichst gezwungen hat, was eine derartige Drohung war, welche jeder gefürchtet hätte.

Meinen Komplizen, Herr Richter, habe ich in der Bahnhofsgaststätte kennengelernt. Er erzählte mir, warum er zwölfmal verurteilt worden ist, und da habe ich zu ihm ein bedingungsloses Vertrauen gefaßt.

Unter war es abgeschlossen, nach oben ging es auch nicht, so daß ich zu dem Ehebruch eigentlich durch ein Zusammenspiel höchst sonderbarer Zufälle gezwungen worden bin.

Durch das Blasröhrchen wurde eine Alkoholprobe durch die Polizei durchgeführt, die sich ganz grün gefärbt hat.

Ihre persönlichen Daten haben wir während Ihrer Haftzeit aufgenommen. Ist es seit dieser Zeit zu einer Veränderung gekommen?

Hohes Gericht, meine Verdächtigungen wurden bestätigt, als meine Frau zur Kur fahren mußte. Ich besuchte sie, und als wir uns abends glücklich ins Bett legten, um unser Wiedersehen zu vollenden, da klopfte es gegen die Wand und der Zimmernachbar brüllte: »O nein, o nein, doch nicht jeden Abend!«

Zu der Meinungsverschiedenheit mit dem Wirt kam es dadurch, daß ein volles Bierglas niemals ein Glas voller Bier war.

Der wegen Landstreicherei angeklagte Friedrich N.: »Gegen das Urteil lege ich Einspruch ein, da es sich hier bestimmt um einen Justizirrtum handelt. Draußen ein Winter, daß man keinen Hund vor die Tür setzt, in der Tasche keinen einzigen Groschen, nichts zu essen und kein warmes Bett, und Sie verkünden einen Freispruch, meine Herren Richter?!«

Hohes Gericht, das ist die Höhe der Ungerechtigkeit! Sie können nicht alle drei Kinder meinem geschiedenen Mann zusprechen, wo kein einziges davon von ihm ist.

Nein, Herr Richter, das Stück meiner Nase, das mir der hier angeklagte Gerhard M. abgebissen hat, ließ sich nicht wieder annähen, da der Wachtmeister darauf bestand, es den Akten beizulegen.

Nein, mein Mann hat kein besonderes Kennzeichen, aber er wird welche bekommen, wenn sie ihn mir zurückgebracht haben.

Mein Mann ist sehr heimtückisch, Hohes Gericht, was mehrere Zeugen beschwören können, weil er mir immer dann die Zunge herausstreckt, wenn ich meine Brille putze.

Und dann, Hohes Gericht, als ich mich bei dem hier angeklagten Hundehalter Herrn Armand S. beschwerte, daß sein Dackel mich ins Bein gebissen habe, hat er mich gefragt, ob ich vielleicht erwarte, daß das kleine Tier mich ins Genick beißt.

Polizeimeister Bernhard J. gibt zu Protokoll: Der Fensterputzer Klaus M. ist im 16. Stock abgestürzt. Er hat sich aber nicht verletzt, da er nach innen fiel.

Der Festgenommene trug eine Hose, die aus Diebstählen in verschiedenen Geschäften stammte.

Wenn das Auge des Gesetzes seine Uniform auszog, verwandelte es sich in einen skrupellosen Rauschgifthändler.

Es ist wahr, ich warf die Zigarettenkippe in die Sägespäne, betrachtete diese aber als feucht.

Auf dem Polizeirevier verweigerte ich deswegen die Aussagen, weil mir vorher vom Zahnarzt die Zähne 1 – 5 oben gezogen worden sind aus Gründen der Verdorbenheit.

Herr Richter, wenn mein Verteidiger hier zu bedenken gibt, daß ich nur des einfachen Diebstahls beschuldigt bin, dann würde ich ihm raten, es einmal selbst zu probieren.

Wenn Sie mich schon danach fragen, Herr Richter, was ich vor meiner Hochzeit machte, dann muß ich Ihnen der Wahrheit entsprechend sagen: Ausschließlich das, was ich wollte.

Ich trinke aus Leid – irgendeines findet sich nämlich immer.

Daß ich in den letzten sechs Monaten bei dreizehn verschiedenen Firmen tätig war, ist ein Beweis, daß man sich um mich gerissen hat.

Meine Frau habe ich deswegen auf jede Dienstreise mitgenommen, damit mich die Leute nicht beneiden, daß ich das Auto nur zum Vergnügen habe.

Zuerst hat meine Gattin einen Stuhl nach mir geworfen. Die Wohnung habe ich erst dann fluchtartig verlassen, als ich sah, wie meine Schwiegermutter nachdenklich das Buffet betrachtete.

Als mich der Beschuldigte nachts in die Parkanlagen schleppte, kam es mir zwar verdächtig vor, aber nicht insoweit, daß er mich bestiehlt.

Die Kontrolle, welche die Gaststätte »Zum Anker« überprüfte, hat festgestellt, daß die Gäste keine Befürchtungen haben mußten, an diesem Abend in »delirium tremens« zu verfallen, da die Getränke stark mit Wasser gepanscht wurden und die Mäuse, die sie gesehen haben, echt waren.

Wie die Rinder von der Weide auf den Bahndamm kommen konnten, das weiß ich nicht. Ich habe nicht geschlafen, das können Wendelin H. und Jakob R. bezeugen, mit denen ich im »Grünen Baum« saß, wobei ich ausdrücklich darauf hinweise, in vollkommen nüchternem Zustand.

Die Beschwerde des Peter F. wegen Nichtbezahlung der Prämie ist als nichtberechtigt zu betrachten, da er von niemandem der Vorgesetzten eine Zustimmung zu der Beschwerde hatte.

Die Behauptung des Klägers Konrad E. ist eine gemeine Lüge, wenn er sagt, daß ich wie ein Besessener auf ihn eingeschlagen habe, da er schon nach dem dritten Schlag bewußtlos war.

Die Anordnungen der Vorgesetzten erfüllt Max H. in dem Umfang, daß er nicht gegen die Vorschriften verstößt.

Ich habe ihm nur leicht mit dem Stuhl auf den Kopf geschlagen, habe aber nicht bedacht, daß es der Clubsessel war.

Daß es so ein Ende nimmt, Hohes Gericht, habe ich nicht gedacht. Ich habe damals meine Nachbarin bei einem zufälligen Gespräch gefragt, ob sie nicht Lust hätte, übers Wochenende zu mir auf meine Berghütte zu fahren. Sie hat nur kurz überlegt und gesagt: »Das könnte sein. Mein Mann hat nur noch schnell einen Sprung ins Gasthaus gemacht, um seine zwei Bier zu trinken.«

Von Hugo R. ist bekannt, daß er ein Faulenzer ist, und wenn er eine Arbeitswut bekommt, so setzt er sich in die Ecke, bis sie ihm vergeht.

Mein Mann Julius verdächtigt mich, daß ich ihn mit anderen Männern betrüge, was sich aber noch nicht bestätigt hat, da er mich niemals dabei erwischte.

Die Erbschaft von dem verstorbenen Emil F. haben die Hinterbliebenen auf so eine Art verteilt, daß der Unfallwagen dreimal kommen mußte, wenn es auch größtenteils nur um die Federbetten ging.

Ich habe, Hohes Gericht, eine bunte Palette von Interessen. Einmal brach ich in einen Supermarkt ein, einmal bei einem Friseur, einmal bei einem Metzger, einmal in ein Restaurant und einmal in eine Samenhandlung.

Ich wurde stutzig, als einige meiner Feriengäste, die die Vollpension im voraus bezahlten, ungeduldig das Frühstück verlangten. Bei der Durchsuchung der Hotelumgebung haben wir den hier angeklagten Kellner Hans G. auf der Wiese hinter dem Hotel entdeckt. Die Situation war aber nicht mehr zu retten, da er gerade dabei war, die letzten Frühstücksreste aufzuessen.

Hohes Gericht, ich hoffe, daß Sie mit meinem Mann Hubert so verfahren werden, daß er rechtzeitig zurückkommt, noch bevor wir schlachten, da das Schwein jetzt gerade richtig ist. Wir halten ihm die Daumen, wenn er auch ein Lump ist.

Beide Wachtmeister sollten ihren Dienst auf der Polizeistation tun. Ich sah nur, wie sie in dem Zimmer eine halb liegende Position eingenommen haben. Dann geschah nichts mehr, und als Zeuge hörte ich nur ein lautes Schnarchen aus dem Wachzimmer.

Alex E. hat kein Bestreben als Arbeiter zu arbeiten, eher als Techniker oder Schießmeister, wozu er zwar die technischen, aber nicht die charakterlichen Voraussetzungen hat.

Ich bitte das Hohe Gericht um eine Antwort, ob es mir meinen Führerschein zurückgibt, der mir wegen Nichtbeachtung des Stopschildes abgenommen worden ist, da trotz des festgestellten Promillegehalts nichts passiert ist und ich den Führerschein zum Fahren brauche.

Den Wagen von Herrn Sigmund C. versuchte ich einzig und allein aus dem Grunde zu entwenden, weil es weit und breit der einzige war.

Über die Erbschaft, Herr Notar, haben wir uns geeinigt. Mein Bruder Egbert hat mir gesagt, ich soll mich nicht so sehr versteifen, sonst werde er mir das Maul so zerschlagen, daß ich daran noch im Himmel denken werde, und so bin ich mit allem freiwillig einverstanden, was er ihnen gesagt hat.

Ich lehnte es ab, mit meinem Lohn die Familie zu unterstützen, weil meine Frau Kornelia alles, was ich ihr gab, manchmal auch zweihundert im Monat, restlos verschwendete.

Die Geschwindigkeit des PKWs wurde festgestellt durch den angerichteten Schaden und zwar erstens durch den umgeworfenen Zwetschgenbaum, zweitens durch vollkommene Vernichtung des Kirschbaumes sowie durch die hinterlassene Bremsspur.

Durch die eingeleitete Untersuchung wurde festgestellt, daß der Umfang der Frau Agathe S. ihr das Einsteigen in einen Hühnerstall, ohne diesen zu zertrümmern, unmöglich machte, so daß seitens des Hühnerdiebstahls der Umfang der Frau Agathe S. ein verläßliches Alibi ist.

Wegen Trunkenheit stand ich schon sechsmal vor Gericht, es hilft mir aber nicht viel, ich muß irgendwie immer wieder trinken.

Mit der Stute bin ich bei der Veterinärkommission eingetroffen, die für bissig, kollerig und unbrauchbar befunden wurde, also einzig zum Abschlachten tauglich, wie ich es hier schwarz auf weiß habe.

Aus meinem Tabakwarengeschäft wurden Zigaretten und Tabak von den billigsten Sorten entwendet, und so läßt sich daraus auf einen ärmlichen Dieb schließen.

An dem Tatort wurde ein herausgefallenes Gebiß gefunden, von dessen Träger bis jetzt jede Spur fehlt; und da in der ganzen Gemeinde keiner lispelt, verlief bis jetzt die Fahndung ergebnislos.

Auf Ihre Frage, Hohes Gericht, ob ich mit der hier angeklagten Klothilde S. wie Mann und Frau lebe, muß ich der Wahrheit entsprechend sagen: nein, sondern viel besser.

Und dann will ich nur sagen, Herr Richter, Typhus ist eine sehr gefährliche Krankheit. Entweder stirbt einer daran oder er wird verrückt. Ich habe ihn selbst schon gehabt.

Hohes Gericht, wenn der Zeuge Paul T. behauptet, daß er in mir mit absoluter Sicherheit den Täter erkannte, der in seiner Wohnung eingebrochen hat, so handelt es sich um eine hundsgemeine Lüge. Er lag nämlich die ganze Zeit über in seinem Bett und schnarchte wie ein Bär.

Geschätzter Herr Richter, wir haben in unserem Betrieb furchtbar viel Arbeit, und aus diesem Grunde bin ich als solcher unersetzlich und kann die mir auferlegte Strafe nicht absitzen.

Wir Gerüstebauer wissen es am besten! Bei den Beamten gibt es nur deswegen so wenig Unfälle, weil sie beim Einschlafen höchstens vom Sessel herunterfallen können.

Aus den Augen meines Mannes Wolfgang las ich Angst und einige Glas Cognac.

Die Beschuldigung lehne ich ab, daß ich Fräulein Felicia Z. im Schwimmbassin aus sinnlicher Begierde angefaßt hätte. Ich tat es einzig und alleine deswegen, weil ich ein sehr schlechter Schwimmer bin.

Wissen Sie, Herr Richter, als ich die vierzehn Schnäpse intus hatte, da habe ich auf die Promille nicht mehr so genau geachtet.

Auf die Frage, ob mich der angeklagte Ferdinand R. mit Gewalt geküßt hat, gebe ich zu Protokoll, daß Gewalt gar kein Ausdruck ist, da er sich, bevor er mich küßte, noch in die Hände spuckte.

Es ist wahr, daß ich nirgends arbeite, aber ich kann mich nicht mit der Behauptung identifizieren, daß ich ein asoziales Element bin, da ich immer für den Sozialismus war.

Ich gebe zu, Herr Staatsanwalt, daß für Sie vielleicht zwanzig Bier zu viel sind, aber vergessen Sie bitte nicht, daß ich auch ganz anders gebaut bin als Sie.

Norbert M. nannte mich stupide. Ich weiß zwar nicht, was das fremde Wort bedeutet, aber es wird sicherlich nicht sehr schmeichelhaft sein, wenn er es gerade gegen mich benutzte.

Auf die Frage, ob ich mit der hier angeführten Berta S. ein Liebesverhältnis gehabt hätte, führe ich an, daß es keineswegs der Fall war, da ich sie gerne habe und für spätere Jahre schonen will.

Daß ich so gelacht hatte, als mir der Oberwachtmeister K. wegen fehlender Lampe, Handbremse und Klingel eine Strafe aufgebrummt hatte, lag daran, daß der Mann der hinter mir her war, nicht einmal ein Fahrrad hatte.

Gegenüber seinen Vorgesetzten benahm sich Hubertus Z. höflich, aber seine Tätigkeit in der Zeit ihrer Abwesenheit und sein Benehmen gegenüber den Kollegen zeugt davon, daß er das Gesicht eines Beherrschten und Anständigen nur aus Sicherheitsgründen angenommen hat.

Zwischen der Liebe von einst und der Gleichgültigkeit der angeklagten Laura M. von heute liegt die Leiche des Topfmachers.

Die Unterlagen zu der zu verhandelnden Sache sind verlorengegangen, aus welchem Grunde sie nicht gefunden werden können.

Es entspricht zwar der Wahrheit, daß ich Herrn Detlef D. in den Bauch getreten habe, aber es ist nicht meine Schuld, da er sich im letzten Moment umgedreht hat.

Christiane L. wurde bei uns als Hilfskellnerin eingestellt. Als ich sie aber während der Arbeitszeit mit einigen Herren in dem Hotelzimmer in einer eindeutigen Situation erwischt hatte, erkannte ich sofort, was in ihr steckt und schickte sie zur Direktion.

Bei unseren Gesprächen haben wir die Genitalbereiche nur ganz kurz berührt.

Angeklagter, wenn Sie behaupten, daß Ihre Frau Ihnen beim Holzhacken zufällig ins Beil gelaufen sei, das wäre nicht zu widerlegen – aber gleich vierzehnmal?

Sie behaupteten, daß ein Mensch keine Seele hat, und mich haben Sie jetzt als einen seelisch Kranken bezeichnet?!

Also gut, Angeklagter, Sie haben das letzte Wort. Aber sagen Sie uns nur die reine Wahrheit, das andere hat schon Ihr Verteidiger erzählt.

Als Herbert T. gefragt worden ist, weswegen er so eine große Menge Lebensmittel entwendet habe, antwortete er, daß er zu Hause gerne einen größeren Vorrat hat.

Den entgegenkommenden Fahrer habe ich überhaupt nicht gekannt, und trotzdem fing er schon im Krankenhaus an, mich zu duzen mit den Worten: »Du willst ein Fahrer sein? Du Rindvieh! Zeig mir, wo du die rechte Hand hast! Hast Glück, daß ich in Gips bin! Und so ähnliches.«

Als ich dann meine Frau aufgehoben habe, ist sie auf dem Boden liegengeblieben.

Von Johann K. und Gudrun B. können wir Ihnen mitteilen, daß sie bis jetzt nicht getraut sind. Sie leben aber unsittlich wie ein Ehepaar zusammen.

Über Stefan T. können wir nur berichten, daß er sich in den letzten Jahren gebessert hat. Er trinkt zwar noch immer Alkohol, aber mit einem beträchtlichen Widerwillen.

Eine sträfliche Unentschiedenheit, ja Feigheit, zeigte der Pensionär Gabriel D., als er in städtischen Parkanlagen von zwei Rockern überfallen worden ist. Ohne Widerstand gab er ihnen seine Taschenuhr und eine Barschaft von DM 7,80, obwohl sein Alter mehr als das Doppelte der Gesamtzahl der Jahre der beiden Rocker beträgt.

Als ich Florian V. begegnete, befand ich mich in einem volltrunkenen Zustand, sonst würde ich mich an einige konkrete Sachen erinnert haben, woran ich mich aber nicht erinnern kann.

Was die Familienverhältnisse des Wenzel G. angeht, so sind diese ziemlich geordnet, da, wie es schon oben angeführt wurde, seine Frau Luise taubstumm ist. Schon deswegen kommt es bei ihnen nie zu einem lauten Wort.

Reimund K. schlich unter einem bestimmten Vorwand mit seinem Bruder Eckhardt in die Küche meiner Wohnung, wo sie diese durch grobe Beleidigungen demolierten.

Hohes Gericht, mit den fünf Unterschriften für die Einlieferung in einer Trinkerheilanstalt bin ich nicht einverstanden, da ich den Besuch von Gasthäusern von meiner Frau bewilligt bekam.

Kunibert H. ist von einer gewaltlosen, fast Lammnatur, und deswegen kann sich das hiesige Polizeirevier die drei ausgeschlagenen Zähne nicht erklären.

Allmächtiges Gericht! Zwei Jahre wohne ich schon mit meiner Schwägerin. Ich ersuche nun um Auflösung meiner Ehe nicht deswegen, weil ich mich mit meiner Schwägerin nicht verstanden hätte, sondern im Gegenteil, weil ich sie heiraten möchte.

Der Diebstahl tut mir aus der Seele leid, Hohes Gericht. Ich muß zugeben, daß ich auch an meinen Vater dabei dachte. Ich habe aber nichts gefunden, was ihm gefallen hätte.

Es ist wahr, daß ich seine Braut verführt habe und daß ich ihn um sein Geld brachte, aber zwischen zwei guten Freunden kann schon so etwas passieren.

Ja, was das angeht, Herr Richter, so muß ich schon sagen, daß alle Männer immer nur das eine wollen. Nur gut, daß ich's habe.

Ich hatte ja keine andere Wahl, Herr Richter. Ich mußte entweder durchs Fenster springen oder über den Balkon. Daher wählte ich ein Versteck in der Speisekammer.

Der Angeklagte vor der Richterin: »Glorreiches Gerichtsgebäude ...«

Weswegen ich vermute, daß der Angeklagte betrunken war, Herr Richter? Klemens G. torkelte also den Bürgersteig entlang, dann schnurgerade auf die Straßenlaterne zu, stieß mit dem Kopf gegen den Mast und fiel hin. Nach kurzer Zeit stand er auf, kroch auf allen vieren ein Stück, kam wieder auf die Beine und zielte wieder auf den Laternenmast zu. Er stieß wieder an, fiel, kroch, stand auf usw. Das machte er ein paarmal. Zum Schluß blieb er beim Mast sitzen, fing fürchterlich an zu weinen und rief: »So helft mir doch, Leute, helft mir doch! Ich habe mich im Wald verirrt!«

Es stimmt, Herr Richter, daß mein Mann mich nach der Geburt meines ersten Kindes verlassen hat. Daß ich nachher noch fünf Kinder von ihm bekam, geschah dadurch, daß mein Mann hin und wieder kam, um sich zu entschuldigen.

Im Hauptgottesdienst der Kirche singt der Männerchor von dreiundfünfzig Gefangenen der Justizanstalt. Damit ist die Vortragsreihe »Kriminalität heute« in unserer Gemeinde beendet.

Bei der Waldbrandübung am Samstag erfuhren Forstleute und Feuerwehrmänner wieder einmal, daß es leichter ist, ein Feuer anzuzünden, als es zu löschen.

Ja, wissen Sie, Herr Richter, ich bin eine vertrauensselige und keineswegs neugierige Person, aber wenn einer wie der dauernd das Schlüsselloch zuhängt, da muß doch etwas faul sein.

Auf der Scheidung bestehe ich, Herr Richter, da ich mit meiner Frau nicht länger zusammenleben kann. Wenn Sie dazu eine beweiskräftige Begründung brauchen, Herr Richter, so lasse ich Ihnen am besten meine Frau drei Tage lang hier.

»Angeklagter, ich mache Sie darauf aufmerksam, daß auf Meineid eine schwere Gefängnisstrafe steht! Können Sie denn mit gutem Gewissen schwören?«
»Aber sicher, Herr Richter, kann ich einen Meineid mit gutem Gewissen schwören!«

Ich beantrage, daß sich mein Mandant während des Vorlesens seiner Vorstrafen so lange setzen darf.

Die beliebteste Lektüre meines Mannes war das Fernsehprogramm. Er las es praktisch in jeder freien Minute, strich sich mit einem roten Filzstift die Programme an, kritzelte an den Zeitungsrand unleserliche Bemerkungen und bevor er das Licht löschte, sagte er immer: Wir sollen den Kasten endlich reparieren lassen. Mit so einem Menschen, kann man doch, Hohes Gericht, nicht normal leben.

Als Nachwächter erfüllte ich meine Pflichten so gut ich konnte und so gut ich sie in der Dunkelheit sehen konnte.

Es stimmt, diesen Prozeß habe ich verloren, aber mein Rechtsanwalt behauptet, daß er noch nicht alle Mittel erschöpft hat. Meine aber schon.

Daß Manfred T. die Röhren in den Hosen hinausträgt, habe ich folgendermaßen festgestellt: Um 15 Uhr humpelt er durch das Pförtnerhaus und um 15.10 jagte er nicht humpelnd die Mädels um das Fabrikgelände herum.

Nein, Herr Richter, verheiratet bin ich nicht, ich sehe nur so dumm aus.

Daß mein ganzes Gesicht voll blauer Flecken ist, so daß ich nicht mehr aus den Augen sehen kann, das ist kein Wunder, weil mich meine Frau zugerichtet hat. Ich habe mich aber nicht gewehrt, weil ich ein gewesener Judomeister bin, und hätte ich etwas nach ihr gelangt, so wäre es bei Gericht ein Belastungsumstand.

Ich saß auf dem Feldrain, und es ging eine Kuh vorbei. Sie sah so unschuldig aus, so wie das Fräulein vom Schreibtisch neben Ihnen, Herr Richter, und dann hat sie mich auf einmal direkt in die Nasenwurzel getreten.

Seine Funktion übte Florian G. sehr unverantwortlich aus, da er sich fast immer durch seinen Vertreter vertreten ließ, welcher gewöhnlich nicht anwesend war.

Ich will das Arbeitsverhältnis augenblicklich auflösen. Wegen der langen Modefrisur machen sie aus mir in unserem Betrieb ein Mädchen. Der Meister fragt mich jeden Tag, wann ich in das Entbindungsheim gehe und ob ich dann auch Ruhepausen zum Stillen nach dem Arbeitsgesetz beanspruchen will.

Als Kündigungsgrund führe ich an, daß der Geschäftsführer Jeremias K. denkt, daß er hier der Allmächtige ist und wir sollen durch den Fall vielleicht Engel sein.

Woher soll ich es wissen, daß man den Dienst in dem Pförtnerhaus so ernst nimmt, daß ein Beschäftigter wegen ein paar Dosen Farbe den Staatsanwalt am Hals hat.

Hätte ich mich so äußern können wie der Betriebsjurist, so hätten sie mir durch eine gütliche Vereinbarung die Papiere gegeben. Aber weil ich es wie ein Mensch geschrieben habe, so ziehen sie die Paragraphen über mich.

Die Nachbarin sagte zu mir, daß ich eine freche Ziege bin und dafür habe ich Zeugen.

Hohes Gericht, der eigentliche Scheidungsgrund ist das Taschentuch, das mir die als Zeugin angegebene Maria K. brachte. Sie erzählte mir, daß sie es von meinem Mann bekommen hat, als er sie per Anhalter mitnahm. Als ich fragte, ob sie denn Schnupfen gehabt hätte, sagte sie, daß sie danach nur ein wenig geweint hätte.

Albert H. genießt in der Gemeinde einen guten Ruf. Seines langen Haares wegen wird er manchmal von Auswärtigen als weibliches Geschlecht betrachtet und behandelt.

Daß mein Sohn ein Lump ist, das gebe ich zu, aber wiederum nicht so einer, daß er sich mit Ihnen, Herr Richter, unterhalten müßte.

Die Klage wird mit folgender Begründung abgewiesen: Auftreten und Aussage des Zeugen waren dermaßen perfekt, daß das Gericht ihm kein Wort glaubt.

Daß ich die Nerven verloren habe, kam dadurch, daß wir uns eine teure Küche aus finnischer Birke angeschafft hatten und ein Schlafzimmer aus kaukasischem Nußbaum. Das wäre jedoch kein Scheidungsgrund. Als ich aber unerwartet nach Hause kam, fand ich bei meiner Frau einen Mann aus Schwäbisch Gmünd.

Angeklagter, Ihre Behauptung, daß Sie die Schmuckkassette gefunden haben, betrachtet das Gericht als Unsinn. Nach vierzehn Vorstrafen findet man keinen Schmuck mehr.

Als der Hausherr bei seiner Geburtstagsfeier die Gäste nach durchzechter Nacht morgens um 6 Uhr bat, nach Hause zu gehen, waren nicht alle damit einverstanden. Vielmehr demolierten sie das Inventar und bedrohten das Geburtstagskind. Dieses rettete sich dann auf die Toilette und machte von dort aus die Nachbarn auf seine unerfreuliche Situation aufmerksam.

Bei Susanne L. ist es ein Stadtgeheimnis, daß sie sich auf Kredit an- und für Bargeld auszieht.

Mit dem Ledergürtel habe ich ihm nur irrtümlich eins verpaßt, da es sich um einen fingierten Zivilisten handelte, der sich als Wachtmeister Ferdinand K. entpuppte.

Ich kenne sehr gut den Wert des Geldes, Frau Gerichtsrätin, eben deswegen müssen zuweilen die Männer bei mir Haare lassen.

Mit der Religion ist Friedrich G. ausgeglichen. Wenn er die Kirche besucht, so nur der Tratscherei wegen.

Daß ich die Hand an den Zeugen Herrn Emil J. legte, dazu hatte ich triftige Gründe. Erstens versprach er mir, daß er mit meiner Tochter nur tanzen geht und sie bis spätestens Mitternacht nach Hause bringt. Zweitens hat er diese erst um 5 Uhr morgens gebracht, drittens war es nicht meine Tochter, und viertens hatte das Flittchen den Pullover meiner Tochter angehabt.

Der Beschuldigte Raimund J. war die rechte Hand seines Chefs zum Verdecken der Augen und Verstopfen der Ohren.

Es wurde bei ihr zur Gewohnheit, daß sie sagte: »Du brauchst gar nicht auf das Abendessen zu warten, du bekommst sowieso nichts.« Das Wort »nichts« sprach sie nicht aus, ich umschreibe damit nur das Wort »Fäkalien« in vulgärer Form, was man für das Gericht nicht verwenden kann.

Infolge der Handlung des Täters fiel Rosemarie Z. in Ohnmacht und rief einige Male um Hilfe.

Soldat Ulrich T. und Soldat Markus G. haben bei der Ausübung des Wachdienstes zwei Hühner gefangen, die sie dann inklusive des Hundeführers, Soldat Herbert L., der später hinzukam, gebacken und gegessen haben.

Franz B. bettelt nicht. Nur am Heiligen Abend geht er von Haus zu Haus, aber in so einem Zustand, daß er auf allen vieren Weihnachtslieder singt, wodurch nichts zu verstehen ist.

Als er in die hiesige Gaststätte kam, war er normal. Als sie ihn um Mitternacht rausschmissen, konnte seine Indentität nicht festgestellt werden, weil keine Ähnlichkeit mit dem Bild in seinem Ausweis festzustellen war.

Hohes Gericht, sehr geehrte Herren Geschworenen, ich fühle mich durch dieses Urteil nicht schuldig.

Auf unser Inserat, mit dem wir für unser dreijähriges Fritzchen eine Oma suchten, meldete sich Josefine B. Obwohl sie wie eine Frau um dreißig aussieht, erweckte sie unser Vertrauen. Als wir aber einmal aus dem Theater kamen, fanden wir drei betrunkene Männer bei ihr, die sich mit Würfeln bewarfen, und unser schlafendes Fritzchen hielt den Korken von einer Cognacflasche in der Hand. Ich brachte die ganze durchtriebene Gesellschaft mit Hilfe meiner Frau zum Aufzug, der sie höchstwahrscheinlich verletzte.

Der Angeklagte beleidigte und beschimpfte den Richter durch die übelsten Ausdrücke und schnitt ihm schließlich die Ehre ab.

Als dann der Bräutigam von den Hochzeitsgästen verprügelt worden ist, weil er sie ständig durch Beschimpfungen provozierte, erklärte die Braut in der Ambulanz – noch ganz in Weiß, aber mit zerrissenem Schleier –, daß der ihr Angetraute ein solcher Provokateur sei, daß sie sich von ihm scheiden lasse. Dann aber verlangte sie plötzlich und sehr eindringlich, daß man ihn für die Hochzeitsnacht beurlauben solle, da sie ein Recht darauf habe, und damit er die Hochzeitsnacht nicht mit den Krankenschwestern nutze.

Wir ahnten nicht, daß die schmackhaften Würste das Ergebnis seiner Abdeckerarbeit waren. Erst sein spöttisches Bellen hat uns auf das richtige Maß gebracht, ihn natürlich auf die Unfallstation.

Der Genannte antwortete auf die Bezichtigung, daß er ein Trottel sei, ausschließlich mit Ohrfeigen.

Über meine Frau hat sich der Genannte nicht namentlich geäußert. Wenn er jedoch an unserem Fenster vorbeiging, so hat er immer eine Bemerkung fallen lassen, wie z. B. »diese blöde Kuh«, und es war doch kein Tier in der Nähe.

Zu ihrer Frage in Sachen Vaterschaftsklage, Herr Richter, ob ich irgendeinen Anhaltspunkt nennen kann, muß ich Ihnen als solchen den Gartenzaun angeben.

Aus dem PKW rief ein Mann um Hilfe. Das herbeigerufene Überfallkommando stellte fest, daß es sich dabei um den 58jährigen Walter H. handelte, der in dem Wagen eine Zufallsbekanntschaft mit einer Anhalterin hatte.

Wir schlossen den Balkon, der im ersten Stock liegt, und zwar deshalb, weil der hier Angeklagte darauf immer sein soziales Bedürfnis verrichtete.

Mieter, die Freude an Vögeln haben, dürfen in der Wohnung ruhig laut piepsen. Dies ist keine schuldhafte Verletzung des Mietvertrages und erlaubt deshalb auch keine Kündigung durch den Wohnungseigentümer.

Jawohl, Herr Richter, ich konnte den Mörder sehr gut sehen, denn als er erstmals schoß, stand ich ungefähr 20 m vor ihm. Als er zum zweiten Mal schoß, war ich etwa 300 m entfernt.

Es lief alles gut, Hohes Gericht, bis man eines Tages feststellte, daß der Staat die gleichen Banknoten drucken läßt wie ich.

Aus ihrem Verhalten habe ich geschlossen, daß sie sich nur wehrt, wie es jede Frau mit etwas Anstand tut.

Ich bleibe bei meiner Anschuldigung, daß mein Mann mich nach seiner Rückkehr aus dem Gasthaus in betrunkenem Zustand verhauen hat. Einen Grund hatte er nicht, nur einen Stock.

Ohne langes Überlegen kann man von ihm behaupten, daß er ein Trottel philosophischer Prägung ist.

Den Biß in meine Schulter betrachtete ich als Zeichen ihrer Leidenschaft, nicht als Abwehr gegen meine Person.

Das Hundevieh mußte irgendwo hinter dem Zaun gestanden haben. Listig reagierte es nicht, als ich den Zaun überkletterte, vermutlich, um mich nicht vorzeitig auf sich aufmerksam zu machen, was auch gelang. Schließlich stellte es mich durch Bellen und Zähnefletschen in der Spalte zwischen Stall und Garage, wo ich nicht wissend wie hinkam, schachmatt.

Als ich am Montag zur Arbeit kam, sagte mir der Meister: »Du siehst aus wie ein Jesus Christus, der sittlich verkommen ist.« Danach kam es zu der Verletzung, da ich der Meinung bin, daß man mit dem Heiland keine Späße treiben soll.

Von Elisabeth V. ist bekannt, daß sie emsig wie eine Biene ist und Tausende zusammengeramscht hat. Sie wurde sogar im Hotel »Intercontinental« gesehen – Zeugen sind vorhanden –, wogegen ich fünf Kinder habe, Schulden und ein reines Gewissen.

Da das Gericht über mich erzürnt ist, hat es mir eine hohe Strafe aufgebrummt. Es ist zwar keine zu hohe Strafe, aber auch keine zu kleine. Kurzum, es langt mir vollkommen. Ich nehme trotzdem an.

Mit dem Beil zerbrach er die Tür, durch die er dann in die Speisekammer und den Weinkeller eingedrungen ist, zwecks Austrinken des dort lagernden Weins, obwohl er Abstinenzler ist: somit eine schändliche Tat.

Der Geschädigte hat angegeben, daß er eine Gedächtnislücke von gewaltigem Ausmaß hatte, das heißt, vom Gasthaus »Zum Anker« bis in die Ambulanz des hiesigen Krankenhauses.

Das, was mir meine Frau sagte, hat mich dermaßen erbost, daß ich sie mit unzensierten Worten, wie in dem Protokoll aufgeschrieben, beschimpfte.

Ich habe von Erna nie etwas Schlechtes gedacht. Aber seit der Zeit, als sie mich als Vater angegeben hat, obwohl wir zu sechs dort waren, ist sie bei mir unten durch.

Zu dem Zerwürfnis kam es etwa vor vier Monaten, als meine Frau gefühlsmäßig bei einem anderen Mann ankerte.

Meine Mutter, die als Melkerin auf dem Hof arbeitete, ernährte meinen Gefährten und mich. Ich konnte ihr bei der Arbeit nicht helfen, da ich sonst gestunken hätte.

Das kam dadurch, daß in dem Gartenrestaurant das Bier immer gleich bezahlt wird. Wenn man keine Striche auf dem Deckel sieht, da weiß einer gar nicht, wann er genug hat.

Nach Abpfiff des Spiels wurde ich mittels geworfener Tomaten angegriffen, unter denen sich auch ein Stück Ziegelstein in Form einer Tomate befand.

Dabei gelang es dem Elektriker, zu entfliehen und eine Notrufsäule zu alarmieren.

Ich wollte Olga F. nicht bestehlen, wollte ihr nichts wegnehmen. Den Schlüssel habe ich nur deswegen in das Taschentuch gewickelt, damit ich die Adresse der Tür nicht vergesse, wo es so schön war.

Nach dem Beinstellen flog Emmerich A. verhältnismäßig elegant durch die Luft. Nachdem er zu Boden gefallen war, stellte ich fest, daß der Fall doch nicht so leicht war, da seine Nase auf halbmast war.

In der Abteilung sind siebenundzwanzig Frauen, und alle bewirtschaftet nur ein Vorarbeiter. Er hat schon mehrmals um Aushilfe ersucht. Aber keiner widmet seinem Ersuchen die notwendige Aufmerksamkeit.

Anton Ä. gab das Geld nicht heraus. Dafür gab er ihr einen Schlag auf den Kopf und wandte sich dann anderen Hausmeisterarbeiten zu.

Als der Unteroffizier Walter K. weggegangen war, konzentrierte sich die Schlägerei auf seinen Freund, Gefreiten Bernhard K., wogegen Walter K. nicht verletzt worden ist, da er nicht anwesend war.

Aber Herr Richter, das war doch alles nicht so schlimm, 'ne Gaudi war's halt. Die hiesigen Laienspieler haben das Lustspiel »Der Hahn des Nachbarn und die Agathe« des heimischen Autors, des sehr ambitiösen Alois W. aufgeführt. Das Spiel hatte einen riesigen Erfolg, und die Zuschauer haben sich schon lange nicht so gut unterhalten, als wie sie nach Schluß der Vorstellung die Mitwirkenden und den Autor durch die Ortschaft jagten. Zu ernsthaften Verletzungen ist es nicht gekommen.

Reinhard soll nur nicht erzählen, daß er die Beleidigungen nicht gehört hat. Der hat doch Ohren wie ein Esel, Herr Richter.

Zuerst ist mir das Beil auf meinen Fuß gefallen, und als ich dann wie am Spieß schrie, kam der Zimmermann hinterher.

Wenn ich mir das so recht überlege, Herr Richter, ist die Heiratswilligkeit immer mit dem größten Risiko verbunden. Schließlich steht man mit einem Bein immer in der Ehe und mit dem anderen im Knast.

Trotzdem ich den Angeklagten wiederholt aufforderte, mich nicht zu duzen, bekam ich von ihm zwei Ohrfeigen.

Manfred D. versuchte, Klara G. unter dem Vorwand von Glückwünschen zum Neujahr zu vergewaltigen.

An dem Wein labte sich auch meine Frau. Plötzlich fing sie an, mir Vorwürfe zu machen, daß ich mich mit fremden Frauen herumtreibe. Und dann ist es so gekommen, daß ich ihr eine klebte, sie mir und ich ihr, dann wurde es still. Wieder tranken wir Wein und zwar bis zu der Zeit, wo es zum Bruch ihres Kiefers kam.

Nach Verlassen der Gaststätte ging eine unbekannte Frau mit Otto P. in die Parkanlagen. Seine persönliche Freiheit bedrohte sie dadurch, daß sie ihn an der Hand hielt. Nach kurzer Zeit konnte er ihre Aufmerksamkeit dadurch ablenken, daß er sagte, daß jemand komme. Und so gelang es ihm schließlich, zu flüchten.

Katja E. ist schon ein Kapitel für sich. Doch bei dieser Frau noch große Worte zu verlieren, das hieße Säulen nach Athen tragen.

Den Jugendlichen Detlev G. habe ich nicht belästigt, sondern ihn nur auf dem Rücken gestreichelt, vielleicht auch ein wenig tiefer. Ich hielt ihn nämlich für ein Mädchen, sowohl nach den Hosen als auch nach den Haaren. Erst als ich sein Gesicht zu sehen bekam, erkannte ich an seinem Vollbart meinen Irrtum und bat um Entschuldigung.

Ich liebe keine öffentlichen Szenen. Als ich eine geschmiert bekam, habe ich mich daher nicht gewehrt, ich hatte genug davon und ging nach Hause.

Manfred A. wildert alles, was ihm vor die Büchse oder in die Schlinge kommt, ausgenommen Bär, Dachs oder Schwan, weil es dieses Wild bei uns nicht gibt.

Hohes Gericht, wieviele Schläge ich dem Kläger gab, das weiß ich nicht. Seit wann zählt man, wenn man jemanden einseift?

Der Kläger Vinzenz S. hat mich provoziert, als er sagte, daß er sich nicht mit einem Ochsen unterhalten werde. Wenn auch diese Äußerung berechtigt ist, schien mir der Ton spöttisch, so daß ich mich beleidigt fühlte. Daher habe ich ihm eine geklebt.

Nach seiner Rückkehr vom sonntäglichen siegreichen Fußballkampf fiel Bernhard F. in eine unbeleuchtete Baugrube, welche dort im Laufe des Montags ausgehoben wurde.

Dem Gericht gelang es nicht, festzustellen, daß der Angeklagte bei dem Versuch der Vergewaltigung andere Absichten als nur persönliche hatte.

Wie ich bereits sagte, ich warf nur mit Tomaten nach ihm. Es könnte allerdings sein, daß es auch Tomatenkonserven waren.

Herr Richter, Sie fragen mich, warum ich dem Kläger den Finger abgebissen habe. Aber können Sie mir vielleicht sagen, was sein Finger morgens um 4 Uhr in meinem Mund zu suchen hatte?

Bernhard F. hat uns immer erzählt, daß er bei den Fallschirmjägern gewesen sei und auf alle viere fallen kann. Als wir ihn dann vom Balkon geworfen haben, hat er plötzlich geschrien, daß sein Bein gebrochen sei. Und da haben wir gemerkt, daß er nur angegeben hat.

Der genannte Gustav H. ist zur Zeit arbeitsunfähig. Trotzdem genießt er in großen Mengen alkoholische Getränke, um dann in betrunkenem Zustand in der Wohnung seiner Gefährtin zu leiden.

Als ich aus dem Gasthaus »Zur Rose« kam, hat sich plötzlich alles gedreht. Und so habe ich mich dann an etwas gelehnt und fiel auf den Kopf. Es hat sich nämlich bewegt, als ich mich anlehnte. Später habe ich dann erfahren, daß das die Straßenbahn war, die gerade anfuhr.

Diana war anfangs eine gute Gefährtin. Aber als sie dann anfing, andere Gefährten in die Wohnung zu bringen, mußte ich sie weggeben.

Zur Kürzung der Leistungsprämie kam es nur daher, daß der Abteilungsleiter immer zu mir sagte, ich solle nach der Arbeitszeit noch bleiben, damit wir gemeinsam den Abschluß der Probezeit feiern könnten, was ich aber aus Gründen der nahen Hochzeit ablehnen mußte.

Emanuel hat so einen Schlag, daß er im Krankenhaus einen Narkosearzt machen könnte.

Edgar W. beschimpfte mich nach dem Strafgesetzbuch.

Ich bin doch nicht von gestern. Ich kann mir ausrechnen, daß der erhöhte Wasserverbrauch durch hygienische und technische Anforderungen des heutigen Menschen hervorgerufen wird, also durch diesen Herrn Volker W.

Mit Maria U. hatte ich am Strand von Palma de Mallorca nichts gehabt, da wir in einem verhältnismäßig kleinen Zelt wohnten und weit und breit kein freier Platz zur Verfügung stand.

Erst im letzten Augenblick sah ich Michael K. vor der Kühlerhaube. Es war aber nichts mehr zu machen. Er fiel mir dort vom Lindenbaum, und zwar mitsamt den heilsamen Blüten.

Die Fleischportion ließ ich mir in dem Restaurant nur deswegen nicht nachwiegen, weil mir ein erfahrener Koch sagte, daß sie in solchen Fällen dann draufspucken.

Als Angehöriger der Wachkompanie trat der Soldat Moritz U. in die Wohnung von Fräulein Luise T. ein und versuchte dort, sie zu vergewaltigen, eine Dienstleistung vortäuschend.

Richard N. ist ein unverbesserlicher Alkoholiker. In der Gemeinde trinkt er nicht, weil er dort Schulden hat. Wenn er sich in den anliegenden Ortschaften betrinkt, so hat das den Vorteil, daß er wieder vollkommen nüchtern ist, bis er wieder zu Hause ist.

Ich habe diese wollüstigen Gespräche nicht gern. Größtenteils wird nichts daraus.

Auf Ihre Anfrage teilen wir Ihnen mit, daß Rudi T. eine gute Arbeitsmoral hat, ein Motorrad der Marke BMW, einen Bruder in Kanada und eine Schwester ohne Arbeitsverhältnis.

Ich vermutete, daß er mich in irgendeiner fremden Sprache beschimpfte, die ich nicht verstand. So gab ich ihm denn lieber gleich ein paar Ohrfeigen.

Es ist wahr, daß ich im Moment nicht beschäftigt bin, und zwar deswegen, weil ich mich schämte, zur Arbeit zu gehen.

Wenn Irmgard auch leicht ist, so besorgt sie sich ihren Lebensunterhalt mit ihren siebenunddreißig Jahren sehr schwer, da die Konkurrenz von Tag zu Tag größer und auch qualitativer wird.

Er hat mir geschrieben, Herr Richter, daß ich eine nicht alltägliche Seele habe, daß ich ein zauberhaftes Wesen sei, daß mich zu lieben für ihn der Höhepunkt des Glücks bedeuten würde und ähnlichen Blödsinn, den er höchstwahrscheinlich Büchern entnommen hat, wodurch er mich lächerlich machte und beleidigte.

Ich habe den Hund nur deswegen erschossen, weil er mir ständig Grimassen schnitt.

Die hier Angeklagte schlug dem Kläger mit der Faust ins Gesicht, außerdem traktierte sie ihn noch mit der Abwaschbürste. Dann legte sie ihm das Beschwerdebuch vor.

Aus der uns vorliegenden Anzeige ist ersichtlich, daß der Melker K. Herbert versuchte, die Hausgehilfin Anna T. zu belästigen, was ihm aber erst im Pferdestall vollkommen gelang.

Bei dem Zusammenstoß wurde der freilaufende Hund Ajax getötet, bei dem keine technischen Mängel oder Alkohol festgestellt wurden.

Der Fahrers des Wagens, Berthold V., der den Unfall verursachte, wurde an Ort und Stelle durch ein Strafgeld liquidiert.

Ich wehrte mich dadurch, daß ich nach jedem Tritt meiner Frau mit der Faust auf das Bein schlug, mit dem sie mich trat. Es waren nicht besonders starke Tritte, eher eine weibliche Aufregung.

Die Auskünfte seiner Arbeitsstelle brachten mich zu der Überzeugung, daß das Kind von ihm sein muß, denn er hat eine miserable Arbeitsmoral und daher genügend Zeit für Liebschaften.

Wenn Christoph D. auch nach oben buckelt und nach unten tritt, so muß er doch nicht unbedingt ein mieser Knilch sein.

Schon von Anfang an gab es im Zuchtverein Schwierigkeiten, so auch beim Decken von Ziegen. Der erste Vorstand – mit Otto P. und August Q an der Spitze – mußte sofort an die Arbeit gehen, um dieses wichtige Problem zu lösen.

Theo U. hat auf seine Ehefrau geschossen. Sie stammt aus den USA. Aber auch dort tut das niemand ungestraft.

Viola T. verkaufte den ausgeliehenen Hund, dessen Wert sich auf DM 500,– beläuft, ohne Zustimmung des Eigentümers im Wert von DM 80,–.

Unsere Recherchen haben ergeben, daß Karl W. ein mäßiger Trinker, Esser und Arbeiter ist.

Es ist merkwürdig, Herr Richter, daß sich mein Mann hier als bester Frauenkenner in einem Alter präsentiert, in dem es ihm nichts mehr nützt.

Die angeklagte Erna T. hat durch einen vulgären Ausdruck in das Hinterteil das Sicherheitsorgan weggeschickt.

Wann hat er mir schon Blumen gebracht? Das war an der Hochzeit. Und das waren noch schlappe Rosen, genauso wie er jetzt ist.

Hanne K. ist auf der Arbeitsstelle sehr beliebt. Sie ist von einer direkten Art, was ihr oft Tadel einbringt.

Als Haustiere wurden auf dem Hof K. vorgefunden: 1 Kuh, 37 Hühner, 6 Enten und 1 Schwein, gegenwärtig geschlachtet in Einmachgläsern.

Die Eigentumsverhältnisse des Viktor Ä. sind etwas unausgeglichen. Er hat das Abitur, drei Kinder mit verschiedenen Frauen und einen VW, der ihm aber nicht gehört.

Die Hälfte der Zeit verbrachte er mit Essen, in der zweiten Hälfte stieg er meiner Tochter nach. Als ich ihm sagte, daß ich so einen Schwarzarbeiter beim Hausbau nicht brauchen kann, hatte er einen Pik auf mich, worauf er eine Traverse vom Dach auf meinen Pkw warf, der vorher fast neu war.

Ich kann den Angeklagten als einen überaus vorsichtigen Menschen bezeichnen. Als ich ihn einmal bat, mir DM 300,– zu leihen, hat er es ohne zu überlegen abgelehnt.

In den frühen Morgenstunden wurde der Motorradfahrer Walter T. von einer Polizeistreife angehalten. Es wurde festgestellt, daß er alkoholische Getränke genossen hatte, mit Hilfe des Pusteröhrchens.

Daß der Bekannte meiner Tochter meinen Cognac ausgetrunken hat, das hätte mir nichts ausgemacht, auch nicht, daß er meine Zigaretten geraucht hat. Was mich aber zur Raserei brachte, war, daß er mir abends gute Nacht sagte und morgens meine Zeitung nicht im Briefkasten war.

Es entspricht nicht der Wahrheit, daß wir den Schiedsrichter nach dem Fußballspiel in den Teich geworfen haben. Ist denn jede Pfütze ein Teich?

Es stimmt zwar, Angeklagter, daß Sie dem Kläger kein Haar auf dem Kopf gekrümmt haben, aber Sie hätten ihm auch nicht das Bein brechen dürfen.

Ich habe zirka zwanzig Jahre an Tenniswettkämpfen teilgenommen. Etwas Kraft habe ich noch immer in der Hand. Als ich nun sah, wie das Mannsbild meiner Freundin in die Tasche griff, da habe ich ihm eine geschmettert, was man als Backhand bezeichnet.

Ich gebe zu, Herr Richter, daß ich mit einer Siphonflasche auf meine Frau zielte, möchte aber bemerken, daß sie nur zur Hälfte voll war. Sie schwang dagegen eine Sektflasche über dem Kopf und schrie, daß sie sie mir ruhig auf den Kopf schlagen kann, weil kein Pfand darauf ist.

Hedwig T. aus dem dritten Stock ist eine ledige Dreißigerin von einem zweifelhaften Ruf. Das Zusammenleben im Haus stört sie dadurch, daß sie ständig das Haustürschloß beschädigt, damit sich die Tür nicht abschließen läßt. So muß sie dann nicht den verschiedenen Individuen öffnen, die sie besuchen kommen. Dadurch gibt sie klar zu verstehen, daß wir Mannsbilder aus dem Haus ihr nicht mehr gut genug sind.

Im Grunde genommen bin ich ein ordentlicher Mensch. Meine Strafen sind auch immer für etwas anderes, ich wurde nie rückfällig.

Es hat sich so abgespielt, Hohes Gericht: Wollte mich mein Bräutigam besuchen, so klopfte er immer zweimal kurz und einmal lang und das dreimal hintereinander ans Fester. Als ich nach solch einem Klopfzeichen die Tür öffnete und in der Dunkelheit wieder in mein Bett schlüpfte, haben wir getan, was wir immer taten. Erst in der Morgendämmerung erkannte ich, daß es sich um einen großen Vertrauensbruch seitens eines Arbeitskollegen meines Bräutigams handelt sowie um eine dreifache Vergewaltigung.

Gerhard V. log durchschnittlich, bei der eigenen Mutter bestritt er alles.

Bei der Feststellung, wieviel Bäume er in der Baumschule ausgegraben hat, versuchte der genannte Detlef W., mich durch lautes Weinen sowie mit den Worten »Ich werde dir einmal den Hals umdrehen!« weich zu machen.

Mein Mann Emil demoliert gewöhnlich nach der Rückkehr aus dem Gasthaus die Wohnungseinheit.

Der Polizeihund konnte deswegen die Spur nicht aufnehmen, da er am Tatort vom Duft frischer Blut- und Leberwurst vollkommen überwältigt wurde.

Hermann T. betrinkt sich zwar oft, aber für unser Haus ist das von Nutzen, da er dann im Treppenhaus Probleme ventiliert, über die sonst keiner öffentlich zu reden wagt.

Ich bitte, mir die Strafe auf Bewährung auszusetzen, und das in meinem Namen, im Namen meiner Eltern und im Namen meiner Großmutter mütterlicherseits.

Daß die Taube von meinem Nachbar, die ich auf meinem Hof verletzt habe, eine Brieftaube sein soll, das ändert an der Sache absolut nichts. Ich kann Ihnen versichern, hätte mir der Briefträger mit seinen Exkrementen meinen Hof verunreinigt, ich hätte genauso gehandelt.

Aus den hiesigen Unterlagen ist zu ersehen, daß Helmut P. eine Rente bezieht. Außer dem Alkohol und leichten Frauen widmet er sich keiner öffentlichen Tätigkeit.

Der Angeklagte hat bei der Fahrt zwischen den zwei Stationen den Schaffner im Zug angegriffen, der ihn zur Ordnung im Zug mahnte, indem er sich in sein rechtes Ohr verbissen hat.

Sie sagte mir noch: »Kaufe für heute abend eine Flasche Martini.« Als ich sie brachte und sie mit einem Mannsbild sah, das mir vollkommen fremd war, dachte ich, daß sie sie mit ihm allein trinken will. Erst aus ihrem Plärren begriff ich, daß es ihr Onkel war. Aber da hatten sie beide schon die Tracht, und zurück kann man ja nichts nehmen.

Gleich anfangs unserer Ehe war es mit ihrer Treue schlecht bestellt. Nach und nach habe ich in der ganzen Stadt zu hören bekommen, wie emsig sie in dieser Richtung ist.

Dem wäre noch hinzuzufügen, daß ein erfahrener und älterer Fahrer als der Angeklagte vermuten müßte, daß ein Fußgänger morgens um 1.30 Uhr höchstwahrscheinlich aus einem Lokal kommt und daher sicher unter Alkoholeinfluß steht. Bei dem Angeklagten kann man hinsichtlich seiner Jugend von zwanzig Jahren und seiner Unerfahrenheit dieses Vermuten nicht voraussetzen.

Zu meine Verteidigung muß ich sagen, Herr Richter, daß sie mich ständig Fritzchen genannt hat und in Wellenbewegungen vor mir auf und ab ging. Ich habe angenommen, daß sie etwas erleben wollte, und so habe ich die Tür abgeschlossen. Aber sie hat sich wie eine Furie gewehrt, und plötzlich kamen Herr R. und sein Freund, unser Abteilungsleiter, durch die zweite Tür herein, die ich in begreiflicher Aufregung vergessen hatte, abzuschließen.

Der wegen Bigamie angeklagte Peter T. unterbrach ständig die Gerichtsverhandlung durch Verbeugungen in Richtung Mekka und mit Behauptungen, daß er sich als rechtgläubiger Mohammedaner fühlt und das Recht zum Halten eines Harems hat. Es wurde ihm wegen der Störung der Gerichtsverhandlung eine Geldbuße auferlegt und auf dem Korridor des Gerichtsgebäudes auch Schläge seitens der entrüsteten Frauen aus seinem angeblichen Harem.

An seinem Wohnort wurde Erwin D. schon längere Zeit nicht mehr gesehen. Er kommt ohne Zweifel ungesehen heim, ein sonderbarer Mensch also.

Hubert V. ist sehr sprachgewandt, nach seinen Äußerungen allseitig erfahren, er kennt alles, war überall und so weiter, ganz einfach ein Schwätzer.

Ich glaube nicht, Herr Richter, daß der hier angeklagte Richard T. mich lediglich aus großer Erregung heraus ein Rindvieh genannt hat. Er hat mich nämlich vorher sehr lange und prüfend betrachtet.

Der genannte Markus K., wenn er auch keine Schulen besucht hat, gibt sich als Ingenieur aus, und aus diesem Grunde benutzt er bei Schlägereien ein kompliziertes Messer, ein sogenanntes Springmesser.

Ich kenne die Paragraphen nicht wie ein gut bezahlter Rechtsanwalt, da ich ein ehrlicher und anständiger Mensch bin, weshalb ich die Klage etwas früher einreiche.

Meine Zähne habe ich in der Tat nicht mehr, sie sind weg. Dafür trage ich aber keine Schuld, denn nach der Silvesterfeier konnte mir nicht einmal die Polizei sagen, wie ich heimgekommen bin.

Mit einer solchen Zahnlücke wie damals, Herr Richter, bin ich noch nicht nach Hause gegangen. Ich dachte, daß meine Frau Hermine der Schlag treffen werde. Sie ist zwar gewohnt, daß ich durch meine Kameraden hin und wieder mit einer Zahnlücke nach Hause komme, aber immer mit einer dicken Backe, die das schön ausgleicht.

»Daß es sich um einen Erwachsenen gehandelt haben muß, ist daraus zu ersehen, daß der Täter männlichen Geschlechts war, was auch die leeren Bierflaschen beweisen.«

Der Angeklagte schlug seine Frau öfter, wodurch er sichtlich zu verstehen gab, daß er der Stärkere ist.

Wir können nicht bestätigen, daß der Angeklagte Hugo M. dem Alkohol verfallen ist, da die Gaststätte wegen der Sommerferien geschlossen ist.

Helga T. beschimpfte mich. Da konnte ich mich nicht mehr halten und gab ihr eine Ohrfeige über das ganze Gesicht, wobei es zum Vergießen des Wassers kam, mit dem sie den Boden aufwischte.

Es stimmt, daß ich vor der Fahrt etwas Alkohol in Form von acht Glas Rum genossen habe. Die Kurve habe ich deswegen übersehen, weil ein viel zu starker Wind wehte.

Wegen Landstreicherei können Sie mich nicht gerichtlich belangen. Ich laufe nur von Gasthaus zu Gasthaus, das ist doch erlaubt. Ich habe ja wie jeder andere Recht auf ein wenig Nestwärme.

Als das eine Fahrzeug die Polizei erblickte, stoppte es plötzlich, drehte bei dem Kuhstall um und fuhr zurück.

Als der Geschäftsführer August Z. mit mir sämtliche Beziehungen abbrach, habe ich auch die intimen mit ihm abgebrochen und seit der Zeit habe ich ihn nur bestohlen.

Mein Mann führt schon seit längerer Zeit kein Eheleben mit mir, angeblich wegen unüberwindlicher Abneigung, und zwar seit der Zeit, da er sich beim Kriechen in mein Bett die Hand gebrochen hat.

Zu dem Tathergang ist zu sagen: Die Hochzeitsfeier fand in der Wohnung der geschiedenen Eheleute Inge und Erwin L. statt, da diese Wohnung noch beide bewohnen. Als die geschiedene Ehefrau mit ihrem neuen Ehemann und den Gästen im Wohnzimmer Platz genommen hatten, trat ihr früherer Mann ein und fing an, zu randalieren, wobei er ein paar kurze, nicht sehr anständige Sätze von sich gab und in Richtung des Hochzeittisches spuckte. Als sich er Bräutigam dagegen verwahrte, sagte der frühere Ehemann, ein Riese von Gestalt, zu dem Neuvermählten: »Soll ich dich erden, du Gartenzwerg?« wonach er zuerst den Neuvermählten zusammenschlug, dann den Schwiegervater und zum Schluß einen Trauzeugen. Unschädlich machte ihn erst seine geschiedene Frau, und zwar mit einer Flasche Cinzano, die sie ihm erfolgreich auf den Kopf schlug, so daß er gleichzeitig mit dem Neuvermählten in das hiesige Krankenhaus eingeliefert werden mußte.

Bei dem Streit kam es zum Ausschlagen einer gewissen Anzahl von Zähnen, namentlich eines Schneidezahnes.

Bei dem Vorfall handelt es sich nicht um einen Arbeitsunfall, da der genannte Peter L. in die Waschräume des Frauenwohnheimes durch eine ausrangierte Leiter schaute, ohne Wissen des Meisters.

Auf Ihre Anfrage teilen wir Ihnen mit, daß wir über Gisbert P. nur Gutes sagen können, und daß man die Beurteilung noch verbessern kann, wenn Sie ihn von hier wegnehmen können.

Ich hatte Ilona G. als Gefährtin. Sie benahm sich aber als Ehefrau, indem sie mir das ganze Geld wegnahm und mich auch in meiner Freiheit beschränkte.

Das war alles ganz genau geplant, Herr Richter. Meine Frau jagte mich zuerst mit einem glühenden Bügeleisen in der Hand auf dem Hof umher, dann trieb sie mich auf den Dachboden, weil sie wußte, daß mir dort die Fledermäuse um den Kopf fliegen würden und sie mich so in die Irrenanstalt bringen wird, was ihr größter Wunsch ist.

Der Genannte hat vorläufig keinen guten Ruf in der Gemeinde, da er sich hier nicht aufhält. Und das, was Sie uns über ihn mitteilen, weiß bei uns noch keiner.

Die Schikanen gipfelten an dem Zahltag, als meine Frau Roswitha zu mir sagte: »Bring rechtzeitig das Geld nach Hause und geh zum Friseur, sonst werde ich dich selbst einseifen.«

Und dabei ist es bei uns kein Geheimnis, daß, falls die Milch gewußt hätte, was sie in er Molkerei erwartet, sie schon vorher sauer gewesen wäre.

Gesucht wird auch der Halter des Hundes, der ca. 40 cm groß ist und schwarze, lange Haare hat.

Die schwache Seite des Herrn Stephan E. ist, die Meinung zu verbreiten, daß bei ihm mit jeder hübschen Darstellerin des schwachen Geschlechts nähere Beziehungen bestehen oder bestanden haben. Herr Stephan E. zahlt auch Alimente an vollkommen unbekannte Damen, und zwar ausschließlich der Reklame wegen.

Der lange gesuchte, unbekannte Täter, Heinrich K., entwendete aus der Handtasche der Johanna R. aus unbekannten Gründen DM 726,50.

Für die Gerichtsverhandlung erhalten Sie als Anlage eine wahrheitsgemäße, vollkommen negative Beurteilung des angeklagten Franz-Bruno H. Als Betrieb sind wir froh, daß wir ihn los sind und deswegen mußten wir ihm ein ausgezeichnetes Zeugnis ausstellen, da man ihn sonst nirgends eingestellt hätte.

Theo B., Boxer im Fliegengewicht, wurde von der Polizei angehalten, als er im Auto hinter dem Steuerrad saß, das er zuvor gestohlen hatte.

Bei dem Fahrer des Wagens wurden keine Veränderungen festgestellt, kein Alkohol und auch nicht, daß er in anderen Umständen gewesen wäre.

Ich weiß, daß ich mit dem Elektrokarren nicht auf der Straße fahren darf. Ich mußte es aber tun, da ich nicht zu Fuß mit dem Brief zur Post laufen wollte.

Zugegeben, Herr Richter, ich bin von einem hitzigen Naturell und für eine Maulschelle brauche ich nicht weit zu gehen. Gewöhnlich bekomme ich sie schon zu Hause!

Außerdem wäre anzuführen, daß Julia R. verheiratet ist, an ihrem Wohnort jedoch einen guten Ruf hat.

Wenn Manfred K. auch erst verhältnismäßig kurze Zeit in der Gemeinde wohnt, so zeichnet er sich doch durch öftere Liebesverhältnisse und Gitarrenspiel aus.

Der genannte Hubertus K. ist zwar in der Arbeit ein Schaffer, sehr strebsam, ehrlich und kameradschaftlich, aber man vermißt bei ihm den Sinn für Verehrung und Achtung der Vorgesetzten, über die er im Gasthaus und auch überall anderswo rücksichtslos die Wahrheit verbreitet.

Zu der Verletzung kam es dadurch, daß der genannte Erich K. beim Anblick von Sauerkraut und Eisbein aufschrie: »Na, servus!« und, obwohl er gesessen hat, auf die Gabel fiel.

Ich verwahre mich gegen die Anschuldigung, daß ich Gewalt angewendet habe. Soweit Gewalt angewendet worden ist, dann gegen mich, weil ich der Klägerin, Fräulein Mechthild G., mehrmals angedeutet habe, daß sie mir nicht gefällt, was sie sicherlich in ihrer Trunkenheit nicht merkte und dann die Aktion im Sinne der Anklage begann.

Der von unserer Streife in betrunkenem Zustand angehaltene Josef Z. hat fortwährend um sich getreten. Als man ihm Handschellen anlegte und die Füße mit einem Riemen zusammenband, stellte er sich auf den Kopf.

Wie soll ich meinen Nachbarn beschreiben, Herr Richter? Er ist ein Mensch, so einen muß man mit der Laterne suchen. Ständig wird er von der Polizei gesucht.

Er hat beschäftigte Geschwister: Jakob, Bergmann; Mathilde, Kind.

Das Fenster drückte ich ein in der Überzeugung, daß es schon alt sei.

Ich bitte zu beachten, Hohes Gericht, daß mein Mandant die Alimente zu einem Zeitpunkt zahlen sollte, zu dem er selbst welche erhielt.

Um Hilfe habe ich nicht geschrien, da es dunkel war und Dietrich J. sich mir ziemlich verheißungsvoll näherte.

Mit Sigmund S. wollte ich nicht mitfahren, da ich wußte, daß er über den Durst getrunken hatte. Ich bin erst eingestiegen, nachdem er mich vor allen Leuten das größte Arschloch der Welt genannt hatte.

Die Firmenaufschrift auf der Tafel konnten wir nicht erneuern, da uns diese Tafel inzwischen jemand entwendet hat.

Solange wir bei der Ankunft zur Arbeit uns nicht eintragen mußten, war alles in Ordnung. Seit der Zeit aber, wo sie das Kommen mit bürokratischen Eintragungen verfolgen, wird vielen Betriebsangehörigen vorgeworfen, daß sie zu spät zur Arbeit erscheinen. Daraus ist zu ersehen, wie so eine Bürokratie der Grund von sinkender Arbeitsmoral ist.

Das Radfahren beherrscht mein Sohn Stanislaus sehr gut. Die Schuld an dem Unglück liegt bei der genannten Gerlinde K., die sich nicht entblößt am Fenster zeigen soll, wo sie doch nur ein paar Jahre vor ihrer Pensionierung steht.

Dietmar B. hatte etwas darüber erzählt, daß ihn die Leute wegen seiner Brille auslachen. Und so habe ich diese zertreten und sagte ihm, daß sie ihn ab jetzt nicht mehr auslachen werden.

Ich gebe zu, daß es eine einmalige Gelegenheit war, mit Winfried G. die alte Rechnung zu begleichen. Aber als es mir meine Frau Amanda verbat, fiel Winfried G. plötzlich selbst die Treppe hinunter.

Mit Therese S. hatte ich kein Verhältnis. Ich konnte sie nur nicht loswerden.

Wenn ich erzählen würde, was er mir vor der Heirat alles versprochen hat, so würde ich bis morgen hier sitzen und dann hätten sie ihn, Herr Richter auch genommen.